JN123921

民俗学からみる列島文化

小川直之 編

アーツアンドクラフツ

はじめに

本書は、さまざまな民俗事象から日本列島を見渡し、その所在の版図を描きながら「日本」を考えることを主題として編んだものである。

ここに取り上げたのは、民俗学では「卯月八日（うづきようか）」と、その期日を行事名にした旧暦四月八日に家に花を飾る習俗、「地蔵盆」で知られているお盆の月の地蔵祭り、神仏に御神酒を献じるときに徳利に立てるミキノクチ（神酒口）などと呼ばれる飾り、チマキ（粽）やカシワモチ（柏餅）のように葉で包んだ葉包み食、人が死にそうな時あるいは死んだと思われる時に、その人の名を屋根の上や枕元などで呼ぶ「魂呼び」という儀礼、海を舞台に働く漁師たちが、「流れ仏」といって海面に漂う死体を見つけた時の対応習俗、キツネやイズナなど実在や架空の動物霊が人や家に憑く「憑物（つきもの）」、鳥のなかでは特別な意味付けのあるカラスを呼び招いて供物をする「烏勧請（からすかんじょう）」、鳴き声や行動が何かの予知予兆だとされる鶏の伝承という九つの民俗である。

お盆の頃に行われる地蔵の祭りや端午節供などの粽や柏餅は、体験があったり、食べたりして知る人が多いと思うが、卯月八日、神酒の口、魂呼び、流れ仏、憑物、烏勧請、鶏の予知予兆伝承は、その存在と内容をここで初めて知る人が多いのではなかろうか。しかし、これらも歴とした日本文化であり、現在もこうした「しきたり」や「ならわし」は続いていたり、知識として継承されたりしている。これらからは、列島に生きる人たちの深層の意識として汲み取れることもあり、それぞれの事象を過去のこととして捨て去ることはできない。

現在の日本民俗学は、大正時代初めから民間伝承に着目し、各地の具体的な伝承情報の記録化と整理を始め、昭和初期の体系化を経て成立した学術分野である。初期に収集された民間伝承は断片的であったが、次第に組織的な記録化＝資料蓄積が進み、アジア・太平洋戦争後の文化財保護法の整備のなかでは民俗文化財としても位置づけられた。日本の庶民文化の研究でもあるこの学問の体系化と進展には、柳田國男や折口信夫が大きな役割を果たし、この二人の学術研究は柳田学、折口学といわれるほど斬新なものであった。

民間伝承に関する資料収集とこれに基づく研究は約一〇〇年の蓄積をもっているのであり、本書の各論文は、こうして集積された諸資料を見直し、検討を加えながら改めて研究資料として位置づけ、それぞれの民俗事象に関する日本列島での広がりを明らかにしている。いずれも従来の研究では明らかになっていなかった民俗の全国的な様相を、具体的に提示している。日本の文化が一様ではないことは、早くから知られていて、本居宣長は『玉勝間』「萩の下葉」の「ゐなかに古へのわざののこれる事」で、田舎には古いことが多くあると推測している。こうした文化認識は明治期以降にも続き、現代もこの文化的な呪縛は横行している。しかし、宣長が古い「やまとごころ」が残るという「海づら山がくれの里々」は、海と山の産物をもって里や町と交流交易をし、これによって生活が成り立っていたところである。この意味では、こうした里々は交流交易拠点の最新情報を常に得ていた。

民俗学からは、宣長の弁は修正が必要なことは地域研究によって明らかであるが、視点を変えて、日本列島全体の文化をどのように考えるかという課題に対しては、北海道・オホーツク沿海地から琉球・沖縄という広義の日本列島の文化には、アイヌなど北方民族の文化、琉球国を形成した琉球・沖縄の文化、弥生時代から続く古代国家の領域をもとにするヤマト文化があり、これらは一律的で単一の文化ではない。さらにこれらの内部をみても、たとえばヤマト文化のなかには、東日本と西日本という明確な差異をもった文化領域が存在する。こうした対立的ともいえる文化領域には、ヤマト文化には北日本と南日本、太平洋側と日本海側などもあり、ここからはいくつもの「日本」が見えてくる。

従来の民俗学では、こうしたいくつもの「日本」を明らかにする研究は、活発であったとはいえないが、日本列島を俯瞰する文化研究の視点と方法はもっており、その復権をはかる必要がある。それは日本民俗学の独自性とかかわる研究課題でもある。本書の書名とした「民俗学からみる列島文化」には、こうした意図を含めている。ここに収録した九つの民俗事象だけの研究でこれが実現できるわけではないが、本書が改めてその地歩を築く第一歩となることを願っている。

令和五年十一月

小川直之

目次

装丁◉林　一朗

列島文化をどう考えるか──民俗学からの文化領域論

小川直之

一、「三遠南信」地域の民俗から

平成三〇年（二〇一八）五月から柳田國男記念伊那民俗学研究所を拠点にして、この地域の、そして日本の民俗について、いくつもの課題をもって考えるようになった。これ以前、昭和四八年（一九七三）からは、現在は飯田市域となっている旧上村下栗に何度も通い、山の斜面にへばりつくようにして集落を形成し、自分の生まれ育った平坦な水田地帯とは次元が異なるともいえる場所の民俗文化を教えていただいた。その後もこの地域を訪ねていたが、伊那民俗学研究所に関わるようになって、自分のなかで大きな研究課題の一つとなったのは「三遠南信」と通称される地域の民俗をどのように位置づけるかである。

「三遠南信」地域は三遠信国境地帯ともいわれ、天竜川水系である長野県飯田市・下伊那郡域の伊那谷から奥三河とも称される愛知県の東三河、そして静岡県浜松市に合併し、天竜区になった北遠州の範囲である。この地域

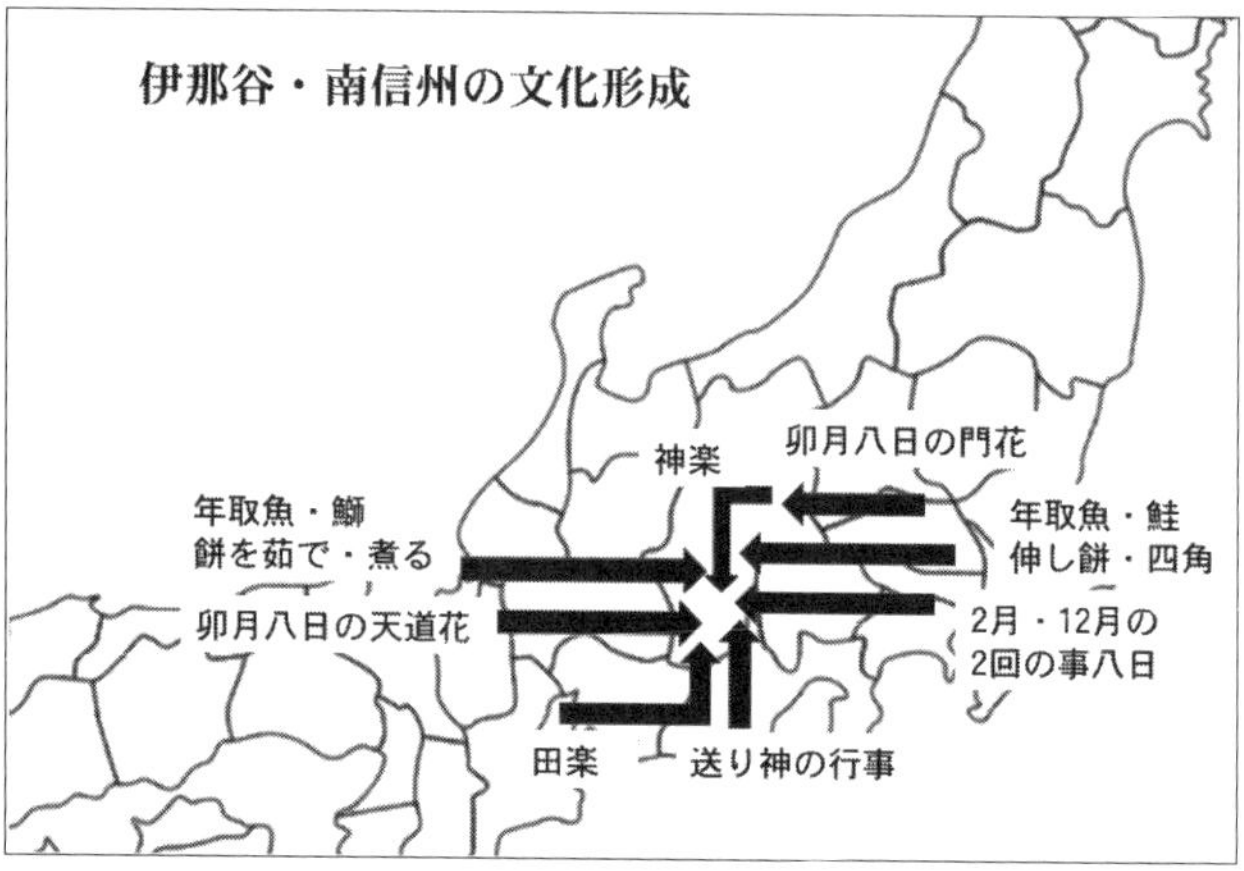

図1　伊那谷・南信州の民俗文化形成

は、花祭や遠山霜月祭などの神楽や西浦田楽、新野雪祭、念仏踊り、盆踊り、かけ踊り、さらには人形芝居、獅子舞、歌舞伎等など、多種多様な民俗芸能が色濃く伝承されていることで知られている。淵源は平安時代に求められ、おそらくは中世に伝えられたと考えられる神楽や田楽とおこない、その少し後と思われる念仏踊りや盆踊り・かけ踊り、その広がりは江戸時代と推測できる人形芝居や獅子舞、歌舞伎、さらには手作り花火と、歴史過程で重層的に受容、形成され、根付いて現在に至っている民俗文化が多数存在する。

こうしたよく知られた民俗芸能だけでなく、たとえば現在も大晦日の年越には食べる家が多い「年取魚」や正月の雑煮、厄神などを送り出す送り神の行事、二月八日と一二月八日の事八日の行事、さらに旧暦四月八日に家の庭に花を飾る習俗などがあり、周辺地域の様相と対照・比較していくと、三遠南信地域の民俗文化には、図1のように本州から九州の領域での、いわゆる東日本文化と西日本文化の混在・複合が見られる。[1]

そのいくつかに説明を加えておくと、年越である大晦日に魚を食べる習俗は全国にあり、この魚を「年取魚」などという。たとえば秋田県北部の沿海地域ではハタハタ、三陸南部地域ではナメタガレイ、下北半島北部・高知県沿海地域・長崎県北部地域などでは鯨汁、三重県志摩ではウツボなどのように地域ごとに特別な魚もあるが、大括りにいえば東日本は鮭、西日本は鰤という差異がある。これは鮭・鰤対立といえ、その境界領域が南信州である。たとえば飯田市三穂では、大晦日の年取りのご馳走としては、白飯・年取魚・しぐれ・大汁（おおじる）を必ず用意する。その他、田作り・数の子・黒豆・なますなども作る。年取魚は家ごとに違い、鰤あるいは鮭であるが、ある方は昭和二〇年代は鰤で、その後はサンマに変わり、現在は鮭であるという(2)。飯田で生まれ育った歴史学者の古島敏雄（一九一二〜一九九五）は、飯田時代を回想した『子供たちの大正時代　田舎町の生活誌』で、年取りの鰤は「飛驒鰤」といい、富山や能登で漁獲された鰤が薄塩にされ、馬で飛驒を越えて飯田に運ばれたと説明している(3)。年に一度の贅沢で、鰤を一尾そのまま買うこともあったと述懐する人もいるほどで、大晦日には現在も必要なものとなっている。

年取魚を鰤とするのは、この南信州の北にある松本や安曇野でも同じであるが、南信州の西の木曾、上田から長野市などにかけては鮭と鰤とが入り交じり、佐久・諏訪や中野・飯山といった群馬県・新潟県と境を接する地域は鮭となっている(4)。長野県内では信濃川水系の犀川と千曲川には鮭が溯上するので、安曇野や松本、さらに飯田でも鮭が身近にあるにも拘わらず、遠方から運ばれてくる鰤を年取魚にしているのである。生活のなかで育まれてきた文化は、自然の環境や条件と密接な関係をもつ場合が多いのであるが、南信州などの年取魚は自然条件には従わず、西日本文化といえる鰤を従来からの「しきたり」として根強く持続している例である。

大晦日の年取魚に続く、元日からの雑煮は、南信州で旧来からの年中行事を厳格に伝える家々ではこれを食べるしきたりがない。元旦には先に例にあげた大晦日の「大汁」とか「オサイ」「オシル」と呼ぶ具の多い汁が御馳走となっている。「雑煮」がない阿南町新野のある家の「オシル」はニンジン、ゴボウ、大根、里芋、豆腐、ちくわ、糸昆布を入れた醤油仕立ての汁である。民俗学からは、この「大汁」は大晦日から迎えて祭る正月の神との共食である直会を示していると解釈できる。このことからは、この地域で「雑煮」を食べるようになったのは、年代は不明ながら後のことと考えられる。しかし、今は雑煮を食べる家が多く、その内容をみていくと、先の飯田市三穂では、四角い切り餅を茹でて、里芋・ニンジン・ゴボウ・大根・豆腐を入れた醬油仕立ての汁に入れて食べる。(5)餅は伸し餅を四角に切った切り餅で、この餅の形は概ね関ヶ原から東の東日本の形であり、関ヶ原以西は丸餅となる。その餅は、茹でるというのは西日本の方法で、東日本は通常は焼いて汁に入れる。汁は醬油仕立てで、近畿地方の白味噌とは違うが、汁に入れて煮るのは近畿地方と同じである。

もう一つあげると、旧暦四月八日に花を飾る行事は、本書に収録した伊藤新之輔「四月八日の「天道花」習俗とその分布」で明らかにされているように、近畿地方と関東地方北部に濃厚に伝えられ、近畿地方とその周辺は竿先に花を付けて立てて飾っている。この竿に花を結びつけて庭などに立てる竿花習俗が天竜川流域の浜松市天竜区から長野県の南信州にかけて伝承されており、ここには畿内の民俗文化が定着している。四月八日といえば寺院での、釈迦誕生仏を花で飾り、甘茶をかけてお参りする灌仏会がよく知られているが、各家の行事としては天道花などと呼ぶ竿花や、関東地方の埼玉県や群馬県・栃木県などでの家の門口や軒に花を飾る軒花の行事がある。こうした四月八日の花飾りの分布は全国に満遍なく伝承されているのではなく、地域的な偏りがあるのが特徴で、伊藤の研究によって全国的な状況が初めて明らかになった。ここで指摘したいのは、図2のように静岡県北遠州から南信州、さらにその北の岡谷・松本周辺と木曽には、近畿地方からの竿花と関東地方北部から碓氷峠を越えてつながる軒花が地区ごとに混在して伝承されていることである。

三遠南信の地域的特徴を示す民俗を三つ取り上げて具体的に説明してきたが、要するにこの地域には近畿地方から連続する民俗と関東地方から連続する民俗があり、両地方の文化の混在、複合がみられるということである。

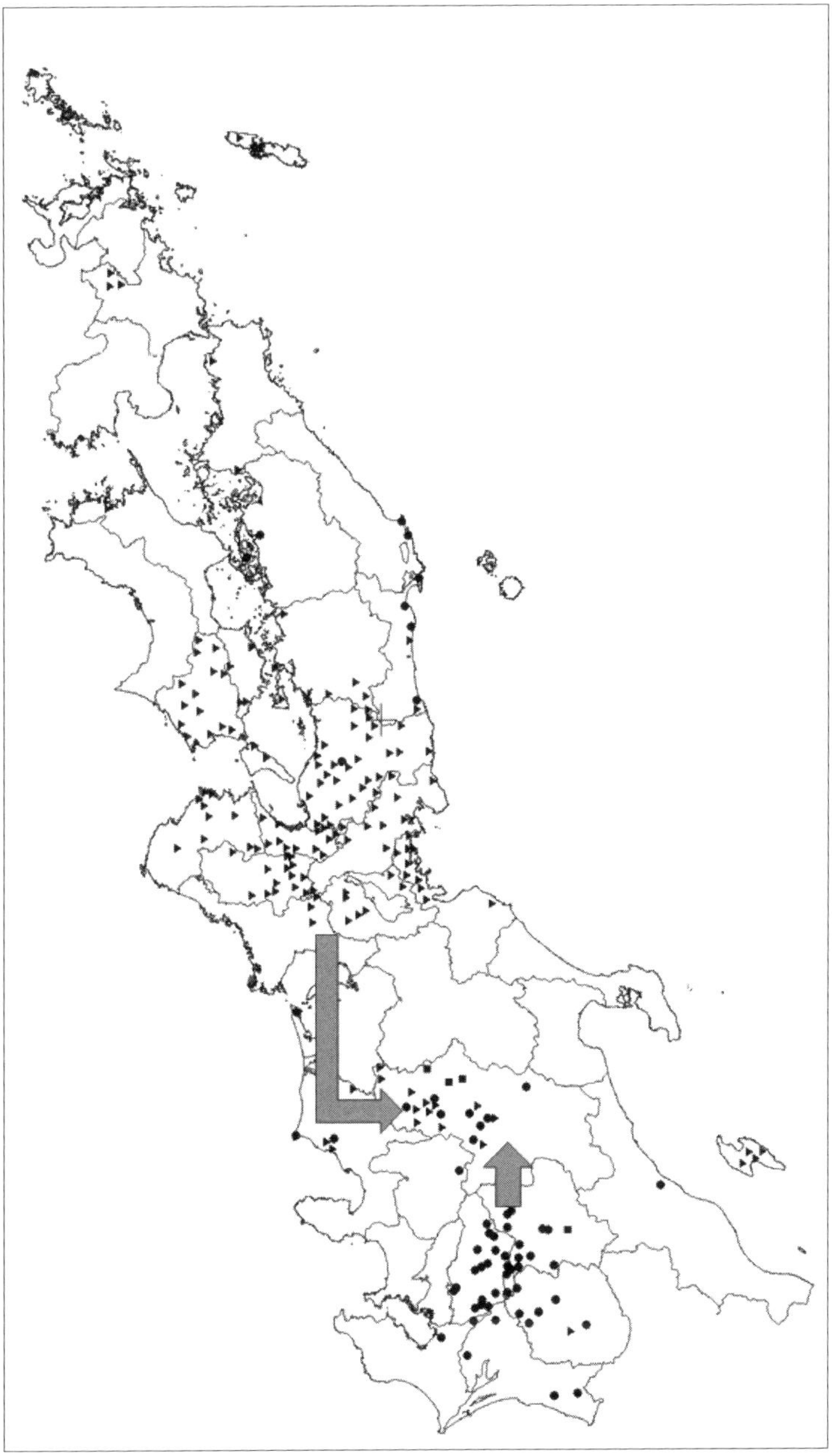

図2　卯月八日に花を飾る習俗の分布と南信州（伊藤新之輔作成の分布図に加筆）
▲：竿花　●：軒花（軒先に花をさす）　■：軒花（桶に花を立てる）

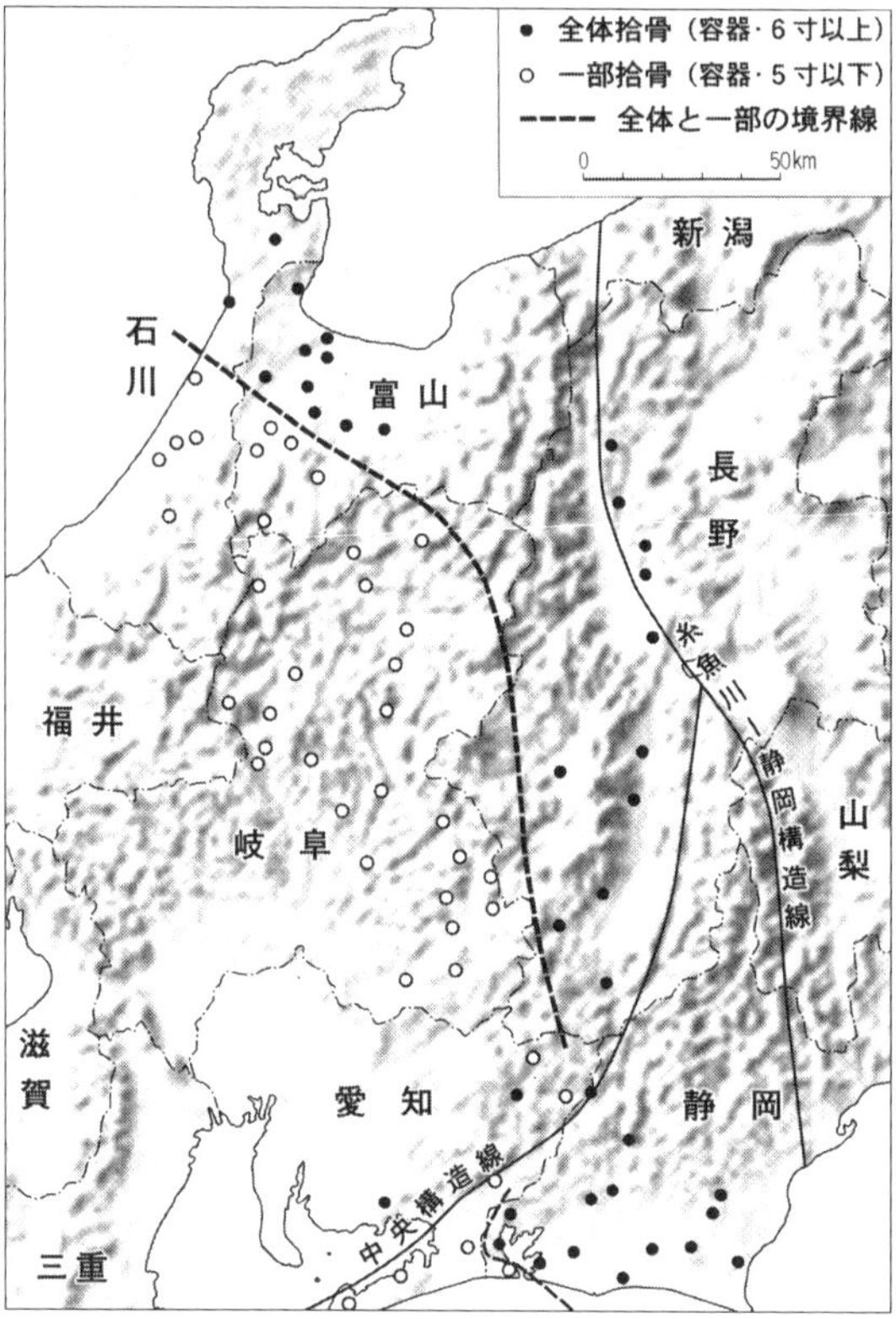

図3　収骨作法の境界（『火葬後収骨の東と西』より）

それは日本の東西文化が三遠南信という天竜川水系の地域で交叉しているともいえる。具体例としては、さらに南信州から静岡県西部の遠州にかけての修正会・修二会系のともいえる田楽、さらに「おこない」と分類されている神事芸能は、その伝来伝承も含め近畿地方とのつながりが考えられ、後に南信州などで行われるようになった人形芝居は淡路から、歌舞伎は江戸からというように、江戸時代にも東西の文化がこの地域で交叉し、定着している。また、もう一つ異なる事象から例をあげておくと、昭和三〇年代以降に急速に普及する火葬によって、葬法は大きく変わり、火葬後に収骨を行うようになるが、その収骨法は図3のように石川県・富山県・岐阜県・長野県・愛知県・静岡県が全部収骨と一部収骨の境界域になっている。(6) 三遠南信が東西文化の交叉地域というのは、こうした新しい作法にも影響を及ぼして差異を形成するほど根強いのである。そして、この東西の境界を線として示すなら、それは事象ごとに異なり、東西差の境界は、いくつもの事象を合わせて領域に幅をもつ混在・複合地域と理解すべきである。

さて、本書の初めの総論にあたる稿の最初に、天竜川水系にある三遠南信という特定地域の民俗文化を取り上げたのは、二つの理由があってのことである。その一つは、右に述べてきたように、この地域には近畿地方と関東地方という日本の東西文化の混在・複合が見られ、それが地域的特徴と判断できるが、この判断を可能としているのは、取り上げた民俗事象についての全国的な様相が、その分布も含めて把握できているからである。本書に収録した各論文が行っている民俗事象の全国的な把握は、列島文化を俯瞰するとともに比較対照研究を行って日本を考えるという、民俗学がもつ役割を果たすことに加え、個別地域の民俗がもつ特徴、特質、さらには地域の民俗文化の形成への思索、検討にもつながっている。

そして、もう一つの理由は、後で考古学からの成果として藤本強による列島の文化領域論を取り上げるが、藤本はこのなかで、文化領域には「ボカシの地域」といえる領域があることを指摘している。これは傾聴すべき重要な見解で、藤本のこの「ボカシの地域」論からいえば、まさに三遠南信を含む天竜川流域とその周辺は、日本の東西文化のあわいにあって、すでに赤坂憲雄が指摘しているように[7]、両者の「ボカシの地域」といえるからである。

二、「いくつもの日本」という必然性

列島文化を俯瞰し、その版図を描くことの有効性は、「日本」という領域がもつ文化的な様相を具体的に知ることで、そこには「日本」といっても、いくつもの「日本」があるのが理解でき、さらにこれに加え、地域文化、就中、民俗文化の地域形成の姿をデッサンできることにある。

こうした有効性があるにも拘わらず、近年の民俗研究では、ある民俗事象について各地から事例を収集し、その全国的な様相を比較対照研究によって検討し、分布図も作成して実態を明らかにする研究は少なくなっている。また、文化庁が昭和三七年度（一九六二）から三九年度（一九六四）にかけて全国都道府県で、それぞれ三〇地点を選んでの二〇項目の緊急民俗資料調査の結果をもとにして作成され、昭和四四年（一九六九）から平成一二年（二〇〇〇）にかけて出版された文化庁編『日本民俗地図』全一〇巻[8]があるが、これをもとにした積極的な研究も少ない。

近年の研究傾向としては、ある事象についての特定地域での事例研究が多くなっており、事象の全国的な様相を踏まえての位置づけなどを行わなくなっているのであるが、日本民俗学というなら、それは日本列島・南西諸島という三〇〇〇㎞を超える長さにも及ぶ広義の日本列島の文化研究を行う学術分野ということになる。この領域の庶民生活にかかる伝承文化からの日本研究であるが、研究の前提としなければならないのは、この領域が一国家となったのは明治時代であり、ここには、民族としてはヤマト民族とアイヌ民族などの北方民族が居住し、明治時代以前は日本国と琉球国の二国があったことである。こうした列島の歴史的状況からは、列島全域が同一文化であるとは到底考えられない。国語としては一国家一言語となってはいるが、それは近代以降のことであるのはいうまでもない。

いったいどの範囲を「日本」というのかを問う必要がある。往々にして、弥生文化の領域であり、ヤマト民族が居住し、大和朝廷成立後の古代国家による本州から九州までの範囲を「日本」としていることが多いのではなかろうか。このことは「日本人」とは誰かという問いにもつながることである。

民俗事象から具体的にいえば、正月に食べる「雑煮」は先にもあげたが、「雑煮」という用語が文献記録で確認できるのは一四世紀以降のことで、その後の茶懐石のメニューにも登場する。「雑煮」は、公家作法では二献目、武家作法では初献目となっていて、明応六年（一四九七）の「山内料理書」には「夏肴くみの事」の初献目に、「雑煮」「焼物（あゆ又ハこちふぜひ）」「五種のけづり物（かめの甲にもるへし）」として出てくる。この雑煮は「もししろうりなく候ハバ、山のいも以下にても入れよ。越瓜、もちひ、いりこ、まるあわび。四色をたれみそにてによ。口伝有。四種外入るべからず」[9]と説明されている。味噌で越瓜、餅、イリコ（炒り子）、丸鮑を煮たもので、越瓜（シロウリ）がなければヤマノイモでもいいとしている。豪華な雑煮で、こうした料理が夏にも出されていたのが、後に正月料理として特化されていったといえる。現在の全国各地の「雑煮」には、先にあげた南信州、阿南町新野の「オシル」や「大汁」のような系統と、茶懐石料理のなかでの「雑煮」の系統とがあるが、こうした来歴をもつ「雑煮」は、琉球・沖縄やアイヌにはなく、これは大和朝廷成立後の古代国家を基盤とする領域のヤマト文化のなかで形成され、継承されてきたといえる。

ただし、注意しなければならないのは、琉球・沖縄文化の領域にある奄美諸島の正月食には雑煮と同様な食物があることである。大和村名音では、正月元日の朝祝いには三献の儀式があり、ムチヌスィームン（餅の吸物）といい、醤油味の餅の吸物、味噌味の豚の吸物（ゥワンスィームン）などを食べるという[10]。餅の吸物と豚肉の吸物が同時に出ているのが特徴であるが、汁の味付けからいえば餅の吸物は新しいもてなしのものといえる。また、現在の沖縄県の範囲に餅の吸物はないことからは、奄美の餅吸物は、この地域が一七世紀初頭に薩摩藩の侵略を受け、その領地に組み込まれ、薩摩やヤマトの習俗がもたらされ、定着した可能性が高い。

琉球・沖縄の「正月」には、八重山や奄美で現在も行われている「新節（あらせつ）」があり、これと暦による新年があり、暦年の正月料理は重箱料理のウサンミや豚肉料理である。琉球での豚飼育は一五世紀の『李朝実録』で確認でき、ワーとかシマワー（島豚）には多種多様な食法が展開している。[11] アイヌの場合は、一年は「夏」と「冬」の二季で、これによる時の循環はあっても一年という区切りはなく、従ってヤマトや琉球・沖縄のような新年の概念はなく、「正月」という時の特化もない。

もう一例、民俗事象をあげると、女性が妊娠すると現在でも五ヶ月目の戌の日に腹帯を締めることが行われている。医学の分野では、これには科学的な根拠はないという意見と、その有効性を認める意見とがあることからは、これは医学的措置としてではなく、習俗として一般化したのがうかがえる。これには「帯祝い」などと呼ばれる着帯儀礼が附随し、これは、ヤマトの社会で妊娠と胎児の社会的生存権を認める儀礼として形成され、継承されてきたといえる。『小右記』の永観二年（九八四）の「腹結絹」が古い記録で、『源氏物語』の「宿木」には「しるしの帯」として出てくる。『源氏物語』の「しるしの帯」は「験の帯」、つまり加持祈禱を施した霊験をもつ帯としての性格もある。[12] 妊婦の腹帯の習俗は、この時代の内容がそのまま現在に伝承されているわけではないが、着帯自体は現在も一般的なこととして行われている。

この習俗については、現在の沖縄県の習俗には確認できないが、奄美大島の大和村名音では妊娠五ヶ月目の戌の日に腹帯をしめると産が軽くなるといい、[13] 徳之島では妊娠したことがわかるとワタクンギ（腹締り）ということでキュビという細帯を出産時まで巻いていたという。[14] 奄美諸島では島などによって腹帯の伝承内容に差異があるが、習俗としては存在している。また、アイヌ民族の場合も、妊娠二〜三ヶ月目に家内外の神々にホン・エ・イノンノ・カムイノミ（受胎の祈り）が行われ、五ヶ月目にはエカシ・テバ（祖翁の褌）と呼ぶ夫の褌を妊婦が腹に締めての「着帯の祈り」が行われていた。[15] 奄美諸島の場合は、島などでの習俗内容の違いが気になるが、沖縄県にはこれがないことからは、餅吸物と同じく一七世紀以降の薩摩・ヤマト化の一つと考えられる。アイヌ民族の場合は、詳細な検証が必要であるが、夫の褌を腹帯にすることはヤマトの習俗にもあることで、和人との結婚などによってアイヌ社会で習俗化した可能性がある。

ヤマトの民俗としてほぼ全域で認められる雑煮と妊婦の腹帯習俗を、アイヌ文化、琉球・沖縄文化のなかでみていくとこのようになり、ここには地政学的にはヤマトの政治経済の力学による習俗のヤマト化がうかがえる。「日本」には、ヤマト文化、琉球・沖縄文化、アイヌ文化の三つが一定の領域を占めながら存在するのは確実であるが、歴史過程におけるヤマトの地政は、三つの文化の並行や均衡に影響を与えているのである。

こうした歴史的推移があるが、ヤマト文化と琉球・沖縄文化、アイヌ文化の存在からは、「日本」にはいくつもの日本があるというのは当然の帰結である。そして、さらに先に「三遠南信」地域の民俗形成で述べたように、ヤマト文化の領域も一元的で同一の文化をもっているのではなく、座標軸を設けてみていくと、そこにはいくつもの文化領域が見えてくる。それは文化事象ごとにその広がりの領域がおおよそ一致することもあれば、大きく異なることもあり、決して単純ではない。これは琉球・沖縄、アイヌも同じである。広義の日本列島の文化には、ヤマト文化、琉球・沖縄文化、アイヌ文化が歴然と存在するとはいっても、それぞれは長い歴史をもち、その過程には前述のようにヤマトの政治経済的な力学が働き、対立と拒絶、受容と融合などをもちながら独自の展開をとげてきたといえる。

「いくつもの日本」は、基本的には民族と国家という二つの次元に存在しているのであるが、文化研究としては、列島文化を地理的に俯瞰する研究が起点となる。次にはこうした研究として注目される成果を三つの研究分野から取り上げていく。ある文化事象において同一的な内容をもつ範囲については、たとえばある社寺や山岳に対する信仰を共通してもつ範囲を「信仰圏」、経済活動などでいう「商圏」、婚姻を結びあう「通婚圏」、同じ方言が存在する「方言圏」、さらにはもっと多種の文化的な要素が複合的に共通して存在する範囲をいう「文化圏」など、「圏」という表現がある。これは信仰圏とか商圏などの具体例からわかるように、多分に、ある時代の地域間交流などによって成立した圏域が持続しているという歴史性を内包している。「文化圏」というのは、文化的な通時性を含む複雑な用語でもあるので、ここではこうした歴史文化的な概念ではなく、大林太良がいう、「その領域内の多数の社会が多くの文化要素を共有していることが、他の地域と比べたときに明らかになるような領域」である「文化領域」(16)を使用する。

三、列島文化の文化領域論的研究

(一)列島の三つの文化と二つのボカシ地域

広義の日本列島を対象とした文化領域論的な研究の最初にあげたいのは、考古学者の藤本強が領域を描いてみせた研究である。考古学の分野では、時代ごとの文化領域といえる社会的文化的版図がいくつも提示されているが、藤本強が著書の『日本列島の三つの文化』で描いた三つの文化と二つのボカシ地域という版図は、ある時代に限定した静止画的な文化領域論ではなく、時代の推移と対応させた動態的な文化領域論である(17)。

その一部を紹介すると、列島の縄文文化は北海道から沖縄諸島の広範囲にわたっている。これには宮古・八重山諸島は含まれていないが、弥生時代以降の列島文化は図4のように、東北地方南部から南九州を除く九州までが「中の文化」、北海道が「北の文化」、奄美諸島から八重山諸島までが「南の文化」で、「北の文化」と「中の文化」の間には両者と重複部をもつ「北のボカシの地域」、「中の文化」と「南の文化」の間には、やはり両者と重複部をもつ「南のボカシの地域」が設定されている。日本列島には三つの文化領域とその間の二つの「ボカシの地域」があるというのであり、「ボカシの地域」という文化の混在・複合地域があるとの指摘が特徴の文化領域論である。このような文化領域の存在を、農耕と狩猟・漁撈・採集という生産活動、集落の様相とその立地、墓制、さらに聖地の形成など、各時代の遺物・遺構から指標を抽出して描いている。

藤本は、「南の文化」は、ヤマトでは古墳時代に相当する貝塚時代後期後葉には集落が沿海部から内陸の台地部に移り[18]、畑作農耕が始まり、グスク時代、琉球王国につながる生活となる。一方、南九州には、弥生時代には「中の文化」の指標である古墳はなく、古墳時代になると、独自の墓制がうまれ「南のボカシの地域」が明確になってくる。これに対し、古代になると東北地方北部には末期古墳と呼ばれる独自の墓制がうまれ、蝦夷の文化も保持した「北のボカシの地域」が成立してくる。そして、この後が国家のかたちに特徴付けられる中世の世界になるという。さらに藤本は、「南の文化」として存在するグスクと「北の文化」の遺跡としてある「チャシ」

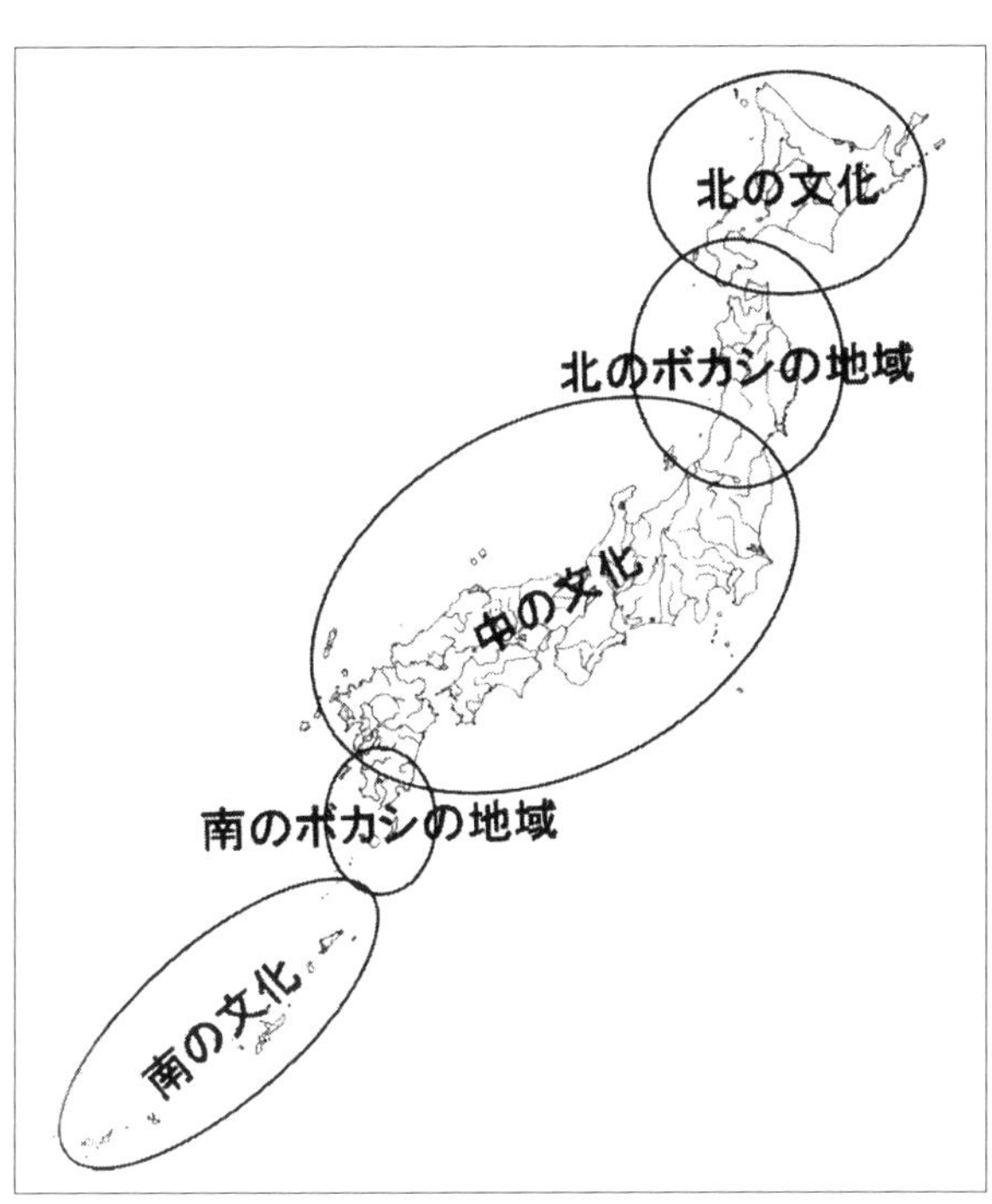

図4　弥生時代以降の日本列島の文化（藤本強『日本列島の三つの文化』より）

を対比させ、これらはともに社会への帰属意識を高める聖地として機能し、社会がムラからクニのような大きなまとまりに移行するときに現れ、この聖地は社会展開にともなって性格が変わっていくことを指摘している。

このような日本列島全体にわたる文化領域の動態的推移を実証的に描いた研究は数少ない。藤本にこれを可能にさせたのは、助教授時代は東京大学北海文化研究常呂実習施設に勤務していたことがあると思える。列島北端ともいえる地を研究の立脚点としたからこそ、列島南端の文化を考えることができ、藤本はこれら両端から「中の文化」を見つめたのではなかろうか。藤本は、縄文文化の時代から、弥生時代以降に形づくられる列島の文化領域の三区分と境界領域に形成される「ボカシの地域」を発見し、これらのその後の推移を描くことから、社会・文化による列島の領域区分は柔軟な性格をもつことも指摘している。

藤本のこの研究を高く評価し、自身も民俗・民具事象を中心にして「民族史的景観」という用語を提示して列島文化の姿とその推移を提示したのが赤坂憲雄である。赤坂は先にあげた『東西／南北考─いくつもの日本へ─』で、農具である箕を取り上げ、北日本（北海道アイヌ）の樹皮製の片口箕、東日本本州東部の樹皮・木製と竹製の片口箕、西日本の竹製片口箕、南日本（奄美・沖縄）の竹製丸口箕の分布から、北日本・東日本の木や樹皮、西日本・南日本の竹の文化という対比を行っている。列島には、従来から知られている東西文化差だけでなく、南北文化差があるという主張は、具体的にはこれが根拠になっている。さらに列島の箕は、北アジアの片口箕、南アジアの丸口箕という構図のなかにあり、ここから稲作文化と雑穀文化を考え、日本の箕の歴史を加えて、箕を取り巻く埋もれた歴史を掘り起こすことで、列島の「民族史的景観」の一端が読み解けるという。箕からの「民族史的景観」は大いなる仮説といえるが、この景観には「弧状なる列島には、出自や系統を異にする地域文化が重層的に存在してきたこと、複数の文化的な裂け目が見え隠れしていること、そして、それぞれの地域文化はアジアに向けて開かれていること」などが内包されていると説く。

赤坂はこれに加え、従来から提示されている日本の東西文化論を改めて検討した上で、藤本がいう三つの文化と二つのボカシ地域に寄り添いながら、「中の文化」には「言葉や民俗に見られる東／西の境をなす地域、すなわち、あの地質学上の裂け目であるフォッサ・マグナ、糸魚川・静岡構造線、中央構造線などが重なりあう一帯こそが、とりあえず第三の、中の「ボカシの地帯」である」と、藤本の版図を補っている[19]。

先にあげた藤本の『日本列島の三つの文化』は、「第1章　日本列島の三つの文化」「第2章　「北の文化」の成立」「第3章　「北の文化」の展開」「第4章　「南の文化」の成立と展開」「第5章　ボカシの地域」「第6章　グスクとチャシ」で構成されており、「中の文化」についての詳述は行われていない。それは前述したように、従来の研究では手薄であったと思われる、さらにいえば研究の基点、起点とはなっていなかったともいえる「北の文化」と「南の文化」の両方を基軸に列島文化を見直すという、藤本の視座の独自性によると考えられる。藤本は「おわりに」で、「通常日本文化とされているものは、この本の中で「中の文化」としてきたものです。「中の文化」は多様な日本文化の中の一部の文化であって、他にも多くの文化があった」とか、「「中の文化」の中にも、また他の文化の中にも多様な文化が内包されていました」といい、「中のボカシの地域」は提示されていないが、「中の文化」の多様性は捉えていたと思われる[20]。

赤坂の「中のボカシ地帯」というのは、東西文化の境界線は文化事象によっていくつもがあり、「三遠南信」地域の民俗でも示したように、この地域はまさに東西文化の混在・複合地域で、地理的には南北に連なる帯的な領域である。藤本はボカシの地域は、隣接する「北の文化」「中の文化」「南の文化」のどちらにも属さない地域で、この領域は時期によって境界は移動し、また、指標によっても範囲は動くとしている[21]。この指摘からは、東西文化の混在・複合地域である三遠南信とその周辺は、ボカシの地域で、その境界と範囲は個別事象による違いがあるのも首肯できる。赤坂がいう「中のボカシ地帯」というのは、文化的現実を反映した絶妙な表現であるが、正確には「中の東西のボカシ地域」といえよう。さらに、このボカシ地域をいうなら、東西文化だけではなく、列島の南北文化のボカシ地域の存在も検討する余地があろう。列島の南北での差異は、後述するように赤坂以前に大林太良などによっても指摘されており、[22]該当する事象が複数あるからである。

(二)「方言地図」による列島の言語版図

藤本の歴史的な動態をもつ文化領域論は、民俗学からの文化領域論にも示唆を与えてくれるが、文化領域を捉える方法や描かれた文化領域をどのように解釈、理解するかについて、学ぶ必要があるのが「方言地図」による言語地理学の研究である。列島の社会的文化的領域論として古くからあるのが言語学による方言分布論だからである。言語地理学の方言研究は語彙、音韻、文法などと、これらを組み合わせた精緻な内容になっているが、研究史の要点は、たとえば徳川宗賢編『日本の方言地図』[23]の「まえがき」で知ることができる。現在の言語地理学につながる研究として評価されているのは、その有効性が実証されている方言周圏論を提示した柳田國男の昭和五年(一九三〇)の『蝸牛考』であり、その後の基礎資料になっているのは昭和三二年(一九五七)から四〇年(一九六五)の全国調査をもとにした国立国語研究所の『日本方言地図』で、先の『日本の方言地図』はこの成果に基づいている。

佐藤亮一はこのなかの「方言の分布」で、方言分布は多様な姿をもつが、方言語彙には一定の領域をもつ分布があり、それには①「鼻」「耳」や「竹」などのように列島に地域差が目立たなかったり、小さかったりする語、

②おおよそ糸魚川・浜松ラインを境に、「居る」「あさっての翌日」「薬指」などのように東と西が異なるという東西対立型を示す語、(図5「居る」)、③この一種である、「サツマイモ」や「恐ろしい」などのように東の分布が単純で西は多種の語の分布がある語、④「小さい・細い」などのように、逆に西の分布が単純で、東が複雑な分布になる語がある。これらは列島を区分する分布型であるが、一方には周圏的な分布がある。それは図6の「かたつむり」などであり、周圏分布の型には、たとえば⑤東と西はA、中央はBというABA型の分布は、Aの後にBの語形が生まれて、Aの分布を断ち切ったと推定できる型、⑥ABCBA型の分布は、ABA型の後にCが生まれたと推定できる型である。また、方言分布には、⑦「お手玉」や「かたぐるま」などのように方言の種類が極めて多く、全国的に分布が複雑になっている語、⑧「襖」のように北からフスマ、カラカミ、フスマ、カラカミ、フスマ、カラカミ、フスマと交互に入れ替わる交互分布型、⑨「しもやけ」と「ユキヤケ」のように列島の太平洋側と日本海側が対立的に分布する型があると解説している。九つの分布型をあげた上で、方言分布図からの研究には、一枚の言語地図だけではなく、関係性のある語の複数の言語地図による総合的解釈の方法の有効性も示している。[24]

この解説を書いた佐藤は、徳川宗賢編『日本の方言地図』では方言地図四二点、音韻地図三種だけだったのを、『日本方言大辞典』(全三巻、小学館)所収の方言地図一七八点と、同書の「音韻総覧」から一四点の地図を選定して『方言の地図帳』を編み、多くの方言地図情報をわかりやすく提示している。解説である「方言の基礎知識」では「東西方言の対立」のなかで、これには語彙だけでなく、音韻では母音の無声化、母音ウの音声、アクセントによる領域区分があること、文法では動詞と形容詞の音便形、断定と否定の助動詞にも東西方言の対立があること、さらに明治時代以降に使われ始めた「ワイシャツ」「画鋲」「学区」「メンチカツ」にも東西の対立が生ま

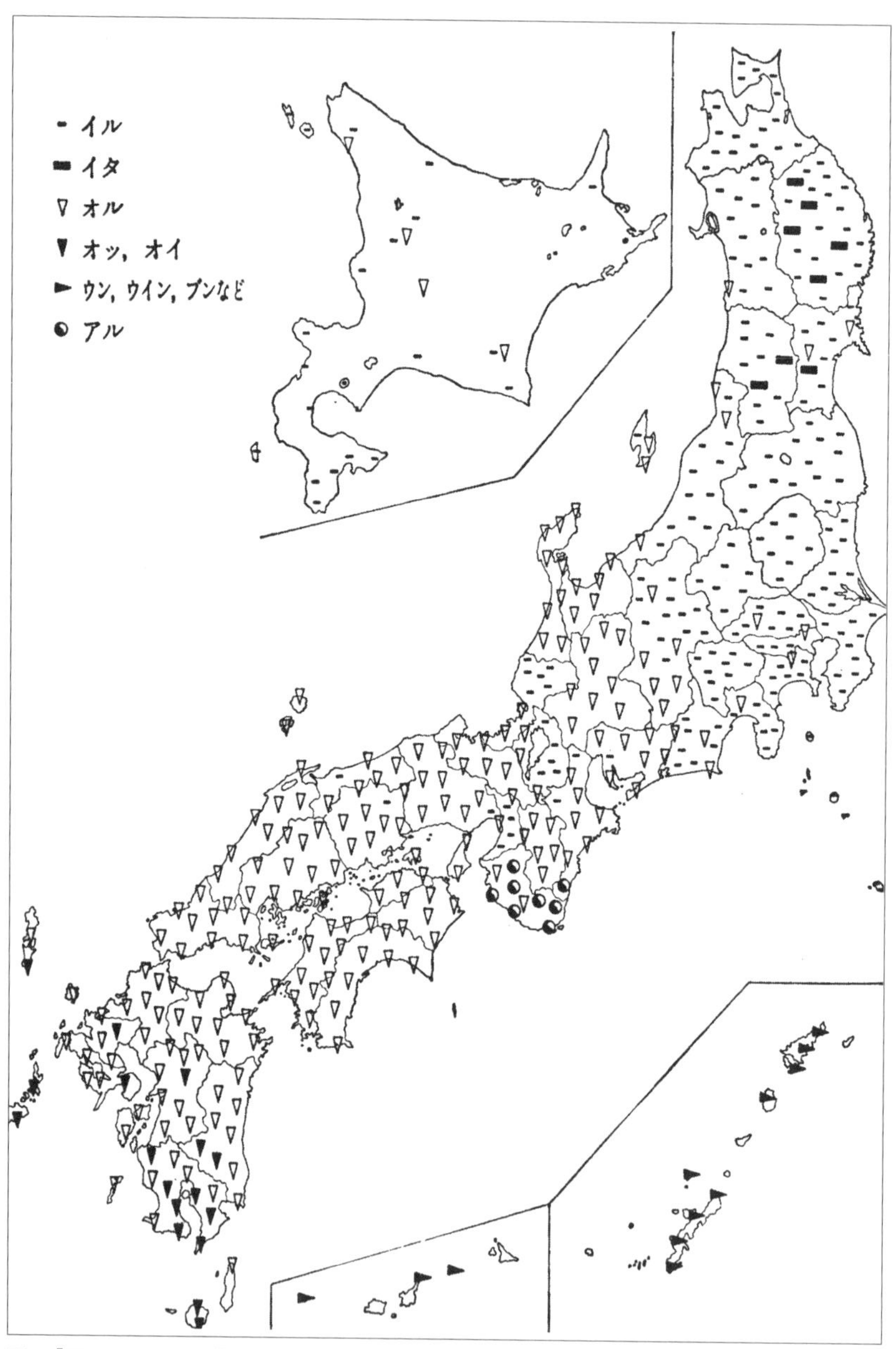

図5「居る」の方言（『日本方言地図』より）

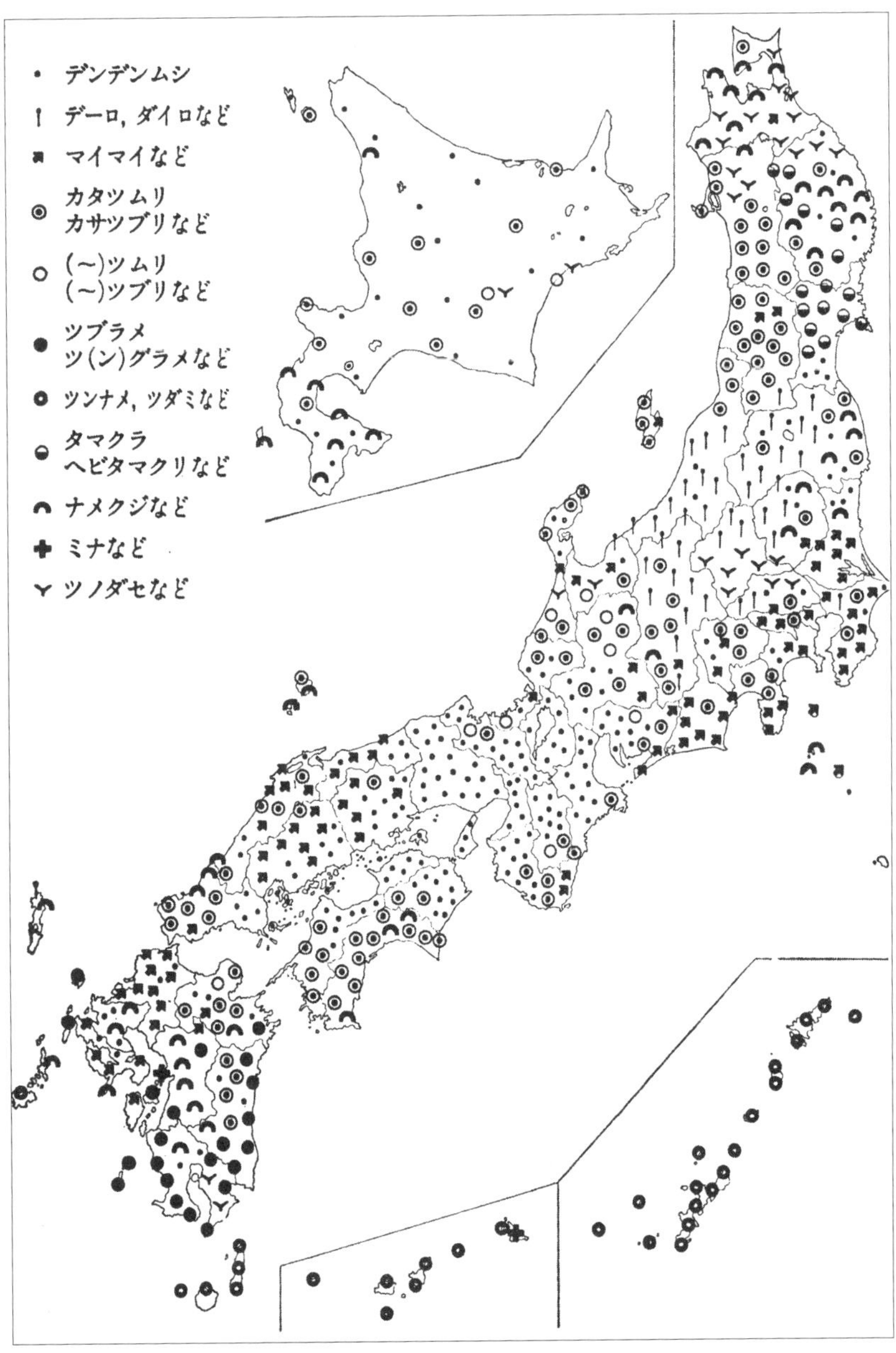

図6 「かたつむり」の方言（『日本方言地図』より）

れていることを説明している。[25]

方言の東西差は『万葉集』の東歌や防人歌にある東国出身者の歌からも確認でき、その対立は古くから存在し、顕著な地域差となっていて、差異は語彙だけでなく音韻や文法にも及び、さらに近代以降の語にもあるという説明である。古くに形成された言語の東西差は、日常生活で使用する言葉の新陳代謝のなかにあっても、差異を生じさせる力をもっているのがわかる。また、音韻編に示された歴史的仮名遣いの合拗音の「クヮ」（語頭）は、東北地方北部と九州から沖縄県にかけて確認され、列島の外縁部に顕著で、音韻にも周圏的な分布があるのが予測できる。

こうした方言地図は、前述のように国立国語研究所による昭和三二年（一九五七）から四〇年（一九六五）の全国二四〇〇ヶ所の調査をもとにして作成された『日本言語地図』全六巻がもとになっている。民俗学の分野では、これも先に述べたように、ほぼ同じ時代、文化庁が昭和三七年度（一九六二）から三九年度（一九六四）にかけて各都道府県三〇ヶ所、合計一三八〇ヶ所で二〇項目についての緊急民俗資料調査を行い、その結果から『日本民俗地図』（文化庁編）が作成されている。しかし、『日本言語地図』からの研究のような、これをもとにした民俗事象の文化領域研究は進んでいないが、[26]『日本民俗地図』からは、選定された民俗事象の分布についての目安を得ることはでき、これをもとに詳細な分布図を作成し、文化領域を検討することは可能である。本書に収録した論文の民俗分布図のなかにはこうして作成されたものもある。民俗学からの研究では、民俗事象以外の、ここにあげたような方言地図との対比によって、類似の分布をもつ方言の検証や、先にあげた佐藤が示す方言の分布型との比較対照が、民俗の分布地図からの文化領域研究には必要と考えられる。

ここまで、藤本による考古学からの動態的文化領域研究と言語地理学による方言分布研究の成果をあげてきた。

前者の藤本による研究は、三つの文化と二つのボカシ地域の確定には、有効な指標となる文化事象の抽出が重要な鍵になっている。藤本はその鍵は一つではなく、複数の、しかも歴史的な時間軸のなかでその鍵がもつ意味などの推移を明らかにすることで、通時的に固定した文化領域ではなく、領域の変化・変遷も描いてみせている。もちろん藤本の立論の基礎には、考古学の調査成果としての、各時代の遺物や遺構などがどのように分布しているのかという事実把握があるが、それが文化領域を措定する指標として適切かどうかが重要となり、指標を変えると領域の様相も異なる可能性がある。ここが学術研究としては重要な点で、指標の妥当性の検証が必要となる。これに対して『日本方言地図』をもとにした方言分布研究は、分布の読解、解釈による研究が基礎となっており、その解釈の妥当性と分布形成の歴史的経緯などの分析・検討と、その集積の上で、地域ごとの言語構成の推移を累積しながらの全国的な動向把握が必要となろう[27]。

民俗学とは異なる二つの分野における列島の文化領域論を取り上げたが、要は、日本列島全体を俯瞰するような文化研究は、考古学と方言研究である言語地理学、文化地理学、そして本書で取り上げる民俗学がもつ特徴的な課題であり、方法であるといえよう。ただし、ある文化事象が一定の領域に存在していることを明らかにし、ここから列島の文化的版図を描くことはできても、なぜこうした版図になるのかといった、その形成の要件と経緯などを明らかにすることは容易ではない。これはおそらく人文学のなかではもっとも難解な課題の一つといえる。簡単には答えがでないだけに、文化領域を扱う各学術分野が成果を持ち寄っての検討が必要になるのである。

(三)民俗事象の地域差と文化領域研究

文化領域設定の要件と目的　三つ目としてあげるのが、民俗学・文化人類学（民族学）分野の研究である。この分野で、本書に収録したような、民俗の全国的な所在と地域差を明確にした分布図を作成し、ここから何がわかるかという研究に、現時点でもっとも示唆を与えてくれているのは大林太良の研究である。それは『東と西　海と山—日本の文化領域』[28]に示された見解で、大林は前述したように「文化領域」という用語を使って、この研究史の概略、ある事象の分布の形成と文化領域設定の要件、文化領域の検討から見えてくる論理を整理している。

大林は、文化領域に関する研究は、民族学（文化人類学）では二〇世紀前半にアメリカのウィッスラー（Wissler）によるアメリカ・インディアンの物質文化研究によって基礎が作られ、長い歴史をもつことを紹介し、日本でこうした研究が振るわなかったのは物質文化である民具研究の立ち遅れがあると指摘している。また、文化領域の設定の要件には、従来から生態学的領域を文化領域形成の基礎として重視する立場と、その地域がもつ歴史的経緯を重視する立場とがあるが、現実にはこの両者を組み合わせて文化領域を考え、設定されているという。先にあげた藤本強による列島の三つの文化領域は、藤本自身も、北から落葉広葉樹林、常緑広葉樹林、亜熱帯樹林という森を形成する樹林相が、北である北海道の続縄文文化前半文化、中の弥生文化、南である奄美・沖縄の貝塚時代後期文化と対応するとともに、さらに後には古代国家の形成とその国家領域の拡大などが要件として考えられるとしている。樹林相は生態学的要件であり、古代国家形成などは歴史的要件である。中尾佐助や佐々木高明らによって提唱され、研究が進められたアジアにおける照葉樹林文化論[29]、市川健夫によるブナ林文化論[30]はともに生態学的要件に基づく文化領域の設定である。歴史的要件による文化領域論には、たとえば福田アジオによる関西と関東との対比を核にした、「番」と「衆」という東西の対立論[31]など、これも多くがある。

さらに大林は同書で、文化領域設定の研究は、文化研究の方法の一つで、設定できる文化領域体系からは、たとえば東西文化対立の版図は、歴史過程における二大中心地の影響を考える際に役立つとか、日本の民族文化形成に参与したいくつかの文化複合の検証に役立つなどと、その有用性をあげている。つまりは、本書に収録した民俗事象の全国分布に基づく文化領域研究は、その事象の実態の一面を明らかにしているが、描けた文化領域をもとにして、何を求めるのかという研究のロードマップの提示が重要となる。本稿の最初の「一、「三遠南信」地域の民俗から」で、列島の文化領域研究からは、この地域の民俗文化の特質やその形成を論じたのは、こうした文化領域研究のロードマップの一つであり、その有用性の提示である。

地域がもつ民俗的特質や民俗文化形成について、特定地域の、あるいは日本全体の民俗分布を対比対照しながら論じた研究には、安室知の『日本民俗分布論　民俗地図のリテラシー』(32)もある。安室は、たとえば長野県を舞台に「餅なし正月」の伝承分布を描き、これを自然条件（等高線）、他の事象（雑煮、作物禁忌など）の分布と重ねあわせ、餅なし正月の伝承は、餅正月を基盤に生成されたとし、それは稲作の特化の過程で成立したと説いている。ここには、稲作による特化以前の姿はどうであったのかという、さらに深みにある課題が内包されているが、研究が一歩進んだことは確かである。また、「年取魚」の習俗について、やはり長野県・県内特定地域と日本全体の事象分布とを対比対照することで、伝承の歴史的な変遷などを検討している。安室は、民俗の文化領域論的研究、つまり民俗分布の在りようから、民俗の形成や変遷を明らかにしようとしているのである。

このような、ある地域における民俗事象からの文化領域論には、よく知られているように小野重朗の研究がある。小野は『農耕儀礼の研究』(33)の序章「民俗研究の方法」で、南九州における民俗分布のあり方から、地域を限定しての周圏論的分析の有効性を説いている。南九州の民俗分布には同心圏構造と多心圏構造の二型があり、これらから地域民俗の特質や民俗の地理的拡大と変遷仮説を提示している。いうまでもなくこの方法は、柳田國男が提示した方言周圏論をもとにした民俗周圏論であり、方言周圏論の民俗研究への活用に強い批判が出ていた時代に、小野は、周圏論は地域を限定すれば分析方法としての有効性があることを主張したのである。小野のこの研究は、その後多くの場で検討、批判が行われたのであるが、民俗学界では、小野の昭和四五年（一九七〇）の著作から約五〇年を経て、漸く安室による新たな文化領域論的研究が提出されたといえる。

先にあげた大林の著作では、続いて日本列島の民俗事象の分布状況について具体例をあげながら、日本の東西文化差である東日本と西日本の対立、北日本と南日本の対立、太平洋側と日本海側の対立、沿海文化という四つの大きな領域図式が次のように提示されている。

東日本と西日本　最初にあげられているのが日本列島の東西文化差である。ここから東日本と西日本の対立という領域版図が描けることは、ここでも再三述べてきたし、これに関する民俗研究はいくつもある。ただし、注意しなければならないのは、「日本」とはどの領域をいうのかということで、大林は初めに列島の西北と西南を取り上げ、西北は対馬と朝鮮半島の間の海峡、西南は八重山諸島と台湾の間の海が境となる。しかし、東北は境界が容易には決められないとしている。沿海州、樺太の原住民文化は北海道のアイヌ文化と一緒に文化領域を形成するが、和人は江戸時代初めに北海道の渡島半島に居住しており、東北はどこに文化領域の境界が設けられるかは判断が難しく、東日本は津軽海峡以南とせざるを得ないという。九州から琉球・沖縄については、トカラ列島と奄美諸島の間に境があり、ここから南は琉球文化であるとしている。つまりは、大林は日本の文化というのは、北海道アイヌや沿海州・樺太の原住民による北海道以北の文化領域と、奄美諸島以南の琉球文化と、その間には「内地文化（大和文化）」があるとしている。これは筆者が「一、「いくつもの日本」という必然性」で述べたことでもあり、大林のいう「内地」という文化領域はヤマト文化の領域といえる。

東日本と西日本の区分はこれが前提で、この区分は内地文化のなかにあるが、大林が描く文化領域の基本は、領域の境界は、一本の線ではなく複数の線からなり、ここが「ある程度の幅をもつ移行地帯であるのがふつうである」と指摘する。下野敏見の研究を引用して琉球とヤマトとの文化的境界は事象によっていくつもがあり、同じことが東日本と西日本の境界にもあることを杉本尚次の民家研究、長島信弘らによる三十三回忌や社会組織の諸特徴から説明している。大林がいう「移行地帯」というのは、前述した藤本強がいう「ボカシの地域」に近い捉え方である。これも先にあげたように東西文化の間には、藤本の考え方を援用して「中の東西文化のボカシ地域」があることを具体的に示したが、これを「移行地帯」というのがいいかどうかは検討が必要となる。移行というのは、西から東へ、あるいは東から西への移行ということになる。それは西の文化の東への拡大、東の文化の西への拡大ともいえ、ここには文化形成についての判断が含まれており、より客観的には東西文化の混在・複合地域（地帯）というべきではなかろうか。複合や融合、あるいは接触による受容や拒絶から新たな文化相の成立もあり得よう。

大林は東西文化の対立について具体例をいくつもあげて説明した上で、この対立は、一つの解釈は、生態学的には落葉広葉樹林帯（ナラ林帯、ブナ林帯）と照葉樹林帯という植生の相違に帰結するが、これだけでは説明できない民俗事象もあることから、東西は、縄文時代に生態学的領域の相違から二大文化領域として成立し、これが歴史時代にも持続して東西の二大中心の並立により、一層強化されたのではないかという。ここでいう二大中心の並立というのは京都と鎌倉、京都と江戸という政権所在地となろうが、鎌倉にそれだけの力があったとは思えない。江戸時代以降の江戸と上方なら妥当性があることになるが、生態的解釈にそぐわない東西対立の文化事象が、歴史的要件と合致するかどうかが論点となる。二大中心という大林の見解には疑問が残るが、「文化領域は一度成立してしまうと継続し固定化する傾向がある」[34]といい、さらにこうした傾向は日本以外にも広くみられる現象であるというのは注目される。それは、先にあげたように火葬普及後の収骨のあり方や、近代以降の言葉の方言化にも東西差が生まれているからである。

北日本と南日本　大林があげる北日本と南日本は、具体例としては民家建築の床の設えである。床の設えは、かつては近畿地方北部山間地・北陸・信州北部・東北地方という日本の北半は地床形式で、奄美・沖縄、伊豆諸島南部、南九州、南四国、東海、房総半島という日本南端は高床式、その間にある日本の南半は半高床式で、これは南北対立と認められるという。また、日本の民家の間取りは広間型と四間取系（田の字型）であり、北は広間型、南は四間取系が顕著であるという。さらに長島信弘の研究から、東北日本は奉公人分家があり、本分家関係が永続し、異姓分家があるのに対し、西日本と東南日本は古代に村が成立し、隠居制と隠居財産があり、婚姻披露に夫婦が出席し、初産は婚家という特徴があり、これらは北日本と南日本の対立的分布と読み取れるという。

さらに具体事例をあげているが、こうした北日本と南日本には、生態学的には気候帯や植生と結びついた成帯土壌があると指摘する。それは静岡県西部と島根半島ライン以南は黄褐色森林土壌帯で、以北は酸性褐色森林土壌帯と黄褐色森林土壌帯への漸移帯という列島の土壌帯区分の存在である。このことからは、照葉樹林帯は列島の東西区分だけでなく、南北区分にも関連し、生態学的には強固な区分であることを示唆している。

また、北日本と南日本の対立をもとにして成立した文化領域の枠組みは、その後も持続するが、その具体的内容は変化しやすいという原理があることも指摘している。大林はあげていないが、北日本と南日本を区分する具体例には、ワラジの履き方にもある。履くときに縄を通すチ（乳）が四つあるワラジでは、踵にある輪を後部の乳に通して履くのが南日本、踵の輪を後部の乳に通さず、つま先からの縄を乳と踵輪に通すのが北日本の履き方である。こうした列島の南北差は、従来あまり検討されておらず、具体例がどれほどあるのかが課題となり、東西対立のようにその間に「ボカシの地域」があるかどうかも検討が必要となる。

太平洋側と日本海側　大林がいう、文化領域として設定できる次は、南北に連なる列島の太平洋側地域と日本海側地域という区分である。これは生態学的には気候区による区分と合致し、事象の例としては杉本尚次による民家の構成要素からの日本の一五区分、長島信弘による農業生産のあり方、家族と隠居、相続、擬制的親子関係、年齢集団の様相から導き出された、表日本・千葉以西の表日本という太平洋側地域と、裏日本という日本海側地域の区分をあげている。さらに大林は、このうちの日本海側地域は、昔話の「糠福米福」などが濃厚にある青森県から新潟県までの範囲、憑物や両墓制がない富山県から福井県中部までの範囲、昔話「犬聟入」が濃厚にあり、春秋の亥・子の日に田の神の去来伝承がある福井県西部から鳥取県までの範囲、そして、島根県・山口県の範囲、北九州地域の五地域に分けられ、この区分は歴史的な要件によって形成されたとしている。

本書に収録した九論文が扱っている民俗事象には、部分的には大林がいう太平洋側と日本海側の文化領域設定が当てはまる例がある。また、前述した方言分布では、「しもやけ」と「ユキヤケ」は、列島の太平洋側と日本海側に対立的に分布すると指摘されており、この領域設定に該当する事象は他にもあると推測できる。

沿海文化　大林があげるもう一つは「沿海文化」で、これは沿海ということで特徴付けられる民俗事象があるということである。具体的にはアマ（海女・海士）、寝宿・月小屋・産小屋、年齢集団、泣女（なきめ）、頭上運搬、一時的妻問婚の六つがあるという。アマは沿岸での潜水漁で、男の海士と女の海女が地域をわけて沿海部に点在している。寝宿は、青年たちが自宅ではなく、集落内の特定の家に夜に集まって宿泊する宿、月小屋は月経中の女性が家を離れて滞在する小屋、産小屋は出産を行う自宅外の小屋である。年齢集団は青年期の男性による若者組のこと、泣女は葬式に立ち会って泣く女性のことで、雇われてこれを行うこともあった。頭上運搬は、頭の上に物を載せて運ぶ方法で主に女性が行った。一時的妻問婚というのは、妻方の家で簡略的な結婚式をあげてから、夫の男性が一定期間、妻の女性のもとに通って夫婦生活をおくり、三年など一定期間後には、夫の家で結婚式をあげて妻が夫方に移るという婚姻方式である。民俗学では、これらについては早くから関心がもたれていて、前述のように特にこの中の海女と頭上運搬については、民俗学研究所編『民俗学辞典』（東京堂、一九五一年）の巻頭に折り込みの分布地図が付されている。日本民俗学会が組織されて間もない年代で、この当時には分布図を作成してその所在を明確にする研究が行われていた。ちなみに同辞典で付された分布図のもう一点は両墓制の所在である。

この沿海文化については、これが内陸文化と対立的に存在するというのではなく、沿海部に特徴的ということでの設定のようで、アマが沿海部にというのは、当然のことであるが、大林は、寝宿（若者宿）、年齢集団、月小屋・産小屋、頭上運は漁撈活動との関連で沿海文化として特徴付けられることを予測している。

九州と東北　大林が文化領域として注目しているもう一つをあげると、それは九州と東北のことである。九州の民俗をみていくと、初産の場所は南日本と他の地域とは異なり、実家に帰って出産することと、エジコ（嬰児籠）と呼ばれる藁製などの嬰児を入れておく用具は九州と四国には確認できないこと、また、オモゲーという馬具や縄莚などは九州から韓国に広がっており、東シナ海文化も想定できるなど、九州が一つの文化領域と考えられる可能性があるという。一方、東北については、奈良時代には律令国家の勢力が及ぶ東北地方南部と及ばない北部は区分されていたが、民俗事象からは南北に分けられないのは何故かとしている。こうした大林の問いは、先にあげた藤本の「北のボカシの地域」「南のボカシの地域」の存在とも関連することである。各分野から異なる事象、資料をもとに提示される文化領域は、ここでも若干触れたように対比対照される必要があり、学問領域を超えた文化領域の比較研究は今後の課題となる。

周圏的分布　柳田國男が昭和二年（一九二七）の論文「蝸牛考」、その後の昭和五年（一九三〇）の『蝸牛考』で提示したカタツムリによる方言周圏論は、大正一〇年（一九二一）から一二年（一九二三）までの国際連盟委任統治委員としてのジュネーブ滞在などの最中に、ヨーロッパ文献学の研究法に接したのが立論のもとになっていると予測されている。学術状況としては、この理論が現在の方言研究、なかでも言語地理学的な研究の嚆矢であることは、言語地理学の研究者が揃ってあげている。それは、この理論が現在でも通用するからで、方言周圏論を全面的に否定することはできない。問題となるのは、この理論の延長線上に方言ではなく、民俗事象を当てはめての研究で、その科学的妥当性はさまざまな検討と批判が行われてきた。[35]柳田による方言周圏論の成立と内容、柳田の視座などの独自性、さらにはこれをめぐるその後の学界の動向などは、安室が詳しく論じているので、[36]ここでは取り上げないが、方言の周圏的分布というのは言語の地理的な連続性の一つのあり方で、文化領域の連続性を示す論理である。カタツムリという語は、ナメクジ、ツブリ、カタツムリ、マイマイ、デデムシと呼称を変えながらこの順番で中央（京都）から列島の一定の領域に広がり、それが分布としては外縁から中央に向かって、古い語から新しい語の順に確認できるということである。

つまり同じものが名を変えて連続して広がったのであり、その波及領域に連続性があると理解でき、その領域を同一の文化領域とみることができる。「蝸牛考」からは本州から九州までを同一の文化領域とすることができるのである。大林が周圏的に分布する文化を文化領域論として取り上げていないのは、これは領域形成論だからである。このように考えると、東日本と西日本というのは、大林も指摘するように、それぞれの中心地の文化が連続しながら地理的に広まって成立したといえる。そこには自ずから中心地域の政治経済や文化がもった領域形成の力学があり、これからすればヤマトの領域に周圏的に波及し方言化した言語も、その執拗な力学のもとにあったと考えるのが自然である。

方言にみられるような周圏分布が、文化や社会制度などにも適応できるかどうかは、民俗学の中では否定的であったが、民俗事象の分布には周圏的な広がりと推測できるものがある。たとえば、関沢まゆみは、ヤマト領域での盆の精霊祭祀と墓参の様相は、三つの類型が認められるとする。第一類型は、屋内と屋外の墓地に盆棚を設け、墓参とともに墓前での会食を行う型で、青森・秋田・岩手県と熊本・鹿児島県という、本州から九州までの列島の北端と南端地域で確認できる。第二型は、屋内で先祖を祭り、屋外にも盆棚を設け、盆の精霊に先祖・新仏・餓鬼仏の区別を意識しない型で、近畿地方の外縁といえる兵庫・岡山・愛媛・徳島県、三重・愛知・静岡・神奈川県などで確認できる。第三型は、先祖・新仏・餓鬼仏を明確に区分し、先祖は屋内で、新仏は縁側や軒先で、餓鬼仏は屋外で祭り、死穢の場所である墓地での会食などは考えられない型で、京都・大阪府・奈良・滋賀県など近畿地方を中心に確認できる。

関沢は盆行事の内容にこうした分析指標を設けて、それぞれの類型の分布を明らかにし、この分布からは盆行事の三型は、第一類型が古い習俗で、その後、第二類型が生まれ、第三類型が新しい習俗であることがうかがえ、この変遷は平安貴族たちの触穢への忌避の広がりが関与して成立したという[37]。盆棚の設置と祭祀精霊区分の認識は、実際は複雑に入り組んでいるが、類型化すると盆行事の変遷は、右のような地域差となって現れているというのである。この研究には、いくつか補わなければならない点があるが[38]、触穢忌避の思想は内裏への参内を禁ずる制度をも生んでおり、こうした中央政権とこの地域の生活律は強い力をもって畿内から外縁へと広がったと考えられる。つまり、地政学的にいえば政権の政治力と畿内の生活律の波及が盆の精霊祭祀と複合、融合することで、行事内容の周圏分布ができていったといえる。ヤマト文化としての盆行事は、地理的に連続して青森県から鹿児島県の領域にあるが、触穢忌避の軽重によってその内容に差ができたと考えられるのである。
こうした触穢忌避思想の漸及は、新谷尚紀が論じている両墓制[39]とも結びついているのではなかろうか。庶民が埋葬地に墓塔を建てることは、畿内では中世末から、関東では近世前期からであり、両墓制はこの墓塔建立の一形式であり、ここに死体への触穢忌避が作用することで、墓塔の詣り墓が生まれるが、この形式は東北地方北部や九州には及んでいない。両墓制の分布は中央から、その外縁に一つの圏としての波及であり、複数の型となって周圏をなす分布とはいえないが、これは盆行事と同じく触穢忌避思想の漸及を示している。民俗事象として盆行事のような周圏的分布が他に見られるのか、検証が必要となるが、周圏分布は事象の地理的連続を示す型であり、文化領域を型としていえば、ヤマト全域型や中央の外縁波及型などとなる。

このように考えられるが、注目されるのは、盆に墓前で会食を行う習俗は東北地方北部と南九州で確認でき、これは先にあげた藤本による文化領域論でいえば「北のボカシの地域」「南のボカシの地域」とほぼ合致することである。埋め墓と詣り墓という両墓制の場合は、東北地方北部にはこれが及んでなく「北のボカシの地域」にはなく、九州は「南のボカシの地域」より広く、九州一帯に両墓制は確認できない。盆の墓前会食と両墓制は、こうした違いがあるものの、ほぼ南北のボカシ地域と符合するのは、文化領域を考えるにあたっては重要なことである。

四、本書の構成と試み

本書は、ある民俗事象について日本列島各地から事例を収集し、その比較対照研究にもとづいて分布図を作成し、地域差などの様相を把握するとともに、地域差成立の要件、分布状況の解釈などを行った論考をまとめたものである。

その内容から、収録論文を「Ⅰ 年中行事」として卯月八日の行事、盆月の地蔵祭祀、「Ⅱ 酒と食」として神酒を献ずるのに使う神酒口、食材を葉で包んだ葉包み食、「Ⅲ 死と死者」として死に瀕しての魂呼び、海上を漂流する流れ仏の習俗、「Ⅳ 動物との交渉」として人間や家に動物霊が憑依する憑物伝承、カラスを神聖視して招く烏勧請の行事、異変や不吉なことなどを知らせる鶏の予知伝承というⅣ部で構成した。内容は総論と九つの民俗事象である。

このなかで、卯月八日の花飾りについて伊藤新之輔は、近畿地方の竿花と関東地方の軒花の対立と中部地方南部の様相をくっきりと描き、地域の民俗形成に見通しをつけている。お盆の月に行われる地蔵祭祀については、山本紗綾はこれが近畿地方から瀬戸内沿海、さらに九州北部に顕著で、東日本では分布が薄いながらも東北地方にも広がっていて、列島の東西に濃淡があること、さらに盆踊りなどの地蔵を祭る芸能も同様な広がりがあることを指摘する。

神仏に酒を献ずるのに使う「神酒の口」の実態研究を進めた山本亮子は、これには紙、竹、経木など四種の素材があって、その分布は紙製のものが広く、その分布の内側に竹細工、経木細工の神酒の口が分布することから、神酒の口の推移を検討している。宿澤泉帆は、葉で包んだ食物の多様性を明らかにすることをめざし、今回は粽系と柏餅系の二種を取り上げた。粽系は九州から東北地方の日本海側、柏餅系は九州から関東地方を経て東北地方の太平洋側に顕著であること、これとは別に琉球・沖縄では、沖縄島南部にムーチー系があるのを指摘している。

死に瀕しての魂呼びを扱った鈴木慶一は、枕元と屋根の上で名を呼ぶことは琉球・沖縄、ヤマト文化の全域に確認できるが、井戸での魂呼びは東日本に顕著で、行う場所による領域に違いがあることを明確にしている。鶉橋晴菜は、海に漂う死者に対する流れ仏の習俗は沿海文化といえるが、日本海側より太平洋側の方に色濃く確認でき、死体を拾い上げるときの問答はこの傾向がより顕著であるとしている。

動物霊が人間や家に憑く「憑物」は、岩瀬春菜の研究によって全国分布が詳細になった。これはヤマト文化の領域にあり、東北地方と南九州での分布はやや薄いこと、架空の動物霊の憑依は、東日本にはイズナ、オサキ、クダキツネが領域を分けるようにあり、西日本には人狐、犬神が領域を分けるように分布するのを明らかにしている。神聖な鳥とも考えられているカラスを招く習俗は、鈴木綾乃の研究で、全体としては東北地方から関東・北陸、近畿地方南部、中国地方、南九州にあるが、東北から関東にかけては太平洋側の地域に色濃く、この傾向は行事のあり方や餌の与え方にも現れているという。望月美樹は、鶏の伝承から、この鳥が異変や不吉なことが起きる予知能力があるのを明確にし、これについて東北と九州地方の事例研究を行い、両地方は同様な伝承内容を持つが、東北地方では太平洋側に伝承が顕著であるのを明らかにしている。

これらの執筆者は、地道な事例の集積と整理、分析という作業を行いつつ、作成した分布図から文化領域の設定を試みているが、日本の文化的版図を描くことは、文化領域論的な研究以外にもある。その一つが、岡正雄によるもので、岡は昭和三三年（一九五八）の「日本文化の基礎構造」で、民俗学・民族学的方法と先史学的方法とを併用して、日本文化には次の種族文化複合が設定できるとしている。[40]

㈠母系的・秘密結社的・芋栽培―狩猟民文化
㈡母系的・陸稲栽培―狩猟民文化

㈢父系的・「ハラ」氏族的・畑作―狩猟・飼畜民文化
㈣男性的・年齢階梯制的・水稲栽培―漁撈民文化
㈤父権的・「ウジ」氏族的・支配者文化

この五つの類型論は、後々まで影響力をもち、いくつもの検討が加えられている。[41] 複合事象について列島での分布図を示しての論述ではないが、文化的な版図であるといえる。本書にはこの仮説に関連する民俗事象は含まれていないが、岡の描いた版図は、事象の分布図を作成したらどう評価できるのかが課題となるのはいうまでもない。

本書で行った日本列島の文化領域論的研究は、民俗学では、大林太良『東と西　海と山―日本の文化領域』、安室知『日本民俗分布論　民俗地図のリテラシー』が参考となるが、ここには倉石忠彦が検討を重ねてきた民俗地図の作成法など、いくつもの方法論的課題がある。[42] しかし、方法論的課題は、具体的な研究のなかでしか解決できないのであり、本書に収録した論文のような作業を積み上げていくことが大切となる。本書は、その道程のものであるとも理解していただきたい。

注

（1）拙稿「伊那谷の民俗をどう捉えるか」『伊那民俗研究』第二八号、柳田國男記念伊那民俗学研究所、二〇二一年
（2）飯田市美術博物館・柳田國男記念伊那民俗学研究所『飯田市地域史研究事業・民俗調査報告書2　三穂の民俗』二〇〇七年（年中行事は北原いずみによる）
（3）古島敏雄『子供たちの大正時代　田舎町の生活誌』平凡社、一九八二年
（4）長野県『長野県史民俗編』第5巻総説Ⅱ、長野県史刊行会、一九九一年

（5）前掲（2）
（6）日本葬送文化学会編『火葬後収骨の東と西』日本経済評論社、二〇〇七年
（7）赤坂憲雄『東西／南北考―いくつもの日本へ―』岩波新書七〇〇、二〇〇〇年
（8）緊急民俗資料調査は、沖縄県は返還前で行われておらず『日本民俗地図』の民俗情報にはないが、一方では、この調査の成果などをもと、沖縄県も含む全国四七都道府県の民俗を概説した『日本の民俗』四七冊（第一法規出版、一九七一～七五）が出版されている。
（9）「山内料理書」塙保己一編『続群書類従』第一九輯下、続群書類従刊行会、一九二五年
（10）田畑千秋『奄美の暮らしと儀礼』第一書房、一九九二年
（11）琉球・沖縄の豚については、萩原左人「肉食の民俗誌」（『日本の民俗12　南島の暮らし』吉川弘文館、二〇〇九年）に詳しい。
（12）拙稿「生と死の民俗・再考」『民俗学論叢』第三一号、相模民俗学会、二〇一六年
（13）前掲（10）
（14）松山光秀『徳之島の民俗2　コーラルの海のめぐみ』未來社、二〇〇四年
（15）久保寺逸彦『久保寺逸彦著作集2　アイヌ民族の文学と生活』草風館、二〇〇四年
（16）大林太良『東と西　海と山―日本の文化領域』小学館、一九九〇年
（17）藤本強『日本列島の三つの文化』同成社、二〇〇九年
（18）「南の文化」である琉球では、藤本は集落の遺構のあり方から、沿海部から内陸へという居住の移動を指摘するが、折口信夫は「まれびと」論のなかで、たとえば大正一四年（一九二五）の「古代生活の研究」（『折口信夫全集』2所収）などでは、海彼からの神の来訪が後に人々が内陸部に移ることによって、山からの来訪に変化したと推測して論を展開している。藤本がいう集落遺構の変化は折口の仮説を裏付けるものともなっている。
（19）前掲（7）
（20）前掲（17）、一八一頁
（21）前掲（17）、四頁

（22）前掲（16）

（23）徳川宗賢編『日本の方言地図』中公新書、一九七九年

（24）佐藤亮一「方言の分布」徳川宗賢編『日本の方言地図』中公新書、一九七九年

（25）佐藤亮一編『方言の地図帳』講談社学術文庫二五七七、二〇一九年

（26）『日本民俗地図』全一〇巻からの文化領域研究が進んでいない一つの事由は、調査内容は文化庁によって共通の二〇項目が選定され、調査票が作成され、これに基づく調査が行われたが、全国一三八〇ヶ所でのこれによる調査精度にばらつきがあり、項目によっては調査遺漏もあった。こうした欠点は設定された項目が大枠すぎて、個別事象として何を調べるかがわかりにくいことによったといえる。これらのことから民俗事象の分布を把握する際の目安にはなるが、実態を示しているかどうか不安が残るのが、活用が進まなかった事由と思われる。後に文化庁で民俗文化財の調査官となった木下忠もこの調査は不十分で、正確な民俗の分布図は、他の民俗調査報告書などから補って作成する必要があるという（木下忠「民俗地図をめぐって」『民俗学評論』第一三号、一九七五年）。文化庁は後に各都道府県一五〇ヶ所を選定し、四〇の共通調査項目を決めて民俗文化財分布調査を行っている。これは都道府県ごとに「民俗分布地図」とか「民俗地図」の名称を付して結果報告書が刊行されている。

（27）秋山英治『愛媛県東中予方言のアクセントと共通語のアクセント：日本語史再建のために』（おうふう、二〇一七年）などは、その一例といえる研究である。

（28）前掲（16）

（29）照葉樹林文化論には、上山春平編『照葉樹林文化―日本文化の深層』（中公新書二〇一、一九八六年）、佐々木高明『日本文化の基層を探るナラ林文化と照葉樹林文化』（NHKブックス、一九九三年）、佐々木高明『照葉樹林文化とは何か』（中公新書、二〇〇七年）。中尾佐助の照葉樹林文化論は『中尾佐助著作集第Ⅵ巻　照葉樹林文化論』（北海道大学出版会、二〇〇六年）など多数がある。

（30）市川健夫『日本のブナ帯文化』朝倉書店、一九八四年

（31）福田アジオ『番と衆　日本社会の東と西』吉川弘文館歴史文化ライブラリー二五、一九九七年

（32）安室知『日本民俗分布論　民俗地図のリテラシー』慶友社、二〇二二年

(33) 小野重朗『農耕儀礼の研究』弘文堂、一九七〇年
(34) 前掲(16)、二七頁
(35) たとえば、大塚民俗学会は昭和四九年度シンポジウムで「民俗地図をめぐって」を取り上げている。その内容は『民俗学評論』第一三号(一九七五年)にまとめられ、木下忠「民俗地図をめぐって」、和田正洲「文化庁の『日本民俗地図』」、関敬吾「民俗学研究における民俗地図の問題」と討論を掲載しており、この中で方言周圏論の文化研究への拡大が検討、批判されている。
(36) 前掲(32)
(37) 関沢まゆみ「「戦後民俗学の認識論的批判」と比較研究法の可能性—盆行事の地域差とその意味の解読への試み—」『国立歴史民俗博物館研究報告』第一七八集、二〇一三年
(38) 拙稿「列島の民俗文化と比較研究」関沢まゆみ・国立歴史民俗博物館編『盆行事と葬送墓制』吉川弘文館、二〇一五年
(39) 新谷尚紀『両墓制と他界観』吉川弘文館、一九九一年
(40) 岡正雄「日本文化の基礎構造」『日本民俗学大系』2、平凡社、一九五八年(後に『異人その他—日本民族=文化の源流と日本国家の形成—』言叢社、一九七九年に収録)
(41) たとえば大林太良「解説」(『岡正雄論文集　異人その他　他十二篇』岩波文庫、一九九四年)など多数がある。
(42) 倉石忠彦『民俗地図方法論』岩田書院、二〇一五年

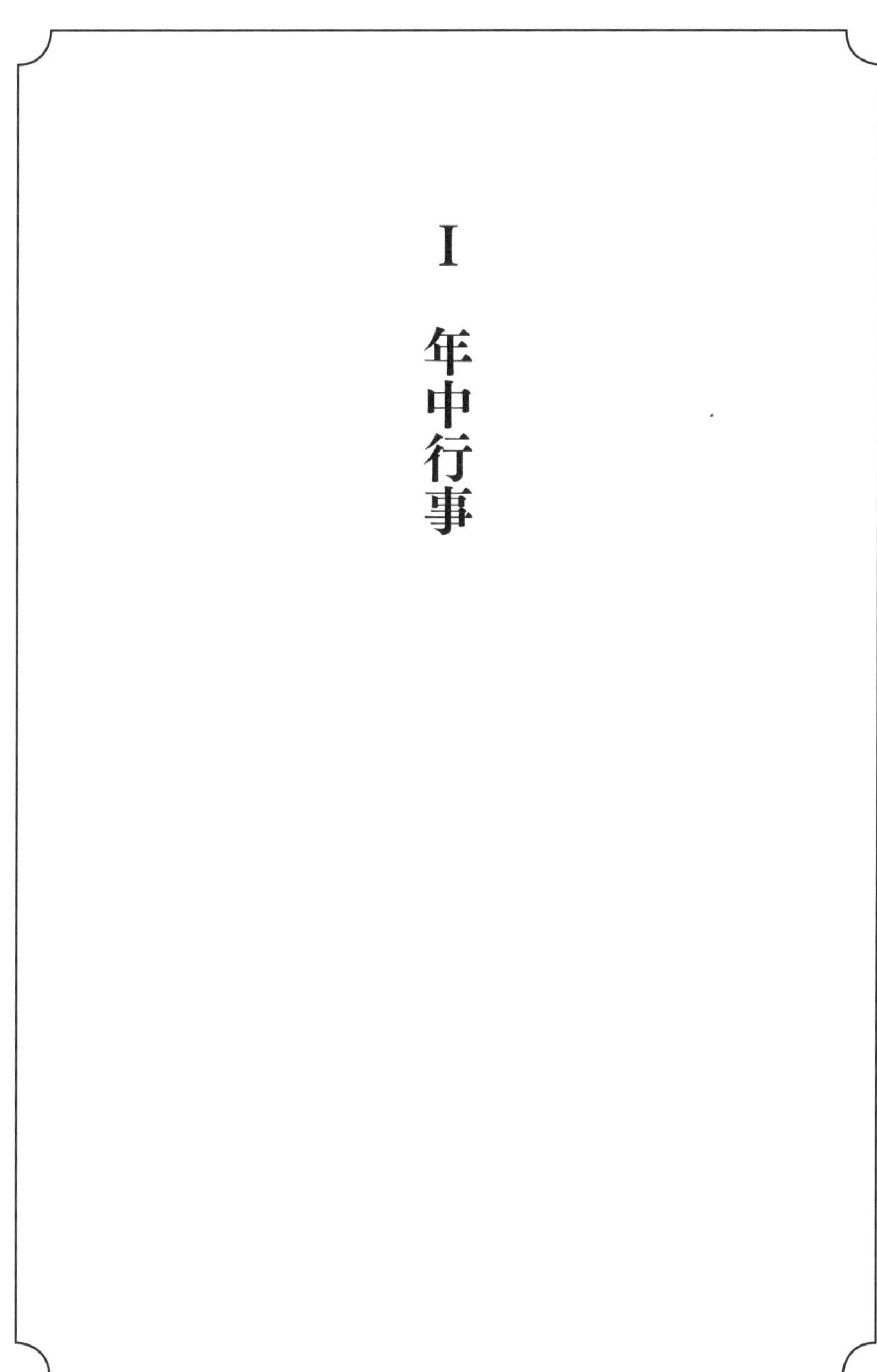

I 年中行事

卯月八日の「天道花」習俗とその分布

伊藤新之輔

はじめに

日本民俗学では、卯月八日（旧暦四月八日）に花を飾ることを「天道花」習俗と総称している。これは、近畿地方で竿の先にツツジなどの花をくくりつけて門先に高く掲げたものを「天道花」ということからきた名称であるが、この日の花飾りには、竿先に花を付けて立てる「竿花」と、家の軒先に花枝を挿す「軒花」という形式が存在する。

筆者は、この習俗の調査を進め、加えて全国各地の民俗調査報告書などから事例を収集し、現時点までに一四七二例を知り得た。本稿では、この資料をもとにして、卯月八日の花飾りについて、その内容と全国の分布状況を示しながら、その特徴などを指摘する。この日の花飾りは、具体的にどのように行われ、これが日本列島のなかでどのような広がりをもって行われているのか、ということである。四月八日といえば、寺院で行われる釈迦誕生にまつわる、花祭りなどと呼ばれる「灌仏会」が知られていて、この行事に参加した方も多いと思うが、日本の庶民文化としては、ここで取り上げる花を飾る行事が伝承されている。

一　「竿花」と「軒花」の分布

卯月八日の花飾りは「天道花」という総称で知られてきたが、この花飾りには「竿花」と「軒花」と命名できる二つの類型がある。それぞれの具体例をあげておく[1]。

竿花は、竿の先に花を括り付けたものを家の門先などに高く掲げる習俗である。たとえば、大阪府能勢町では、てんとう（天道）花を立て、ヨモギを入れた編笠団子を作っててんとう様に供える。てんとう花は、ヤマツツジ（所によってはシキミを混ぜる）でないといけないとされ、前日までに山から取ってきて、家の門口に竹竿の先に結び、高く掲げる。またこの花は、牛が逃げたときに焚くと煙が牛の行方を示すという。この花を花皿に浮かした後、その水を身体にかけるとハメ（マムシ）にかまれぬともいう[2]。

と、ヤマツツジの竿花を家の門口に高く掲げており、保管した花を牛が行方不明になったときの捜索やマムシ除けの呪術に使用している。

竿花は、近畿地方を中心に分布がみられる。具体的な名称がなかったり、単に「ハナ」と呼んだりする伝承が多いものの、テントウバナ、オツキヨウカノハナなどと呼ぶ伝承がある。ツツジの花を立てる例が大多数であり、ツツジ以外の花や常磐木を添える事例もある。能勢町の事例のように、花を保管しておいて呪術に用いる伝承が多様にみられ、太陽や月、先祖などの捧げる対象についての伝承も付随している。竿花に掲げたものと同じ種類の花を仏壇や墓に供える場合もある。

もう一つの軒花は、家の軒先に花の枝葉を挿す習俗である。たとえば、埼玉県秩父市旧吉田町では、「五月八日をこの地方では藤の花節供（藤の葉節供）の日とも称している。各家々では前日の七日に山に入って藤の花を取って来て、八日の朝、軒や神棚・仏壇等に藤の花を飾って祝う」(3)と、フジの花枝を軒や神仏に飾っている。軒花は、北関東を中心に分布がみられ、長野県まで分布が広がっている。フジやウツギ、ヤマブキなどの花や葉を挿すが、この花飾りには名称のない場合が圧倒的に多い。花を用いた呪術は行われるが、豊蚕や除災祈願など、特定の呪術しか行われず、捧げる対象を特に言及していない。

概要だけであるが、このような竿花と軒花はその伝承内容からは、両者は花を飾ることは共通していても、その意味は異なると指摘することができる。

図1は、竿花と軒花の分布を示したものである。竿花（記号：○）は近畿地方とその周辺に広がっている。具体的には、近畿地方（滋賀県、京都府、大阪府、兵庫県、奈良県、和歌山県）、福井県、三重県伊賀地方、香川県、徳島県、岡山県東部、瀬戸内海の島々（岡山県・香川県）、山口県、福岡県筑後地域、対馬、佐渡島、長野県中南部、静岡県西部に確認できる。

一方、軒花（記号：×）は北関東とその周辺にまとまった分布がみられる。具体的には、茨城県、群馬県、栃木県、千葉県東葛地域、山梨県、長野県中南部であり、加えて静岡県、愛知県三河地方、さらに西日本の鳥取県、島根県、広島県にも確認できる。こうした広がりをもつ軒花は、これに使用する植物の種類に地域的特色があり、北関東周辺ではフジ、南関東や山陰地方ではウツギ、山梨県と長野県ではヤマブキが優勢である（後掲図2参照）。

竿花と軒花は以上のような分布状況をもつが、図1からは、この特徴としては次のような二点を指摘できる。

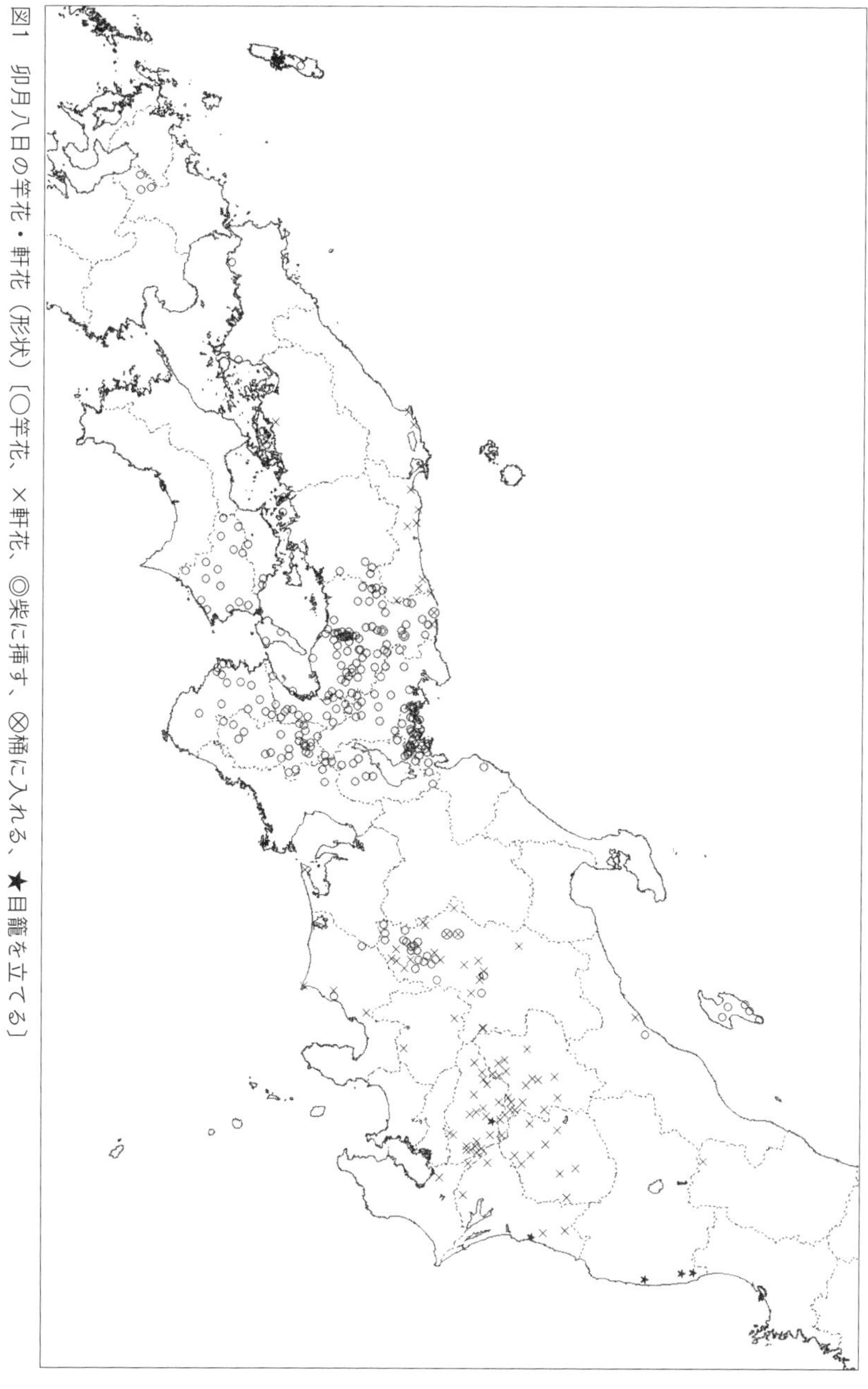

図1　卯月八日の竿花・軒花（形状）〔○竿花、×軒花、◎柴に挿す、⊗桶に入れる、★目籠を立てる〕

一つは、卯月八日の花飾りの分布の空白地帯がみられることである。竿花の分布は近畿地方から西は岡山県東部、東は静岡県西部、長野県中南部にまで、北は若狭地方まで広がっている。しかし、岡山県東部以西は分布が薄く、三重県伊勢地方、岐阜県、愛知県、福井県越前地方以西の北陸地方（新潟県の一部を除く）では竿花の分布がみられない。そのため、静岡県や長野県の事例は飛地のような分布になっている。

伝承がみられないこれらの地域は、浄土真宗の門徒が多い地域である。兵庫県伊丹市南野では、「浄土真宗の家を除いて、テントバナをお日さんに供え」[4]るなどと伝承されているように、浄土真宗の門徒は天道花習俗を行わないという地域もある。浄土真宗と竿花の習俗の関連については検討の余地はあるものの、図1では、広島県や福井県越前地方、岐阜県・愛知県・三重県伊勢地方など、古くから浄土真宗が盛んなエリアが竿花の伝承の壁となっているようにみえる。

もう一つの特徴は、竿花と軒花の伝承の分布がぶつかるエリアに亜型の伝承がみられることである。具体的には、兵庫県但馬地方と長野県木曾地方にみられる。但馬地方は、竿花優位の兵庫県と軒花優位の鳥取県に挟まれたエリアである。たとえば、養父市旧養父町唐川では、「前もって山から藤やツツジの花、あるいはホウの木を採って来て、花束を作る。前日の七日の夜に柴（焚き木）の束を一束直立させ、上部に藤やツツジの花束を突き刺す。花束の上にホウの葉を一枚乗せる。この葉を「お釈迦さんの笠」[5]」という。薪を束ねたものの上に花を挿す形状で、この上にホオ（朴）の葉を載せる。竿花にホオの葉を載せる事例も確認でき、養父市旧養父町十二所では、「テントウ花の上部に「お釈迦さんの笠」といって、ホウの葉を一枚乗せ[6]」ている。同様の事例は、朝来市旧朝来町多々良木、但馬地方に隣接する丹波市旧青垣町でも確認でき（記号：◎）、これらは竿花の亜型伝承であるといえる。

長野県では佐久・諏訪から松本市などの中信地方に群馬県から続く軒花の伝承がある。また、静岡県西部と長野県南信地方の天竜川流域には竿花の伝承があり、これらの西部に位置するのが長野県木曽地方（長野県上松町、南木曽町、木曽町旧木曽福島町）で、ここでは竿花と軒花の伝承が交叉し、桶に花を生けて門口に飾る伝承がみられ（記号：⊗）、これは軒花の亜型伝承であるといえる。

二　軒花は北関東から西へ広がる

以上に示したように、静岡県西部と長野県南信地方の天竜川流域は、西日本の竿花と東日本の軒花の文化が交叉する地域となっている。分布の状況から、竿花は近畿地方の文化が東海道を通じて静岡県西部に伝わり、天竜川を北上したという経路が想定できる。一方、軒花の分布はどのような経路が想定できるのであろうか。東西文化の交叉地域への東からの文化の流入について、現代の分布を確認したうえで、江戸時代や明治期以降の資史料からこの想定について検討する。

図2は関東地方と長野県における卯月八日の花飾りの植物の種類を示したもので、竿花（白抜きの記号）と軒花（黒塗りの記号）を区別している。北関東は圧倒的にフジの軒花（記号：▲）が優勢で、ウツギのみの軒花（記号：■）はわずかに茨城県南部、長野県中南部、フジとウツギを両方用いる事例は群馬・栃木県の県境から埼玉県南部にかけての地域でみられる。全体的には、関東地方ではフジの軒花の分布が優勢で、南にいくほどウツギが混ざるという傾向がある。

一方、山梨県と長野県中南部では、ヤマブキの軒花（記号：▼）がみられる。ツツジを添える例も多数あるが、

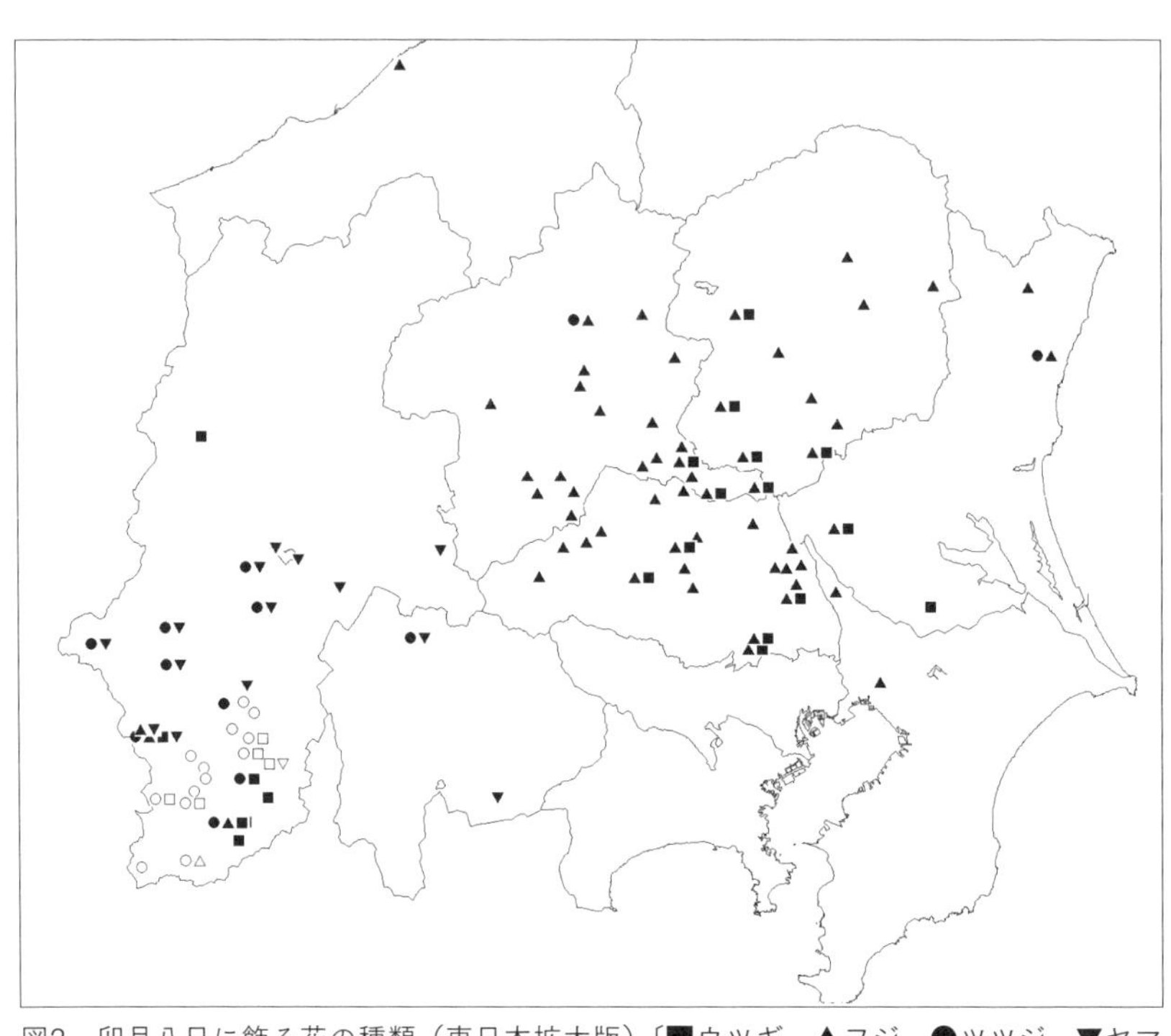

図2　卯月八日に飾る花の種類（東日本拡大版）〔■ウツギ、▲フジ、●ツツジ、▼ヤマブキ〕

ヤマブキのみを挿す例がみられることから、この花が重要視されているともいえる。たとえば、長野県原村払沢では、「五月八日には、デンボロク（黄色い山吹きの花）を採って来て、屋根にふたとこばかさす。花びんなどにも飾ったり、仏壇にもこの花と甘茶を供えた。夜、屋根にさしておいたデンボロクを、風呂に入れてはいった[7]」と、ヤマブキを屋根の二か所への軒花に加えて仏壇への供花にしている[8]。

ヤマブキの軒花の江戸時代の例は、中仙道の薮原宿（現長野県木祖村）の民俗誌といえる宮田敏の『岨俗一隅』に、「是日、ヤマブキの花を家毎に挿む。蓋、仏に供する意なり[9]」とある。薮原宿は甲州街道と中仙道の合流地点である下諏訪宿より京都側であり、江戸時代においては、それらの街道を軒花伝承の経路として想定できる。

(1)甲州街道からの流入

甲州街道を経路とする軒花の広がりについてみていくと、江戸時代においては、江戸やその周辺の地域でウツギの軒花がみられた。これは、現代の分布を示した図1、図2とは大きく異なる点である。寛政期（一七八九～一八〇一年）頃成立の石井士彭による『東都歳時記』には、江戸の人家では「楊櫨の枝を以て門戸に挿す」[10]と、ウツギの枝を門戸に挿していた。一八三八年刊行の斎藤月岑による『東都歳事記』にも、「卯の花をさゝげ、又戸外に卯の花を挿なり」[11]とある。さらに、水戸（『水戸歳時記』一七六四～一七八一年頃）、世田谷（『家例年中行事』一八〇九年）、三河国吉田領（「諸国風俗問状」の「答」一八一五～一八一六年）、広島藩三津町（『芸藩通志』一八二五年）、熱田（『尾陽歳事記』一八四四年）でもウツギの軒花が飾られ、相模国大田和村（現横須賀市『浜浅葉日記』一八五六年）では神棚にウツギが供えられた。

山中共古は、一九〇一年刊行の『甲斐の落葉』巻ノ上で、甲府の卯月八日の様子を「旧暦四月八日仏生日ニハ戸毎ヘ卯ノ花ヲサス代リカヱボタノ花枝ヲサス近村何レモ同ジ卯花希ナルユヘナラン」[12]と記している。甲府やその周辺の村々では、ウツギの代わりにイボタノキの花枝を軒花にしており、ウツギの軒花が江戸方面から伝わって来た過程で、植生に合わせてウツギと同様に小さな白い花を咲かせるイボタノキを代用したという理解ができる。[13]イボタノキはウツギに似て白い花をたくさん咲かせる植物であり、ヤマブキも同様にウツギの代用として用いられたと考えることができる。

以上のように、江戸方面のウツギの軒花の伝承がイボタノキやヤマブキに置き換えられながら甲州街道を通って山梨県に入り、それが長野県の諏訪方面に入っていったという経路が想定できるのである。

⑵中仙道からの流入

次に、中仙道を経路とする軒花の広がりについて考察する。江戸時代には江戸やその周辺でウツギの軒花がみられた一方で、現在の埼玉県以北の地域ではフジの軒花がみられた。もっとも古い記述は、也有による紀行文『岐岨路紀行』の一七四五年四月八日の記述である。

けふは過る道すがら、家々の軒に藤をさし侍り。花をもさし葉をもさせり。所の人にきけば、仏生会の手向也と云。故郷にて見馴ぬ事也。みちの国に花かつみふくたぐひにやとめづらし。

灌仏もやがてはへとて藤の花[14]

この記載と句は、中仙道の倉賀野（現高崎市）から板鼻（現安中市）に向から道中において、家々の軒にフジの花や葉の軒花がみられたことによっている。天明期（一七八一～一七八九）頃成立の『閭里歳時記』にも、「昨夕より藤の葉をとりて、家々門の軒にさす、端午の菖蒲のごとし、江戸にて卯のはなを門にさし、京師にて竿頭に結び付て高くたつるに同じ、其故をしらず[15]」とあり、江戸のウツギの軒花と対比して、高崎ではフジの葉を挿すといっている。栃木県那須烏山市旧下川井村（「小川勝家文書」一八一八～一八五四年）、群馬県藤岡市（「小林家年中行事」江戸時代末期）でもフジの軒花が飾られ、比企郡番匠村（現ときがわ町「如達堂日記」一八三三年）ではフジの葉を神仏に供えていた。新田郡（現群馬県太田市「年中行事」一八一三年）ではフジとウツギの軒花が飾られていた。これらは図2で示した分布と一致しており、江戸時代にはフジの軒花の伝承が在地化していたといえる。

以上のように、埼玉県から群馬県のフジの軒花の伝承が、碓氷峠を越えて佐久・諏訪方面へ入っていったという経路が想定できるのである。なお、言うまでもなく、静岡県西部への東からの文化の流入は東海道を経由してのものと考えられる。江戸時代において三河国吉田領や熱田でウツギの軒花がみられたのも、江戸方面の文化が伝わったためであろう。

そして、前述のように図2では軒花にツツジを用いる例は北関東において稀であるが、長野県中南部においてはツツジの花を軒花にする例（記号：●）が多数みられる。同じく長野県中南部ではツツジの竿花（記号：○）の例も多数みられ、これは近畿地方の竿花と同様である。この地域にツツジの軒花がみられるのは、ここが東西文化の交叉地域であるからで、竿花にツツジを用いる伝承がヤマブキの軒花の伝承に影響を与えて変化をもたらしたとも考えられる。

三　竿花・軒花の意義

ここまで、竿花と軒花の広がりを示してきたが、ツツジやフジ、ウツギ、ヤマブキなどの花をこれらとして飾る意義は、どのような解釈が可能であるか、分布図を示しながら考察する。

(1)竿花と死者供養

図1で示したように、竿花の伝承の中心は京都などの近畿地方であるといえ、その影響下にある、たとえば福井県若狭地方や徳島県にこの分布がみられるのは自然である。さて、図3は卯月八日に死者供養を行い、仏壇や神棚へ供物をする伝承の分布を示したものである。青森県から鹿児島県喜界町に至る広い地域で死者供養が行われており、なかでも北関東と近畿地方には濃密に分布している。

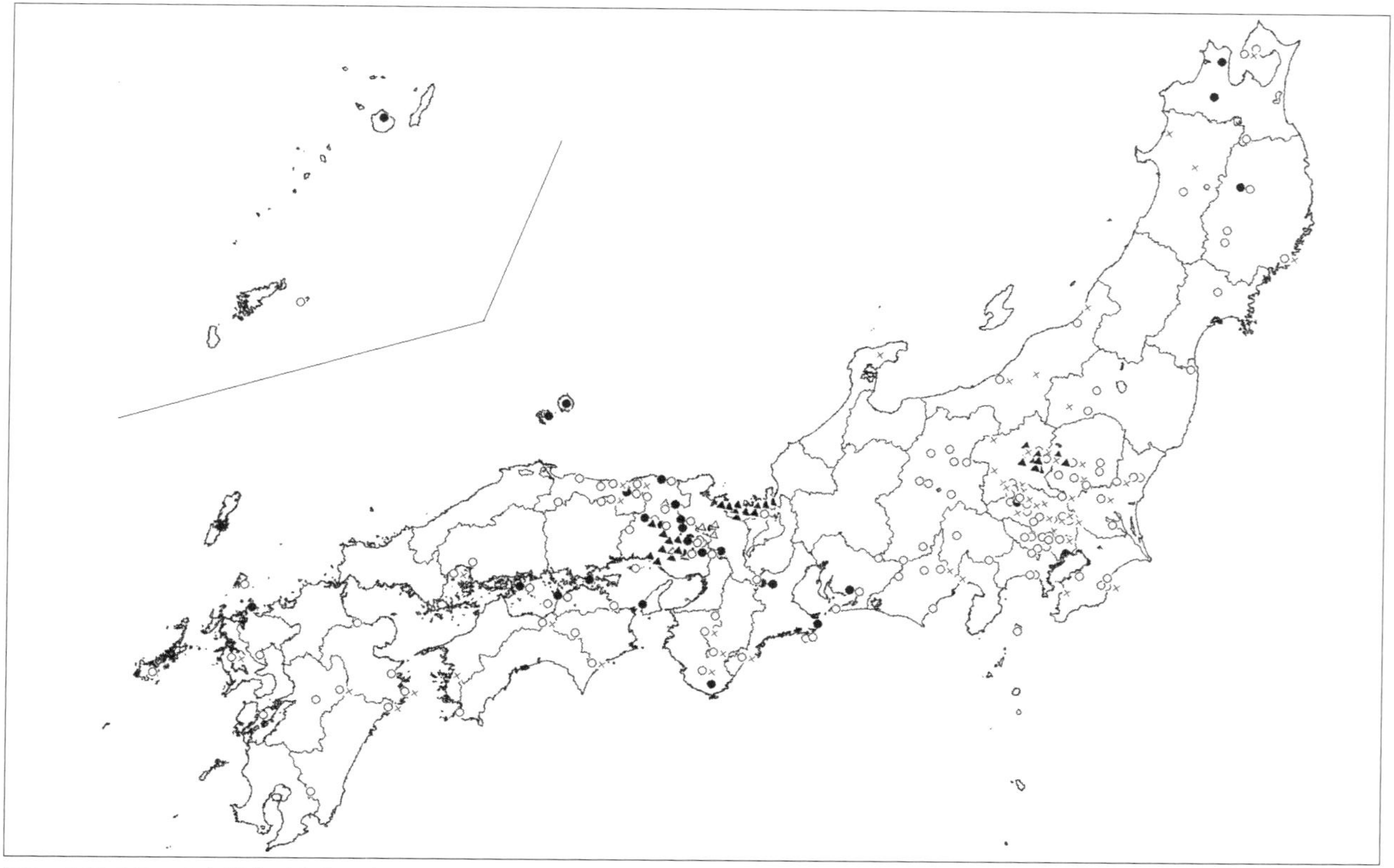

図3　卯月八日の死者供養〔▲山や山にある寺院・堂宇、△新仏の家、●墓、○仏壇、×神棚〕

北関東で神棚に供える例（記号：×）は蚕神の信仰も含んでいるため、死者への供物とは確定できないが、仏壇に供える例（記号：○）は死者への供物ということができる。たとえば、群馬県板倉町丸谷耕地では、「この日変りものといって「饅頭とか、アンコの団子・ボタモチ・手打うどん」等を作ってご先祖様に供え[16]るという。この「かわりもの」を供える習俗は東北地方から北関東にかけて分布している。板倉町では、「七日は物忌し、翌八日の朝は晴れの衣装で山へ行き、藤の花房を採ってきて仏壇に供える。「藤の花立」「空木の枝さし」とかいって野山へ行って遊び、花摘みをし、山に入って田ノ神を迎える。その「依り代」として山の花を摘み採る[17]」ともいう。ただし、習俗の内容をみる限り、「田ノ神」というのは後の解釈で、死者の霊を迎えるために物忌をし、フジの花摘みをして仏壇への供花とし、かわりものを供物としていると解釈するほうが自然であろう。ここでのフジの花は「死者への供花」と解釈できるが、後述のように、むしろ北関東のフジの軒花の大半は薬師信仰との関連から解釈するのが適切である。

ここでは特に、山や山にある寺院・堂宇で死者供養を行う例（記号：▲）と新仏の家で死者供養を行う例（記号：△）の分布に注目したい。これらは群馬県赤城山麓の地域と、福井県若狭地方から兵庫県にかけてまとまった分布がみられる。さらに、墓での死者供養（記号：●）は、まばらであるが近畿地方に広くみられる。前述のように、これらの地域は竿花を飾る地域と重複しているのであり、竿花や竿花に用いるツツジなどの花と死者供養との結びつきを考える必要が出てくるのである。

ツツジの花と死者との結びつきを示している例の一つとして、兵庫県三田市母子の竿花の例をあげる。八日の朝早くから、ハナまたはテントウバナといって、竿の先にアカバナ（赤花）とよぶヤマツツジと樒（シキビともいう）・石楠花をつけたものを立てる。石楠花は買ったり貰ったりしたものであったが、この行事には付き物で必ず用意したという。立てる場所は決まっていないが、家の裏の清浄なところ、井戸の端が多い。ハナを早く立てると先祖が喜ぶという。ハナは五月六日にとって水道（井戸）端においておくもので、前日に用意するものではなかった。八日午前中にハナの下に台をおき、そこに同じアカバナ・樒・石楠花を供え、樒で塩水を手向ける。これで祖先の霊が家に迎えられるという。また虫にかまれないようにハナに祈ったこともあった。仏壇にもハナを供え、蓬餅やご飯を供えて、般若心経を唱える。また藪の中にある甘茶の木（アマチャヅルのこと）から甘茶を作り供える家もある。

ハナはあまり長くおくことを嫌い、当日の夕方までにはおろし、川に流した。現在は河川の汚濁防止のため畑のそばに捨てておく。なお、川に流してから家に戻る際後ろを振り向かないというが、これは振り返ると「ホトケさんがついて帰るから」だという[18]。

この事例で重要な点は、竿花を早く立てると「先祖が喜ぶ」といったり、竿花の下に設営した祭壇で水向けすることで「祖先の霊が家に迎えられる」といったり、仏壇にも同じ花を供えたりしていることである。ヤマツツジ、シキミ、シャクナゲともに竿花の花は死者への供花ともなっており、この地域では先祖を招く依代ともなっている。

これについて図4を用いて説明を加える。この分布図は卯月八日に死者供養を行うために訪れる場所を示したものである。加古川流域の加西市や加東市などでは、特定の寺院に参詣して死者供養を行うハナハジメ系の伝承（記号：◆▼△）の分布が優位であるが、西脇市や三田市では新仏の墓や家で死者供養を行うハナオリ系の伝承（記号：●）が混在して分布している。分布を俯瞰してみると、ハナハジメ系の伝承は加古川流域で発達し、その周りを囲う形でハナオリ系の伝承が広がっているということもできる。

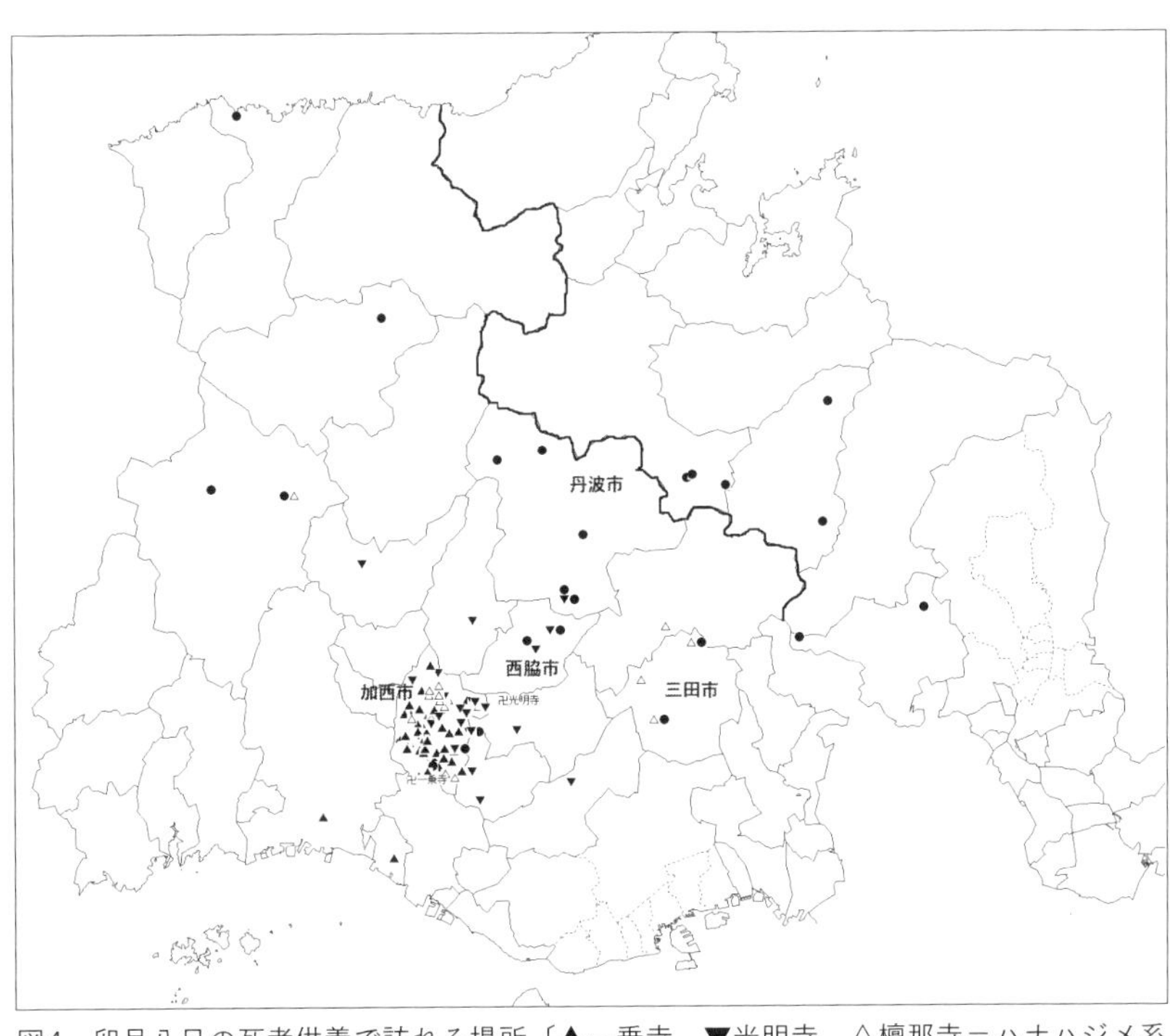

図4　卯月八日の死者供養で訪れる場所〔▲一乗寺、▼光明寺、△檀那寺＝ハナハジメ系、●新仏の墓や家＝ハナオリ系〕

ここで重要なのは、ハナハジメ系の伝承では卯月八日の死者霊の所在を山や山にある寺としているが、ハナオリ系の伝承では死者霊を家に迎えるといっていることで、前掲の三田市母子の例で示したように、竿花が先祖を招く依代としての機能を持つのは、ハナオリ系の分布域に限られる。そのため、竿花は「死者への供花」というほうが解釈としては普遍的で適切である。たとえば、加西市田谷町では、先祖が卯月八日に寺のある山まで帰ってきているという[19]、隣の小野市下来住町でも「仏は高い所に降りるといい高い山の寺に参る[20]」という。

卯月八日の山に死者霊が集まるという伝承は、若狭地方の松尾寺参りや、群馬県の赤城山地蔵岳登拝でもみられ、近畿地方においては若狭地方から兵庫県にかけての地域では広くみられる霊魂観である。ここでは詳細を述べないが、兵庫県内での死者供養の場は法華山一乗寺や五峯山光明寺などの特定の山寺から次第に菩提寺で行われるようになり、家で行うようになったという変遷を追うことができる。図4で一乗寺や光明寺など、主たる死者供養の寺から離れた地域ほど個別の場所で行う分布がみられるのはそのためと考えられ、竿花を死者霊などを迎える依代とするのは後の変化ともいえるのである。

さて、ハナハジメ系の伝承では、一乗寺や光明寺へ参詣した後、寺のある山の麓や山中で飲食する。前掲の加西市と小野市の例にあったように、卯月八日に寺のある山に死者霊が集まるという霊魂観をふまえれば、これは死者と生者の共食の習俗といえ、一連の死者供養の習俗は、死者霊の集まる場所へ生者が赴いて死者供養をして時空を共にするという、死者と生者の交流のための習俗なのである。これは、若狭地方の松尾寺参りや赤城山地蔵岳登拝も同様である。卯月八日に行われる花見（山遊び）や花摘みの習俗も、同様にこういった死生者交流の習俗と筆者はとらえている。いずれも死者供養に花が強く結びついているのであり、卯月八日の竿花は「死者への供花」と解釈できるのである。

(2)軒花と薬師信仰

前述のように、北関東のフジの軒花の分布は卯月八日にみられる薬師行事の分布と対応した形の分布になっている。図5は、卯月八日の薬師信仰の分布のうち、特に分布が濃密にみられる地域のみを示したものである。薬師の行事を行う地域の分布（記号：○）は、東北地方から埼玉県、長野県中部辺りまでに濃く分布している。この分布図にもう一つ記入したのは、甘茶を眼に掛けて眼病の治癒や予防を祈る分布である（記号：▼）。これは、灌仏会の甘茶の伝承に薬師如来の利益の一つである眼病治癒予防の伝承が付随したものと考えられ、薬師行事を行う地域に隣接する形での分布である。

東北地方から関東地方南部までの分布の状況をみると、東日本の薬師信仰は大きく三地域に分類可能である。

第一は、卯月八日を薬師信仰の祭日とし、それが特に重視されている東北地方から長野県北部までのエリアで、

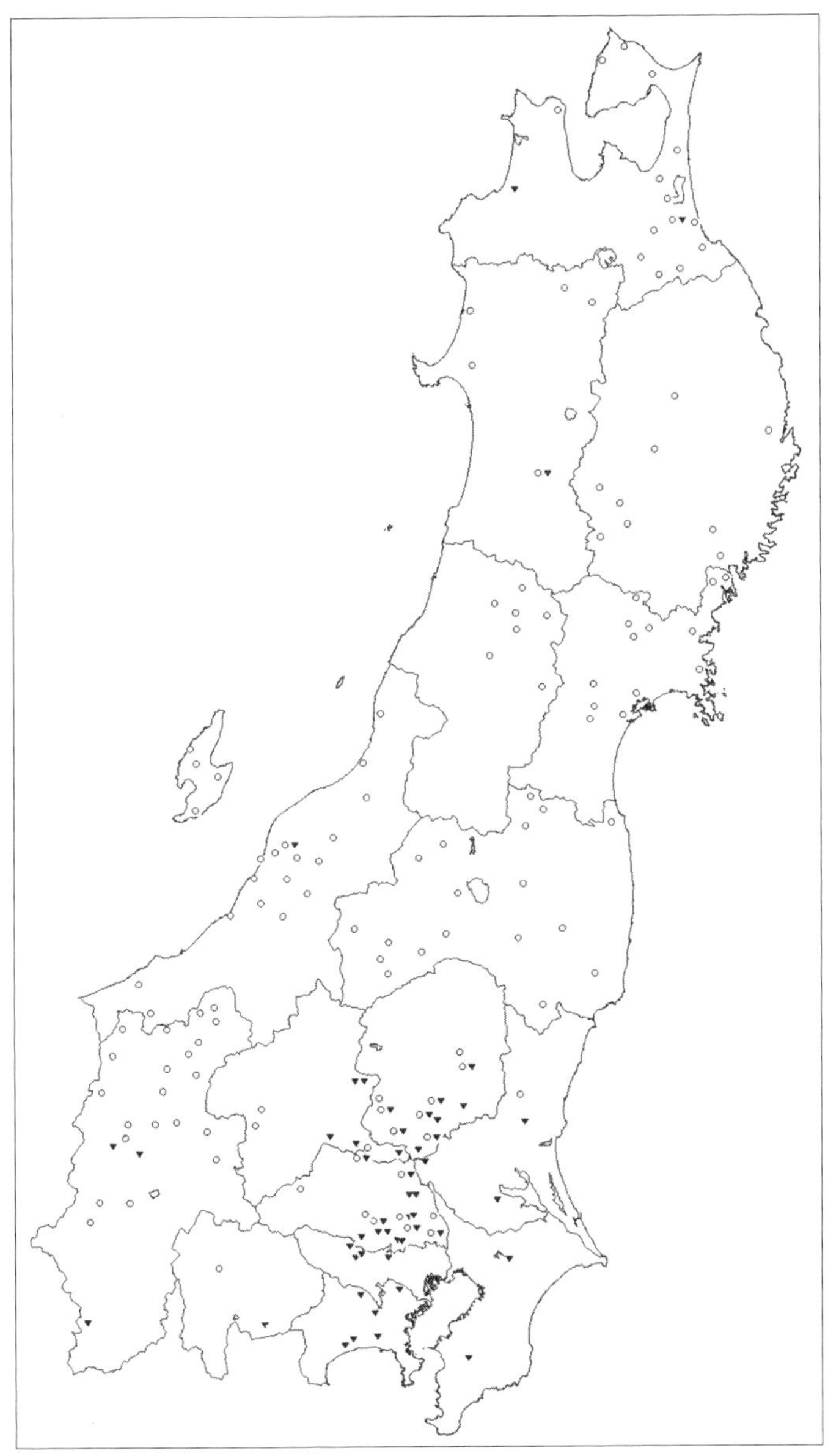

図5　卯月八日の薬師信仰〔○薬師関連の行事を行う、▼甘茶を眼に掛けて眼病の治癒や予防を祈る〕

図1、図2に示したように、この地域は軒花および竿花の分布が薄い地域となっている。

第二は、薬師行事に加えて灌仏会も行い、灌仏会の甘茶の伝承の中に薬師信仰の影響がみられる（○▼が混在している）北関東から埼玉県、茨城県北部までのエリアで、図2のように、この地域はフジの軒花がみられる地域となっている。

第三は、薬師の行事を行わないが、灌仏会の甘茶の伝承のなかに薬師信仰の影響を残している東京都、茨城県南部以南の地域で、この地域は図2や前掲した江戸時代の史料のなかでウツギの軒花がみられる地域となっている。

以上のように、薬師信仰の広がりと軒花伝承の内容の分布が重複しているのである。これをふまえた上で、フジの軒花の意味伝承として、卯月八日に軒花として飾ったフジの葉や花を保管しておき、必要なときに使用する伝承をあげると、たとえば、栃木県那珂川町旧大山田村では、「四月八日は釈迦の鼻くそ餅という草餅をつくり、藤の花を軒の下へ飾る。初雷のときこの藤の花を燃せば落雷がない」[21]と、軒花に用いたフジの花を、のちに落雷除けの呪術に使用する。これは矢板市でも確認できる。さらに、群馬県前橋市旧芳賀村では、「藤の芽を神に供え、これを保存しておき、八日に病んだひとに飲ませると快癒する」[22]と、軒花や供花に用いたフジの葉を保存し、病気の際に薬として用いている。

同様の伝承は、高崎市旧倉淵村、渋川市旧横野村、渋川市旧敷島村でも確認できる。特に、前橋市旧芳賀村や渋川市旧横野村では、薬効が発揮される日を「八日」と限定しており、これは薬師如来の縁日が八日であることを根拠にしていると考えられ、明らかに薬師信仰との結びつきがみられるのであり、フジの軒花は「除災祈願の花」と解釈できる。前掲の長野県原村払沢の軒花のヤマブキの花を風呂に入れる伝承も「除災祈願の花」としてヤマブキが用いられている例として考えてよかろう。

おわりに

本稿では五つの分布図を提示して卯月八日の花飾りについて考察した。

まず、卯月八日の花飾りには竿花と軒花の二類型があり、竿花は近畿地方周辺の地域に、軒花は北関東にまとまった分布がみられ、静岡県西部と長野県中南部が西日本の竿花と東日本の軒花の伝承が交叉する地域となっていることを示した。これらの地域や但馬地方など、竿花と軒花の分布がぶつかる地域には亜型と考えられる伝承がみられることも指摘した。

次に、江戸時代以降の資史料の記述をあげ、江戸時代にはすでに現代にもみられるような軒花の伝承が存在していたことを示した。江戸やその周辺の地域ではウツギの軒花、現在の埼玉県以北ではフジの軒花が飾られるなど、地域によって用いる植物が異なることを指摘した。そして、江戸方面のウツギの軒花の伝承がイボタノキに置き換えられながら甲州街道を通って山梨県に入り、長野県の諏訪方面に入っていったという経路、埼玉県から群馬県のフジの軒花の伝承が中仙道の碓氷峠を越えて佐久・諏訪方面へ入っていったという経路を示した。

さらに、竿花と軒花の伝承を卯月八日に同時に行う習俗の分布を対照することによって、それぞれを飾る意義の解釈を試みた。竿花と軒花の分布はそれぞれ死者供養と薬師信仰の分布に重なるような形で分布がみられることを指摘し、竿花を「死者への供花」と解釈し、フジの軒花を「除災祈願の花」と解釈した。

以上をふまえて卯月八日の花飾りの伝承を一枚の地図上に描くと図6のようになる。この図からは、卯月八日の花飾りには、特に北関東を中心とする文化の広がり、近畿の文化の広がり、それらの文化の間にある空白地、

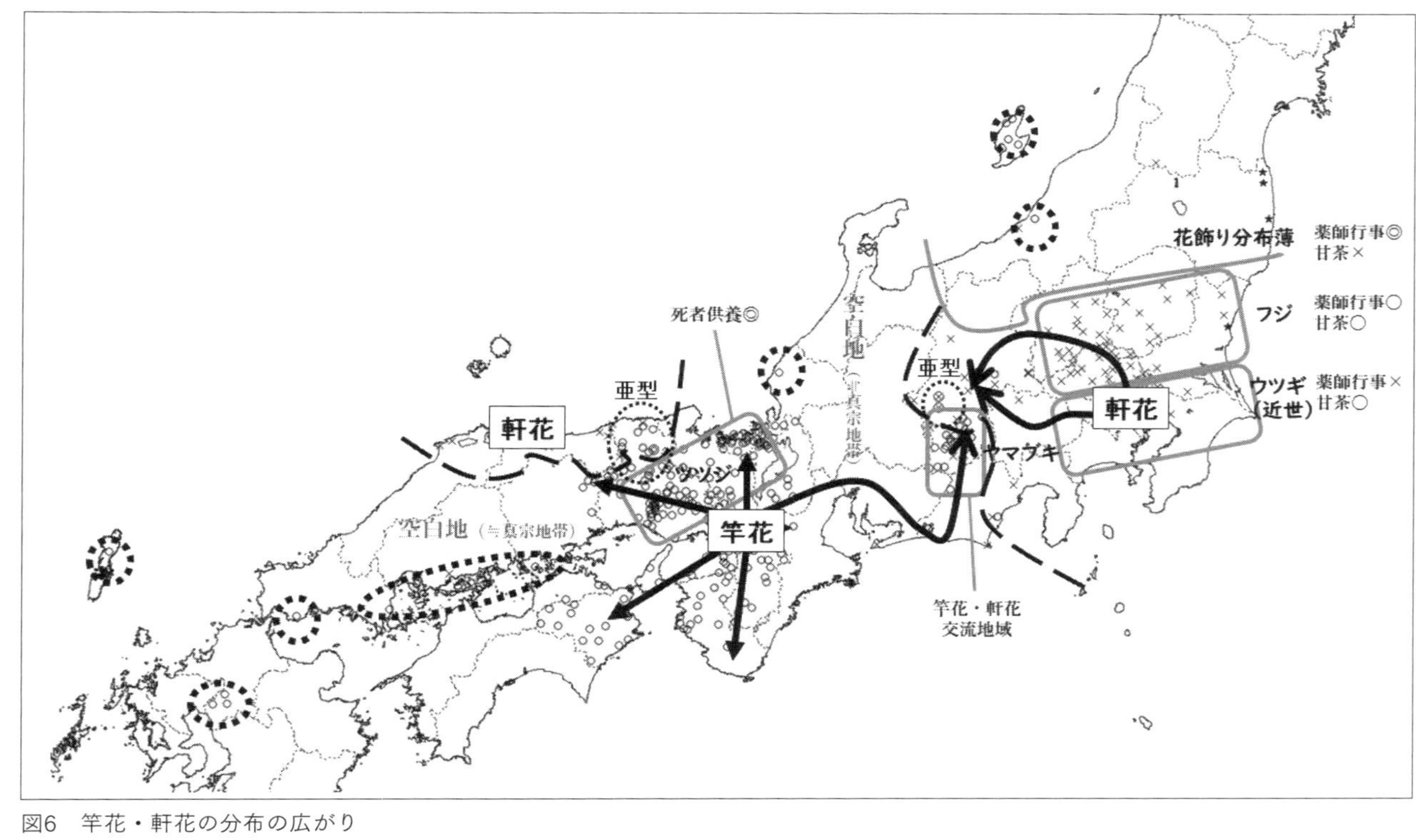

図6　竿花・軒花の分布の広がり

そしてそれらの文化が交流する地域の広がりがみてとれる。このような習俗の広がりをどのように理解するのかは、まだ課題が多いが、一つの文化のありようは明確になる。こうした文化の広がりを示す図を多数作成し、それらをさらに対照することにより日本の文化的版図を精緻に描くことが可能になるであろう。

注

（1）筆者は、卯月八日の習俗は個別に検討しているので、具体的な事例や習俗の詳細は以下に示した論文を参照されたい。
【軒花】「卯月八日の軒花—関東地方のフジを中心に」『伝承文化研究』第一七号、國學院大學伝承文化学会、二〇二〇年七月十日
【竿花】「卯月八日の竿花—天道花習俗の分布と伝承内容—」『伝承文化研究』第一八号、國學院大學伝承文化学会、二〇二一年六月二十日
【死者供養】「若狭地方の松尾寺参り」『伝承文化研究』第一六号、國學院大學伝承文化学会、二〇一九年七月三十一日
「卯月八日の死者供養—兵庫県周辺地域を中心に」『國學院大學大学院紀要—文学研究科』第五一輯、國學院大學大学院、二〇二〇年二月二十八日
「卯月八日の花摘みと死者供養」『國學院雜誌』第一二四巻第二号、國學院大學、二〇二三年二月十五日
【薬師信仰】「卯月八日の薬師信仰」『伝承文化研究』第一九号、國學院大學伝承文化学会、二〇二二年六月二十日

（2）能勢町史編纂委員会編『能勢町史』第五巻（資料篇）、能勢町、一九八五年五月二十日

（3）埼玉県立歴史資料館編『秩父の通過儀礼』埼玉県立歴史資料館、一九八三年十月三十一日、一七〇頁

（4）伊丹市立博物館編『聞き書き　伊丹のくらし～明治・大正・昭和～』伊丹市立博物館、一九八九年三月三十一日、二九七頁

（5）養父町史編集委員会編『養父町史』第三巻（民俗編）、養父町、一九九四年三月三十一日、四四九～四五〇頁

（6）前掲（5）、四四九頁

（7）長野県史刊行会編『払沢民俗誌稿』長野県史刊行会、一九七八年十月一日、一〇六頁

（8）なお、花を湯に入れて浸かる伝承は但馬地方から鳥取県西部にかけての地域で盛んに行われることを指摘しておく。特に、鳥取県琴浦町旧赤碕町大父木地では、「ウツギの花と藤の花を戸口にさし、仏に供える」といい、「レンゲの花を束にして入れた湯に入れば病気を払うとして、家内中の者がその風呂に入り、これを花湯」という伝承があり（赤碕町誌編纂委員会編『赤碕町誌』赤碕町、一九七四年十一月、三五三頁）、原村の伝承とも類似している。

（9）服部良男校注『岨俗一隅』日本エディタースクール出版部、一九九二年十二月二十五日、一三五頁

（10）国書刊行会編『民間風俗年中行事』国書刊行会、一九七〇年十月二十五日、八六頁。引用部分は筆者が書き下した。

（11）朝倉治彦校注『東都歳事記』2、平凡社、一九七〇年十二月十日

（12）山中笑『甲斐の落葉』郷土研究社、一九二六年十一月十五日、五一頁

（13）なお、現代においてイボタノキの軒花の事例はみられないが、山梨県南アルプス市旧櫛形町では、四月八日に「卯の花の代りにエボタを取って来て仏前などへ供えることも昔はよく行われたが今は殆ど行われなくなった」（櫛形町誌編纂委員会編『櫛形町誌』櫛形町、一九六六年六月一日）と、イボタノキが仏前に供えられる。ここでも、イボタノキがウツギの代用とされている。

（14）岩田九郎『完本うづら衣新講』大修館書店、一九五八年六月二十八日、七四八頁

（15）前掲（10）、二三五頁

（16）板倉町史編さん委員会編『板倉の民俗と絵馬』別巻八、板倉町、一九八三年九月十五日

（17）前掲（16）

（18）三田市総務部市史編さん課編『三田市史』第九巻民俗編、三田市、二〇〇四年三月三十一日

（19）加西市史編さん委員会編『加西市史』第六巻本編6民俗、加西市、二〇〇七年二月二十八日

（20）神戸新聞社学芸部兵庫探検民俗編取材班『兵庫探検・民俗編』神戸新聞社、一九七一年十一月二十五日

（21）國學院大學文学会民俗会研究部会編、昭和二十八年度『民俗採訪』第三集、國學院大學文学会民俗会研究部会、一九五四年三月

（22）芳賀村誌編纂委員会編『芳賀村誌』前橋市芳賀出張所、一九五六年七月十日

盆の地蔵祭り

山本紗綾

一、地蔵盆の研究動向

地蔵盆・地蔵祭りは新暦八月二四日を中心として、大阪府・京都府・滋賀県など主に近畿地方を中心に各地で盛んに行われており、地蔵に関する行事としては代表的なものとして知られている。

その地蔵盆については、これまでに数多くの各地の調査報告や、それをもとにした研究が行われてきたが、それらの研究の対象となる地域は一部地域に限られており、全国の事例を踏まえた上での研究は十分に行われていないといえる。全国の事例を分布図にした成果としては、昭和三七年（一九六二）から三九年（一九六四）にかけて、都道府県ごとに約三〇箇所を選んで行われた文化庁の民俗資料緊急調査の結果をまとめた『日本民俗地図』が挙げられるが、事例数が十分であるとはいえないためか、現在でも地蔵盆が盛んに行われている地域の一つである愛知県がほぼ空白となっているなど(1)、分布が実態に即しているとはいえない。加えてこの分布図は、地蔵盆単独のものではなく、送り盆の項目の中に含まれているため、地蔵祭祀に限った行事の全国的な様相がつかみにくい。その後、都道府県ごとに百数十箇所を選定して行われた民俗文化財に関する調査の結果報告書を集成した『都道府県別日本の民俗分布地図集成』は事例数も多く、『日本民俗地図』に比べるとより詳細な分布状況がわかるものとなっている。[2]しかし地蔵盆について分布図に記載があるのは、大阪府、滋賀県、奈良県、福井県、富山県、広島県、山口県、長崎県の八府県のみで、近畿地方およびその周辺を中心とした地域に限られ、全国的な様相はつかめない。しかし、これまでに以上のような分布図が作成されてきたにもかかわらず、それらを活用した研究は十分に行われてきたとはいえない。

また、このように各地の行事の事例が調査報告や各自治体史、民俗分布地図などによって知られているが、複数の地域の事例を整理分析した研究としては、滋賀県の地蔵盆の事例をもとに、愛宕信仰に基づく行事「愛宕型」と、「飾り付けられた地蔵の前で子供が遊ぶ」基本型を核とする行事「基本型型」とに分類し、さらに先祖供養の有無から、「先祖供養型」と「非先祖供養型」とに分類できるとする林英一の研究や、[3]地蔵盆という行事を進行する上でのプログラムの内容および、その変遷に注目して、「伝統保存型Ⅰ、伝統・現代共存型Ⅱ、縮小型Ⅲ、発展型Ⅳ」の四つに分類した阿部祥子・小川信子の研究などがあるが、[4]全国の事例を視野に入れた上で、行事全体の様相を明らかにしようとする研究は不十分であったといえる。

そこで本稿では、中世から近世の文献資料によって、盆月の地蔵祭祀の歴史的な推移を踏まえつつ、自治体史や報告書等から収集した全国の事例を整理・分析して、その分布から全国的な様相を明らかにする。以上をもとに、盆行事が行われる七月あるいは八月、すなわち盆月の地蔵祭りの現代における行事の形成と分布の広がりについて考察を試みたい。

二、盆月の地蔵祭祀の歴史

㈠中世の風流と地蔵参詣

まず、中世の盆月における地蔵参詣の記録を見ていきたい。

『満済准后日記』一四一五（応永二二）年の七月二四日条には、

……地藏參詣輩如恒年。風流等少々在之。……(5)

とあり、盆月の地蔵縁日である二四日の地蔵参詣の際には、「風流」があったのがわかる。この風流については、同じ頃の『看聞御記』一四一六（応永二三）年八月九日条にも記載がある。

……今日桂地藏へ風流拍物參。……田植之風情ヲ作。金襴曇子等裁着。結搆驚目云々。又自或方山臥峯入之躰ヲ摸シテ負以下道具共唐物作之。希代見物云々。此間洛中洛外經營此事也。先年北山地藏送拍物云々。追日地藏利生掲焉。殊病人ニ施利生云々。……(6)

この頃流行した桂地蔵については、同日記にその経緯が書かれているが、ここではその桂地蔵への参詣の際の様子について記されている。「風流拍物參」とあることから、ここでも風流拍物が行われていたことがわかる。桂地蔵の他にも北山地蔵でも拍物が行われていたようであり、その流行が窺える。また、この地蔵への参詣では、死者供養ではなく、病人に利益があるとするなど、いわゆる現世利益が期待されている点も注目される。

この拍物については、『看聞御記』同年七月一五日条の記述をみると、

……夜石井船津念仏拍物密ニ令見物。……(7)

とあるように、「念仏拍物」の記載もみられることから、地蔵参詣の際の「拍物」もまた同様の念仏を伴うものであったことが推測される。

『看聞御記』にも記載がある桂地蔵について記された文献に『桂川地蔵記』がある。ここに書かれる内容については、必ずしも史実を反映したものばかりではないことが先行研究によって指摘されているが[8]、桂地蔵に伴う当時の風流の様相を窺うことができるため、ここに引用したい。

> ……尊卑の倫、帰依する者は、殃を銷して福を致す。都邑貴賤の族、回向する者は、危きを去て安きを獲。仍て大車雷のごとくに轟動して轅を回し、則ち小車の篷共に囲逶し、官馬龍のごとくに飛騰して轡を並べ、則ち騎馬の客各相従ふ。而して稚子嬰児風流を為し、則ち老夫壮者警固を致して囃を挙げ、詣づるところの物万般なり。[9]……

このように、『桂川地蔵記』では風流の様子の詳細がわかるが、帰依する者には除災招福がもたらされるといった現世利益も期待されていたことが窺える。これもまた、『看聞御記』の記述とも共通する。また、ここで注目したいのは、幼い子ども達が風流をなしたという記述であり、風流には子どもも加わることがあったということである。子どもによる風流は地蔵参詣以外の機会にも行われていたが、地蔵と子どもとの関連はこの頃にはみられていたといえる。

以上の史料からわかるように、当時の地蔵参詣には、風流や拍物が伴なわれることがあった。風流や拍物を行うのは地蔵参詣の際に限ったことではないものの、この頃流行していたと考えられる二つの行事が結びついていたことがわかる。

中世の地蔵参詣の流行とそれに伴う風流について確認したが、次に時代は下るが近世以降の地蔵祭祀について見ていきたい。

(二)近世の盆月の地蔵祭祀

近世の盆月の地蔵祭祀については、拙稿「江戸時代における盆月の地蔵祭祀」（『伝承文化研究』第二〇号、二〇二三年）で論じたので、ここでは概要のみ述べたい。近世の年中行事書や日記類などから盆月の地蔵祭りに関する記述を見ていくと、その内容には主に次のようなものがあるといえる。

まず挙げられるのが六地蔵巡りである。六地蔵巡りは一六〇〇年代後半には行われていたことが、『案内者』『山城四季物語』『日次紀事』などからわかるが、それ以降も『滑稽雑談』『諸国年中行事綱目』『都名所図会』などにあるように一七〇〇年代から、『増補改正俳諧歳時記栞草』にみられるように一八〇〇年代後半に至るまで、複数の史料に、盆月の地蔵祭祀としての六地蔵巡りが記載されている。

同様に、多くの史料に記載がみられたのが、地蔵への供物・灯明・参拝といった内容である。これらも『案内者』『難波鑑』などから一六〇〇年代後半には行われていたことがわかる。その後の『諸国年中行事綱目』『恵美須草』『在京日記』といった一七〇〇年代の文献にも記載がある。さらに一八〇〇年代の『羇旅漫録』『若狭國小濱領風俗問状答』『備後國福山領風俗問状答』『筆満可勢』『守貞謾稿』などにも記載がみられる。こうした記載からは、六地蔵巡りすなわち複数の地蔵への参拝と並び、特定の地蔵への供物や献灯などを行うことが、盆月の地蔵祭祀における基本的な行事内容であったといえる。

確認できる文献は少ないながらも、地蔵石像への彩色という習俗については、『山城四季物語』『日次紀事』にあるように一六〇〇年代後半にはみられる。子どもによる地蔵石像への彩色は、『滑稽雑談』にも記載があり、以降も行われていたようである。

また、『日次紀事』『年中重宝記』からは、一六〇〇年代後半には相撲といった催物も地蔵祭祀の際に行われるようになっていて、これは以後の『諸国年中行事』『諸国年中行事綱目』『備後國福山領風俗問状答』などにも記載がある。

地蔵祭祀における仏教的行事としては、百万遍の数珠くりについての記載が『日次紀事』にあり、一六〇〇年代後半には行われていたことがわかる。『閭里歳時記』にあるように、大般若転読や地蔵の名号唱和といった内容は一七〇〇年代後半頃までにはみられる。また、『歳中行事記』には地蔵祭祀の際に寺院への供物や金銭の寄進をしたとあり、一七〇〇年代後半頃までには行われていた。そして『丹後國峯山領風俗問状答』や『増補日本年中行事大全』からわかるように、一八〇〇年代前半までには読経や、寺院での地蔵像のご開帳も行われており、念仏を唱えるといった行事は『高木在中日記』にみられ、一八〇〇年代半ば頃までには行われていたようである。

灯籠や提灯を飾るといった行事は『千種日記』にあり、一六〇〇年代後半には行われるようになっていて、以降も「岩佐家文書」『閭里歳時記』など一七〇〇年代から、『羇旅漫録』『備後國福山領風俗問状答』『守貞謾稿』のように一八〇〇年代の文献にも、その記載がみられるが、これには盆行事との連続性も考えられる。

踊りについても『千種日記』にあるように一六〇〇年代後半には行われており、『備後國福山領風俗問状答』『近来年代記』など一八〇〇年代の史料にも記載がみられる。

市の開催は、『年中重宝記』からわかるように一六〇〇年代後半には行われていて、『諸国年中行事』『閭里歳時記』のように一七〇〇年代から、『河内名所図会』『増補日本年中行事大全』など一八〇〇年代にかけての文献にもみられる。

地蔵祭祀の際に、小屋や棚を設けて地蔵をまつるという行事内容は、『恵美須草』のように一七〇〇年代前半にはみられ、以降も『若狭國小濱領風俗問状答』『長尾町地蔵尊縁起式帳』『守貞謾稿』など、一八〇〇年代の文献にも記載がある。

作り物に関しては、『羇旅漫録』『増補日本年中行事大全』『筆満可勢』『長尾町地蔵尊縁起式帳』『守貞謾稿』『近来年代記』などの史料から、一八〇〇年代前半までには行われるようになっていたことがわかる。

酒宴は、『羇旅漫録』に記載があるように、一八〇〇年代前半までには行われるようになっており、『行事記』『高木在中日記』のように一八〇〇年代後半にかけても史料に記載がある。

子どもが関わる行事内容としては、前述した地蔵石像への彩色の他に、『若狭國小濱領風俗問状答』にあるように、子どもが鉦を鳴らして南無地蔵大菩薩と唱えるといった行事が一八〇〇年代前半までには行われており、『皇都午睡』にあるように、子どもによる勧進も一八〇〇年代半ば頃までには行われるようになっていて、『守貞謾稿』のように、子どもが遊ぶといった現代にも通ずる行事内容も一八〇〇年代後半までには行われていた。

六斎念仏については『増補日本年中行事大全』にあるように一八〇〇年代前半までには行われるようになっており、『若山要助日記』『増補改正俳諧歳時記栞草』『高木在中日記』など一八〇〇年代半ばから後半にかけての文献にも記載がみられた。

以上のように、近世には盆月の地蔵祭祀として、多種多様な行事が行われるようになっていたことがわかる。これらのうち作り物や踊り、百万遍念仏などは、中世の風流や念仏拍物との関連が予測でき、その連続性については今後の課題となる。

次に、これらの歴史的推移を踏まえ、再び時代は下るが、現代の事例およびそれをもとにした分布図を見ていき、現代における各行事内容およびその分布の広がりについての考察を試みたい。

三、盆月の地蔵祭祀の全国的様相

㈠盆月に行われる地蔵祭祀の広がり

まず、盆月の地蔵祭祀の全国の分布状況を見ていく。ここで扱う伝承資料は、文化の成立過程が異なる北海道と沖縄を除いた全国の自治体史・調査報告書等に記載されている、盆月に行われる地蔵堂や地蔵付近で行われる、あるいは地蔵に関する種々の行事である。地方ごとに行事への関心の高低などにより、調査の精度や集積された事例の数に差があるものの、一定の傾向は読み取れるものと考えられる。こうした各地の資料から作成したのが図1の盆月の地蔵祭祀の全国分布図である。[10]

この図は、盆月に何らかのかたちで地蔵をまつっている所を地図上に記したもので、その全体的な傾向をみると、中部地方内陸部、四国地方太平洋側、九州地方南部を除く全国に薄く分布する中で、近畿地方に濃密に分布していることがわかる。この点では、地蔵盆は近畿地方で盛んであるという先行研究の見解[11]と一致する。

また、西日本では主に中国地方沿海部、四国地方瀬戸内海側、九州地方北部など沿海部に多い点が注目される。この傾向が何を意味するのかは、現時点は不明であり、ここでは西日本には特に沿海地域に多く盆月の地蔵祭祀が分布することを指摘するにとどめておきたい。

東日本では近畿地方の周辺に位置する北陸地方・愛知県西部に多く分布し、東北地方、関東地方、静岡県東部では分布が薄いことがわかる。

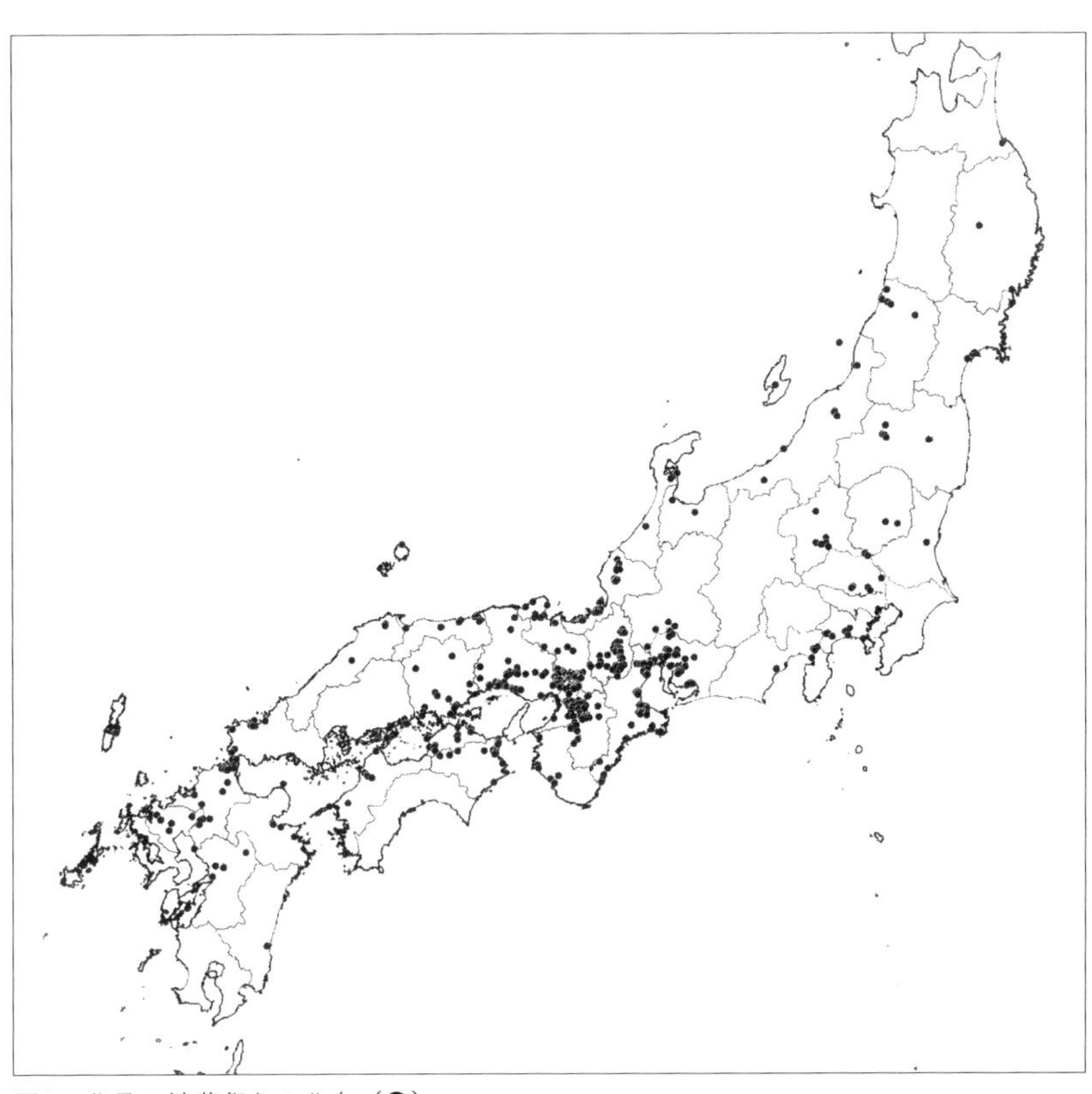

図1　盆月の地蔵祭りの分布（●）

このように全体的な傾向としては、近畿地方に濃密に分布しながらも、北は東北地方の青森県から南は九州地方の宮崎県に至るまで、各地でみられる行事であるといえる。

さらに地方ごとの詳細な分布の傾向を見ていくと、まず東北地方では、青森県南部、岩手県中南部、宮城県中部、山形県北部、福島県中部にみられる。このうち山形県北部に関しては、モリノヤマと呼ばれる山での先祖、死者供養の事例がほとんどである。モリノヤマは山だけではなく、寺院で行われている場合もあり、山形県北部に事例が集中している背景には、こうしたモリノヤマでの供養と地蔵信仰との結びつきが考えられる。

関東地方では、茨城県中央部、栃木県南部、群馬県の北部と南部、埼玉県南部、神奈川県南部にみられる。関東北部に比較的多く、埼玉県南部と神奈川県南部にもまとまって分布している。

中部地方は、静岡県東部、新潟県では佐渡島を含む北部から南部に至るまでほぼ全域に、富山県においては県中央部から西部にかけて、石川県では北部と南部に、福井県では小浜市などを擁する嶺南地域に事例が集中的にみられるが、嶺北地域にも西部を中心に事例が多くみられ、岐阜県南部、愛知県西部にも事例がみられた。静岡県においては東部地域に事例が集中しているが、隣接する神奈川県南部にも同じく事例が集中しており、両地域は地理的にも近いことから、何らかのつながりが考えられよう。

また、新潟県、富山県、石川県、福井県といった北陸地方にはいずれも事例がみられ、特に富山県中央部から西部にかけてと、福井県には事例が多くみられるなど、北陸地方には多数分布している一方、長野県、山梨県および、岐阜県南部より北の地域には事例が少ない。新潟県では、佐渡島にも事例がみられるが、同地出身の柴田収蔵の日記によると、一八四八年には既に称光寺で地蔵祭りが行われていたことから[12]、佐渡島において地蔵祭りが定着した背景には寺院の存在があるとも考えられる。

近畿地方では、滋賀県全域、三重県では沿海部を中心に東部に比較的多く、京都府においては、北部・中央部・南部にそれぞれまとまった分布を示し、奈良県では北部から中央部にかけて分布している。大阪府では全域に事例がみられ、兵庫県においては南部に多いが、北部にも少数ながら事例があり、和歌山県では西部の沿海地域に主にみられた。当該地方では全府県で事例が確認でき、また、事例も多数みられることから、盆月の地蔵祭祀が非常に盛んな地方であることがわかる。

確認できた事例の中では、特に大阪府全域、滋賀県全域、奈良県北部から中央部にかけて濃密に分布していることがわかる。ただ、京都府では実際には多くの地域で地蔵盆が行われているものの、確認できた限りでは自治体史にはさほど記述がなく、この分布が必ずしも実態を反映しているわけではないということを考慮しておく必要がある。京都府では、地蔵をまつる行事がいたる所で行われており、全てを把握するのが困難であることや、恐らくあまりにも身近な行事であるが故に、自治体史等の執筆の際には、かえって注意を払われなかったのだろう。

中国地方においては、鳥取県の日本海沿海部に、岡山県では瀬戸内海沿海部を中心に南部に多いが北部にもわずかに事例がみられる。島根県では東部に、広島県では瀬戸内海沿海部を中心とした南部に、山口県では西部の日本海沿海部に多くみられるが、東部にもわずかに事例がみられた。近畿地方に比べると事例数は少ないものの、全ての県に事例が分布しており、これまでにみてきたように、事例がほぼみられない県も存在した東北・関東・中部地方に比べると、満遍なく盆月に地蔵祭祀が行われている地方であるといえる。また、中国地方においては、沿海部に事例が多くみられるのが特徴である。岡山県北部にみられる事例が例外ではあるものの、それ以外の事例はほぼ全てが日本海あるいは瀬戸内海に面した沿海部およびその周辺地域に分布しているが、これは日本海から瀬戸内海の港を経由する西廻り航路など[13]、交通による文化伝播が関係しているとも考えられる。

四国地方においては、香川県では東部と西部、徳島県では北部から東部にかけて、愛媛県では北部から北西部にかけて事例がみられ、確認できた限りでは高知県には事例がみられなかった。四国地方の中では、香川県や徳島県など東部に事例が比較的多くみられるのは、事例が濃密に分布する近畿地方との地理的な近さから、文化面でも影響を受けたことを示唆しているのではないだろうか。また、香川県や徳島県、愛媛県など、いずれも瀬戸内海に面した県に事例がみられる一方、太平洋側には、確認できた限りでは、ほぼ事例がみられないのも特徴的であるといえる。

九州地方においては、福岡県の北部から南西部にかけて、佐賀県では東部と西部、長崎県では対馬に、大分県では東南部に、また、熊本県北部、宮崎県南部に事例がみられた。事例が少ないため、傾向は読み取りづらいが、福岡県、佐賀県など九州地方北部には比較的多い一方、宮崎県には事例は比較的少なく、鹿児島県には事例がほぼみられないなど、九州地方においては南部へいくほど事例が少なくなる傾向にあるといえる。このような分布の傾向が何によるものなのかは、現時点では不明であるため、ここでは九州地方では北部に比べて南部に事例が少なく、また、西日本においては太平洋側の地域に比較的事例が少ない傾向にあるということを指摘するにとどめたい。

以上、盆月の地蔵祭祀の全国における分布状況について述べたが、次にその行事内容に注目して整理し、作成した分布図をもとに、現代の地蔵祭りの各地における展開について考察していきたい。行事の全国的な様相をみていくと、その行事内容は、地蔵への参拝や供物、地蔵への化粧等の祭祀、死者供養、芸能、娯楽という五つに大きく整理できる。この五つは今後再検討を要する点もあるが、これを全国の行事の様相を検討する上での指標としてみていきたい。

㈡行事内容別の分布

⑴地蔵への参拝・供物など

地蔵祭祀の一つ目としては地蔵への参拝や供物などを行うことで、この際に御詠歌やお経、念仏などをあげる、提灯や祭壇の設置など周囲の飾り付け、地蔵を移動させてまつるといった行事内容をもっている。地蔵祭祀には

図2　盆月の地蔵祭り：参拝・供物などの分布（■）

様々な内容があり、今後区別して検討を加える必要があると思われるものもあるが、今回は行事内容の全体的な様相の把握に主眼を置くため、細別せず、参拝や供物を指標として整理した。地蔵祭祀としての参拝・供物等の分布の傾向を図２[14]で見ていく。

盆月に地蔵に参拝や供物を行う事例は、東北地方北部から九州地方南部に至るまで広範囲に分布している。最も濃密に分布するのは近畿地方だが、関東地方、中部地方の北部と南部、中国地方東部、四国地方北部、九州地方にも薄く分布している。

以上のような分布の範囲は、図１に示した盆月の地蔵祭祀全体の分布傾向とも重なっていることから、参拝・供え物等は盆月二四日における地蔵に関する行事の基本的な内容であると考えられる。

新潟県東蒲原郡阿賀町鹿瀬では八月二三日に地蔵に供えたものを下げ、帰り道で出会った人にあげるが、「これを食べると風邪をひかないといわれている」という。[15] 福島県会津若松市北会津町では、八月二三日に「地蔵籠もり」といって「中和泉の寺に若い嫁が集まり団子を供える」が、「その年にお産をする人は御神酒やジュースなどを持って供える」という。[16] これらの事例のように、この種の地蔵祭祀を通して病気除けや安産などの祈願がなされることからは、地蔵信仰の現世利益的な側面が窺える。

また、神奈川県足柄上郡山北町平山では、地蔵盆の日に新盆から三年間、小田原市板橋にある香林寺の地蔵尊に参拝するが、この時に途中で故人によく似た人に会えると信じられているという。[17] このように、地蔵信仰のもう一つの側面である死者供養に関する祈願も、地蔵への参拝などを通して行われることがあるのである。人々はこの種の地蔵祭祀を通じて様々な思いを地蔵に託し、祈願しているのだといえよう。

(2)地蔵への化粧等の祭祀

二つ目の地蔵への化粧等の祭祀というのは、具体的には地蔵石像を洗う、化粧をする、前掛けなど衣装の交換を行うといった、主に石造の地蔵をまつる行為である。それでは分布の傾向を図3[18]をもとに見ていく。

地蔵への化粧等の事例は、東日本においては東北地方南部と中部地方北部、岐阜県南部に僅かにあるものの、確認できた限りでは大半の地域に事例がみられなかった。一方、西日本においては、各地方の中で最も多く分布する近畿地方をはじめとして、中国地方の東部と西部、四国地方北部、九州地方にも薄く分布しており、東日本に比べて事例が多い傾向にある。

図3　盆月の地蔵祭り：地蔵石像を洗う・化粧・前掛交換などの分布（●）

地蔵への参拝・供物等の分布と比較すると、全体的に事例数がかなり少なく、まばらであることがわかる。また、地蔵への参拝・供物等は東北地方北部から九州地方南部にまで分布するのに対し、地蔵への化粧等は、伝承例が少ないものの東北地方南部から九州地方北部まで分布しているといえ、その範囲は地蔵への参拝・供物等より狭く、その内部におさまっているといえよう。

三重県四日市市楠町では、八月二四日もしくは近い日曜日に、「子供たちが地蔵さんの化粧をしたり提燈をともし、菓子や団子を供えて参拝する」という(19)。滋賀県大津市上田上平野町では、八月二三日に「小・中学生男子は、地蔵（石仏）を洗い清めて、化粧を施す。同年代の女子は、地蔵には直接の関与ができないので、近所から仏前に供えるお花を集める」という。[20]この事例のように男子のみ祭祀に関与することができるという地域もある。また、兵庫県豊岡市竹野町宇日では、八月二三日の地蔵盆の日に「子供たちが海から拾ってきた楕円形の石にクレヨンで地蔵の絵を描き、地蔵堂の周辺に莫蓙を敷き、この石を『地蔵さん』とよんで自分の前方部に安置する。大人たちは地蔵堂に参るときに、子供が祀る石地蔵の前にさまざまなお菓子を供える」という。[21]

このように、化粧した地蔵に大人も参拝することがあるものの、化粧などは子どもに行わせる地域が多い。二の(二)で述べたように、近世において既に子どもが地蔵石像へ彩色を行う習俗はみられたが、これが近畿地方を中心に広まったために、図3のような分布状況となっているとも考えられる。こうした分布状況および、地蔵石像への彩色は、恐らく近世以降に近畿地方を中心に定着した比較的新しい習俗であると考えると、地蔵への化粧に代表される近畿地方の地蔵祭祀の在り方には、人々がもつ地蔵に対する親密感のような感覚が、何らかの影響を及ぼしているのかもしれない。

(3)死者供養

盆月の地蔵祭祀の三つ目は死者供養で、自治体史・調査報告書等の文献上の記載から読み取れる範囲で、何らかの死者を供養することを目的として行事が行われていることがわかる事例を対象とした。なお、地蔵への参拝や供物、踊りなど、他の行事内容であっても、死者の供養を目的としていることがわかる例はここに含めた。そのため、内容によっては同一の事例をそれぞれの分布図に示している。その分布は図4のようになる。[22]

死者の供養を行う事例は全体としては少ないものの、近畿地方には比較的多く分布している。近畿地方以外で

図4　盆月の地蔵祭り：死者供養の分布(▲)

は、青森県、山形県、群馬県、栃木県、神奈川県から愛知県にかけての沿海部、徳島県、九州地方北部に薄い分布を示している。

静岡県磐田市では、八月二三・二四日（のちに八月九日／一三・一四日）に、「地蔵経」（袋井市や周智郡森町では「カサンボコ」などという）といって、子ども達が初盆の家を訪れ、念仏をあげるという[23]。この事例では、元は地蔵盆の日である八月二三・二四日に行っていたという伝承があるものの[24]、現在では盆の時期に行われている。

このような事例からは、盆月の地蔵祭祀は、死者供養などによって盆行事と連関して成立したことが窺える。

愛知県名古屋市港区八反野では、八月二四日の地蔵盆に女性が地蔵堂の前で百万遍をするが、これは「ムラの人の菩提だけでなく、干拓で命をおとした人の供養も兼ねている」という[25]。また、山口県下関市吉見・川中地区では、盆月二四日の地蔵祭りで、「早世した子を弔うということで、その家で接待が行なわれる。各家では子どもを連れてお参りする」という[26]。

このように、盆月の地蔵縁日には、新仏の供養のほか、村人の菩提など先祖以外も対象とした供養が行われることもある。大阪府八尾市では、八月二三・二四日の地蔵盆の際に、地蔵に各家から菓子や花などを供え、「町内安全、何々地蔵尊と書いた提灯、行灯」を飾るという[27]。この事例のように、地蔵に対しては、町内安全の祈願が行われることもあり、地蔵の地域を守る存在としての側面から、村人といった地域全体の死者の供養も行われているのだと考えられる。

また、事故による死者のような通常とは異なる死を遂げた人々の供養が行われているのも特徴といえる。これは、源信によって九八五年に成立した仏教書『往生要集』に「地藏菩薩は、毎日の晨朝に恒沙の定に入りて、法界に周遍して苦の衆生を抜きたまふ」とあり[28]、平安時代後期に成立した説話集『今昔物語集』巻十七においても、人々を救う地蔵の話が数多く載せられているように[29]、地蔵の救済者としてのイメージから、特に非業の死を遂げた死者の冥福を地蔵に祈ろうとしたためとも考えられる。また、この日に早世した子どもの供養を行うのは、賽の河原の伝承に代表されるような、子どもの死者を救う存在としての地蔵が想起されているためだろう[30]。これらの事例から、盆行事で先祖の供養は済んでいるが、それに加えてさらに手厚く供養する必要があると考えられた死者の供養を地蔵祭りの際にも再度行っているのだといえよう。

地蔵信仰は死者供養と密接な関係をもつが、意外なことに、各地に伝承されている死者供養の事例は多くはない。あくまでも文献上の記載をもとにしているため、実際には死者供養の意味をもつ行事が行われている地域もあることが推測されるが、少なくとも確認できた事例をみる限りでは、このような分布の状況となっている。供養について明確に記載があるということから、事例が分布する地域では、盆月の地蔵祭祀の際に死者の供養を行うことを特別に意識しているともいえる。また、近畿地方で盆月の地蔵祭祀に死者供養を行う事例が比較的多いが、これには、先行研究で指摘される近畿地方における死の穢れへの忌避感の強さが関わっている可能性もある。(31)

⑷芸能

四つ目の芸能は、盆踊りや地蔵踊りなどの各種踊り、六斎念仏などの芸能を行う行事である。これもまた一つ目の地蔵への参拝・供え物等と同じく、今回は全国の行事内容を概観することを目的としているために、様々な形態や目的を持つ芸能をまとめて扱うこととしたが、今後は踊りが盆踊りのような死者を対象としたものなのか、地蔵に対する何らかの祈願を目的としているのかといった踊りの目的や、六斎念仏など様々な形態の芸能を区別して見ていく必要があると思われる。それは今後の課題とし、芸能の分布を図5(32)で見ていく。

東北地方南部から九州地方北部にかけて分布しており、分布範囲は地蔵への参拝・供物等よりやや狭いものの、事例数は地蔵への参拝・供物等に次ぐ多さとなっている。事例が濃密に分布するのは近畿地方で、東北地方南部、関東地方、中部地方西部と南部、中国地方東部と西部、四国地方東部、九州地方北部にも薄く分布している。

この日盆踊りをするという地域は少なくないが、京都府京丹後市では、八月二三日の地蔵盆の日は「盆踊の踊りじまいでもあるので夜通し踊った」というように(33)、二四日前後をもって一連の踊りの終わりとする地域もある。そして各地の踊りの中には、地蔵踊りといった名称の踊りもあり、例えば、岡山県苫田郡鏡野町香々美新町では、七月二三日前後に地蔵堂前で地蔵踊りが行われるが、「この踊りは厄除け踊りで、昔、音曲停止の布令が出た年

図5　盆月の地蔵祭り：芸能の分布（○）

にも許された」という[34]。

また、奈良県奈良市歌姫町では、七月二三日に、子安地蔵である歌姫の地蔵に村中の人々が野菜や旬の物を供えて参拝するが、昔は法華寺から六斎念仏衆が来て、「妊婦はこのとき六斎の衆にお金をあげて六斎太鼓を叩いてもらうとよい」とされていたという[35]。六斎念仏に関しては、この事例のように、現世利益の祈願とも関わることがある。ここで祀られているのが子安地蔵であるためだと考えられるが、六斎念仏による利益もまた意識されていたことが窺える。

このように芸能には、盆踊りのような死者供養を目的としたものだけでなく、厄除けや安産祈願といった現世利益の祈願を目的としたものもある。これらの事例のように、地蔵への踊りの奉納を通して行われる祈願には、様々な内容があるが、地蔵信仰の多様な側面が踊りにも反映され、地域ごとに様々な意味づけをなされていったのだろう。

死者供養を目的とした盆踊りの事例を見ていくと、福岡県北九州市小倉南区呼野では、七月二四日（現在は八月二四日）に、「稗の粉池築堤の人柱となった少女お糸をまつる」大泉寺のお糸地蔵で、地区の人々が集まって、供養のために盆踊りをするという。[36] また、徳島県三好市池田町では、八月二四日に、「お地蔵さんの祭り」といって、「老若男女で盆踊りをし、水難者の霊の供養も兼ねて行っている」という。[37]

このように人柱や水難者といった非業の死を遂げた人々の供養が特に意識されている例もあることが注目されるが、これは死者供養の事例とも共通する。地蔵を通じて特別な死者を供養するという意識が踊りにも反映されているといえるだろう。

また、大分県中津市三光では、八月二四日の地蔵盆に、供養と盆踊りをするが、「初盆供養の踊りと違って娯楽的であるので、以前は男子が女装し、女子は男装し、また、子供までニワカ式に変装してにぎやかであった」という。[38] この事例のように踊りには仮装を伴うものもあり、これには風流の影響が考えられ、娯楽的な性質を帯びている踊りもあるといえる。

盆月の地蔵縁日の踊りは、このように各地で様々な意味づけをなされ、行われているのである。これほど全国的に多数の事例がみられ、また、行事内容の基本となる形態の地蔵祭祀と重なる形で分布する背景には、中世以来の地蔵信仰と風流・拍物との関連に加えて、地蔵祭祀が盛大に行われるのが盆行事を行う月であったために、盆踊りと結びつきやすかったこともあると考えられる。

(5)娯楽

五つ目の娯楽は、夜店、ゲームなどの催し物、宴会、飲食物の配付などを行うといった内容である。それでは分布の傾向を図6[39]をもとに見ていく。

盆月の地蔵祭祀に娯楽的な内容がある事例は、近畿地方に最も多く分布する。その他にも東北地方南部、関東地方、中部地方の北部と西部および南部、中国地方東部と西部、四国地方北部、九州地方北部にも、薄く分布している。

芸能の分布地域ともほぼ重なるが、九州地方北部においては、主に東部に芸能が分布するのに対し、娯楽は西部に分布するなど、対照的な様相を見せている。加えて、芸能の分布がみられなかった石川県から山形県沿海部、群馬県などにも分布しており、芸能と娯楽は一定の相互補完的な関係にあると考えられ、芸能には娯楽としての側面もあることが窺える。

娯楽の例として、京都府京丹後市では、盆月二三日の地蔵盆に「各地区の地蔵様の前で子供たちが集まって祭壇を作り、供物を供え、余興がもよおされたり、供物を分けあったりする。子供たちばかり（以前は男の子だけだった所がほとんど）で行う部落が多く、最近では夏の子供会の行事化」しており、「夜は各地区全般に盆踊りをする所が多く、映画会の所もある」という[40]。このように現在の地蔵盆では、子どもたちの夏休みの時期とも重なる関係で、イベント化している事例もみられる。また、大阪府茨木市清阪では、八月二三日の地蔵盆で、「夜八時からは、全戸が寄って読経のあと、ビールとおつまみ、スイカなどが出されて簡単な宴会となる。このときに昔は盆踊りもおこなわれた」という[41]。

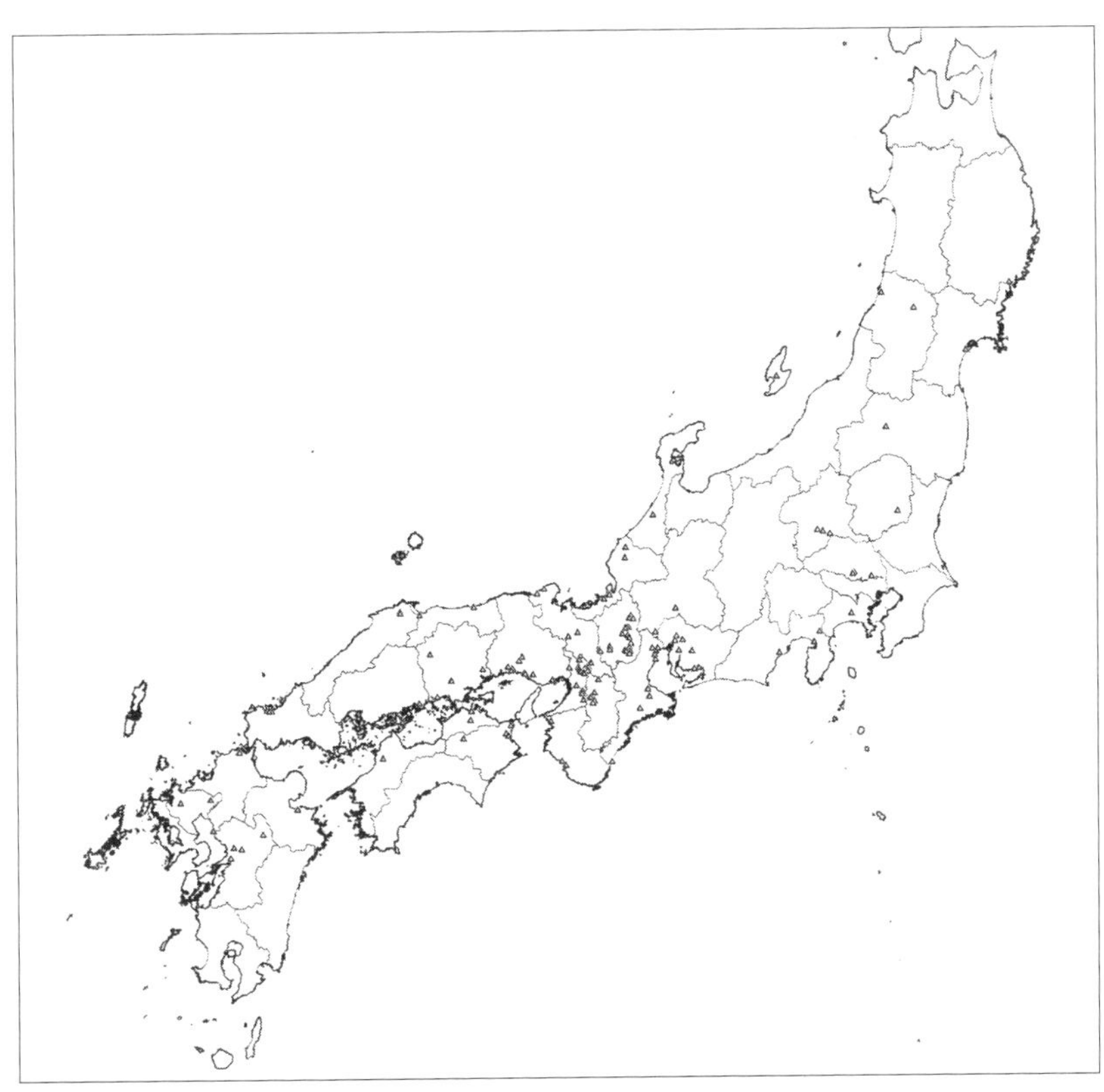

図6　盆月の地蔵祭り：娯楽（△）

これらの事例のように、盆踊りの代わりに映画の上映を行うという地域や、昔は盆踊りをしたが今は行わず宴会のみ行うという地域もあるが、行事には娯楽的な内容も意識されており、盆踊りもまたそのような娯楽的な行事の一つとしての側面を備えていたために、時代とともに、次第に他の娯楽へと移り変わることもあったのだと考えられる。

これまでに行事内容ごとに分布の傾向をみてきたが、次に各行事内容の関係性について考察したい。

㈢各行事内容の関係

まず、分布域の範囲の広さや事例数の多さから、基本となる内容であることが窺える地蔵への参拝・供物等について述べたい。これらを行う事例の分布は芸能および娯楽の分布とほぼ重なっている。娯楽については、二の㈡で確認したように、一六〇〇年代の文献記録では酒宴や各種催し物などの行事内容に関する記述は目立たないが、一八〇〇年代に入るとこれが顕著になることから、次第に娯楽的な内容が付加されていったといえる。

では、なぜ芸能もまた地蔵への参拝・供物等と並ぶほど事例数が多く、広範な地域に分布しているのか。これは前述のように、中世以来の風流と地蔵参詣との結びつきの影響に加え、芸能の事例で確認したように、踊りを通しては種々の祈願が行われており、地域ごとの様々な需要にあわせた内容を持ちやすかったこと、また、芸能には信仰的な側面だけでなく娯楽的な側面もあることなどが関係していると考えられる。芸能の複合的な性質、また地蔵信仰との関連から、前述のような分布を示しているのだろう。

化粧等の地蔵祭祀と死者供養については、両者はいずれも事例数が少なく、近畿地方に比較的多い傾向にあり、広範な地域には分布していないといえる。このような分布の状況には、近畿地方における地蔵や死者に対する感覚が、他の地域とは異なる傾向にあったことが反映されているのではないだろうか。供物や参拝をするといった祭祀に加えて、地蔵に化粧を施すのは、地蔵への親近感から、より丁重に祭りたいとの意識が働いているとも考えられる。加えて、二の㈡で述べたように、地蔵への彩色については、一六七四年の『山城四季物語』や一七一三年の『滑稽雜談』から、近世初期には京都などで行われていたことがわかるが、早くから近畿地方を中心に広まっていった可能性がある。

盆月の地蔵祭祀において、地蔵への化粧や死者供養の行事があるのは、前述のように、分布の傾向としては近畿地方が顕著である。しかもこの地方の地蔵祭祀は、これらの行事だけでなく、参拝や供物、芸能、娯楽についても全国のなかでは色濃く確認することができる。つまり、近畿地方では多種多様な盆月の地蔵祭祀が行われており、その多様性からは、盆月の地蔵祭祀は近畿地方を中心に展開していったことが推測できる。

以上、行事内容ごとの分布の傾向を踏まえて、それぞれの関係について考察したが、最後にこれらの行事内容を含む現行の盆月の地蔵祭祀が形成されていった経緯について考えてみたい。

四、現代の地蔵祭祀の形成

㈠風流・拍物と地蔵祭祀

中世の地蔵祭祀には風流および念仏拍物との関連があったことは既に述べたとおりだが、この念仏拍物が後に念仏踊りとなっていくとすると、六斎念仏や盆踊り・地蔵踊り等の踊りもまた、この系譜にあるといえる。

盆の地蔵縁日に踊りを行うことは、少なくとも一六〇〇年代後半には確認できる。『千種日記』（一六八三〈天和三〉年）巻第十「再洛陽留止記」の「洛中所々見に行事」には、

……なを行て雀の森の南に壬生の地蔵有。……毎年七月廿四日、市中にてともし、燈籠ともを此堂にもてきて夜もすがらともして、法師多く出て踊りうたふ所也。……(42)

とあるように、法師が踊ったとの記述もあることから、念仏踊りの系譜にある踊りが行われていたと考えられ、中世以来の念仏拍物との関連が窺える。

また、二の㈡で述べたように、一八〇〇年代初頭までには地蔵祭祀の際に様々な物を用いた作り物が飾られるようになっていたが、滋賀県の醒井地蔵祭りなど、現在でも作り物を飾る地域がある。踊りの際の仮装も同様に、現代でも行われる行事である。これもまた中世の風流の影響によって形成された行事といえるであろう。

また、前述のように、一八〇〇年代前半までには、子どもが鉦を鳴らして南無地蔵大菩薩と唱えるといった行事が行われており、一八〇〇年代半ば頃までには、子どもによる勧進も行われていた。現代でも、例えば大阪府枚方市岡本町では、「地蔵盆の夕方に子供たちがそろって町内を一軒一軒まわって鉦を叩き、『地蔵さんのお賽銭どうぞ一〇〇円やってんか』と唄いながら勧進する習慣」があるという。[43] 六斎念仏は一八〇〇年代半ば頃に隆盛を極め、京都とその周辺では盆月二四日などに際して各地で興行を行っていたが、こうした六斎念仏も含め、中世の拍子念仏、そして念仏踊りの流れを汲むものといえよう。中世の風流・拍物がどのように地蔵信仰と結びついているのか、また、両者の関係が現在に至るまでいかなる推移を辿ったのかについての具体的な検証は、これからの課題としたい。

㈡盆月の地蔵祭祀と死者供養

盆月の地蔵祭祀としての盆踊りには、先祖だけではなく、水難者や人柱となった人物など、非業の死者の供養のために行うという例もみられた。このような例は盆行事の際の盆踊りにもみられるが、盆行事が終わった後の地蔵縁日とその前後にもこの種の盆踊りを行うことには、前述のような地蔵信仰がもつ死者救済のイメージが結びついているのではなかろうか。その具体的な心意としては、いくつかが考えられるが、盆月の地蔵祭祀での死者供養には新仏の供養の例が多く、ここに死者救済の期待が考えられる。神奈川県鎌倉市の覚園寺は、黒地蔵の寺としても知られており、「新盆の家では八月十日観音霊場巡拝と同時に黒地蔵参りをすることになっていた。そして黒地蔵参りは三ヶ年は続けるものだといわれている」という。[44] 先に例としてあげた神奈川県小田原市板橋の地蔵尊にも、地蔵盆の日に新仏のある家々が参拝しており、このような事例の集積と分析が必要となる。

また、盆踊りは、その名の通り盆行事と連続しているが、これは灯籠や提灯を飾るといった行事内容にもあらわれている。例を挙げると、大阪府寝屋川市の清岸寺では、昭和四〇年代頃まで、毎年八月二三日の地蔵盆に浄土宗の家の人が持参した「あらたな」の灯籠を吊していたという(45)。また、京都府久世郡久御山町下津屋では、八月二三日に、共同墓地にある六体地蔵に化粧を施し、迎接寺本堂に移動させて、「供物は講中のほかに新精霊のある家からも供えられ、夜の法要では新精霊の供養が最初に行われている」という(46)。

このように、新仏のある家が灯籠を飾ったり、供物などをする事例もみられ、死者供養は様々な形で盆月の地蔵祭祀に反映されているといえる。風流・拍物が行事内容に影響を与えたように、死者供養もまた、盆月の地蔵祭祀に深く関わっているのである。

五、三つの要点

本稿では、中世から近世の文献資料も踏まえ、各地の盆月の地蔵祭祀の事例をもとに、その全国的な状況を示し、検討を加えてきた。その結果をまとめると次のようになる。

一点目は、盆月の地蔵祭祀には、中世の地蔵参詣と風流・拍物との結びつきが深くあると考えられることである。このことが、盆踊りや地蔵踊りといった芸能の分布と、盆月の地蔵祭祀の基本となる行事内容である地蔵への参拝・供物等の分布とが重なり、広範囲に多く存在することとつながるのではなかろうか。

二点目は、中世以降の風流の流れからは、地蔵祭祀における作り物や仮装を伴う踊り、さらには娯楽性を伴う行事も成立したと考えられることがあげられる。盆踊りや地蔵踊り、六斎念仏など各種芸能は、一つには念仏踊りの流れが考えられる。

三点目は、死者供養と地蔵への化粧等は事例数が少ないが、近畿地方に比較的多く分布していることである。近畿地方を中心とした地域では、様々な形で盆月の地蔵祭祀が展開する中で、踊りや参拝・供物といった主な行事内容から分化したものと考えられる。

以上の三点をあげておくが、今後、事例の収集と行事内容の分析をさらに進める必要があるものの、本稿では、全国の分布図や行事内容の整理を通して、これまで十分な検討が行われてこなかった盆月の地蔵祭祀についての、全国的な状況の把握を前進させることができたのではないかと思う。課題については、文中にその都度、記してきたのでここではあげないが、盆月の地蔵祭祀の各地の事例からは、盆という行事や地蔵という存在に対する人々の様々な思いが見えてくる。これは現代においても息づいているといえ、今後はそういった思いや意味付けについて、歴史性も考慮しながら検討を続けていきたい。

注

（1）文化庁編『日本民俗地図Ⅰ（年中行事Ⅰ）』国土地理協会、一九六九年
（2）天野武監修『都道府県別日本の民俗分布地図集成』東洋書林、一九九九―二〇〇三年
（3）林英一『地蔵盆―受容と展開の様式―』初芝文庫、一九九七年
（4）阿部祥子・小川信子「子どもの生活と地域（二）――地蔵祭りを通して」（『生活学』第二一冊、一九九六年）
（5）塙保己一編・太田藤四郎補編『続群書類従・補遺一　満済准后日記（上）』続群書類従完成会、一九五八年
（6）塙保己一編・太田藤四郎補編『続群書類従・補遺二　看聞御記（上）』続群書類従完成会、一九五八年

（7）前掲（6）

（8）鈴子晶子「『桂地蔵記』における風流について」（『日本歌謡研究』第三一号、一九九一年）

（9）高橋忠彦・高橋久子・古辞書研究会編『尊経閣文庫本 桂川地蔵記 影印・訳注・索引』八木書店、二〇一二年

（10）国土地理院「地理院地図」に自治体史・調査報告書等の事例をもとに著者が加工して作成。

（11）田中久夫は、その著書『仏教民俗と祖先祭祀』（神戸女子大学東西文化研究所、一九八六年）の中で、「京都を中心とする地方では八月二十三、二十四日の地蔵盆がことに盛大に営まれている。……ところで、近畿地方で盛んに行なわれている地蔵盆も、一歩外に出ればあまり見かけなくなるのも不思議である。」と述べている（一一七―一一八頁）。

（12）田中圭一編注『柴田収蔵日記二――村の洋学者』平凡社、一九九六年

（13）「西廻り・東廻り航路図」（和泉清司『近世の流通経済と経済思想』岩田書院、一九九八年）

（14）前掲（10）

（15）文化庁文化財保護部編『盆行事V　山形県・新潟県』民俗資料選集三二、国土地理協会、二〇〇四年

（16）会津若松市史研究会編『北会津村史　第一巻　民俗編』会津若松市、二〇〇七年

（17）山北町編『山北町史　別編　民俗』山北町、二〇〇一年

（18）前掲（10）

（19）四日市市楠総合支所編『新編楠町史』四日市市楠総合支所、二〇〇五年

（20）林屋辰三郎ほか編『新修大津市史　第九巻　南部地域』大津市役所、一九八六年

（21）大森恵子「但馬の行事と民間信仰―子どもをめぐる民俗―」（八木透編著『フィールドから学ぶ民俗学』昭和堂、二〇〇〇年）

（22）前掲（10）

（23）豊田町誌編さん委員会編『豊田町誌　別編II　民俗文化史』豊田町、二〇〇一年

（24）前掲（23）

（25）新修名古屋市史資料編編集委員会編『新修名古屋市史　資料編　民俗』名古屋市、二〇〇九年

（26）下関市市史編修委員会編『下関市史・民俗編』下関市、一九九二年

(27) 八尾市史編集委員会編『八尾市史（近代）本文編』八尾市役所、一九七四年
(28) 源信著、築島裕・坂詰力治・後藤剛編『往生要集：最明寺本　譯文篇』汲古書院、一九八八年
(29) 馬淵和夫・国東文麿・稲垣泰一校注・訳『今昔物語集　二』新編日本古典文学全集三六、小学館、二〇〇〇年
(30) 「賽の河原地蔵和讃」（高野辰之編『日本歌謡集成　巻四』東京堂出版、一九八〇年）には「……中にも賢き子供は　色能き花を手折きて　地藏菩薩に奉り　暫時呵責を免れんと……佛の前に這行きて　地藏菩薩に奉り　錫杖法衣に取付いて助け給へと願ふなり……」とある。
(31) 関沢まゆみ・国立歴史民俗博物館編『盆行事と葬送墓制』吉川弘文館、二〇一五年
(32) 前掲（10）
(33) 大宮町誌編纂委員会編『大宮町誌　生活史』大宮町、一九七九年
(34) 岡山県史編纂委員会編『岡山県史　第一六巻　民俗Ⅱ』岡山県、一九八三年
(35) 平城村史編集委員会編『平城村史』平城村史編集委員会、一九七一年
(36) 北九州市史編さん委員会編『北九州市史　民俗』北九州市、一九八九年
(37) 池田町史編纂委員会編『池田町史　下巻』池田町、一九八三年
(38) 三光村誌刊行委員会編『三光村誌』三光村、一九八八年
(39) 前掲（10）
(40) 網野町誌編さん委員会編『網野町誌　下巻』網野町、一九九六年
(41) 茨木市史編さん委員会編『新修茨木市史　第十巻　別編民俗』茨木市、二〇〇五年
(42) 鈴木棠三・小池章太郎編『千種日記　下』古典文庫、一九八四年
(43) 枚方市史編纂委員会編『枚方市史　第三巻』枚方市、一九七七年
(44) 鎌倉市文化財総合目録編さん委員会編『鎌倉市文化財総合目録――古文書・典籍・民俗篇――』同朋舎出版、一九八五年
(45) 寝屋川市史編纂委員会編『寝屋川市史　第八巻』寝屋川市、一九九一年
(46) 久御山町史編さん委員会編『久御山町史　第二巻』久御山町、一九八九年

II 酒と食

酒を供える「神酒口」の形状と分布

山本亮子

一、「神酒の口」とは

ここで取り上げるミキノクチ（神酒の口）というのは、家の神棚に正月に進ぜる御神酒を入れた徳利などに挿す飾りもののことである。精緻に綺麗に編んだ竹細工であったり、縦に細長く宝珠形にした経木細工であったり、簡便なものは紙を剣先形に丸めたものであったりなど、全国には多様な形のものがある。「御神酒すず」とも呼ばれ、神酒を神に進ぜるときにはこれを立てるという作法をもつところは各地にあり、たとえば東京都の多摩地域では写真1のような神酒の口を作る職人がいて、年末に開催される年の市などで販売されている。

「神酒の口」「御神酒すず」と呼ばれるこれは、どのよう意味をもつのかを考えると、単なる装飾品とは思えず、本稿ではこれについての歴史記録も紹介しながら、全国にどのようなものが伝承されているのかを明らかにしておきたい。当然ながら、「神酒の口」「御神酒すず」という名称には、どのような意味があるのかにも触れていきたい。

名称としては、ここでは「神酒口」で統一するが、これについての従来の研究としては、昭和四二年（一九六七）に松本市の田中磐が全国へのアンケート調査を行い、その結果を発表している。[1] 手の込んだ竹や経木の細工品は、その形状の美しさが注目され、柳宗悦をはじめとする民芸運動を提唱する人々も関心を寄せている。その一人が岡村吉右衛門で、岡村は雑誌『民芸手帳』の編集者である白崎俊次とともに昭和四五年（一九七〇）に開催された日本万国博覧会開催ごろから調査と収集を進め、その内容を発表している。[2]

写真1　東京都多摩地方の神酒の口（竹細工、日の出町）

また、昭和五五年（一九八〇）には、福生市教育委員会が市内の竹細工による神酒口の製作技術を中心とした報告書を刊行し、[3] 平成二四年（二〇一二）には、文化庁が平成二三年度の「変容の危機にある無形の民俗文化財の記録作成」の事業で「松本のミキノクチ製作習俗」を調査し、報告書を出している。[4]

これら以外にもいくつかの研究があるが、本稿では、日本各地の「神酒口」について全国的な視点から素材と形状によって分類し考察していく。そのうえで、まずは各地の「神酒口」の特徴を抽出していきたい。

二、飾られる場と時——江戸時代の文献から

江戸時代の文献をみていくと、「みきのくち」という語は、十八世紀半ばごろから見られるようになる。元文元年（一七三六）の『はいかい　口よせ草』に「神酒の口　かよういたせば　端の体　上を下へと／＼」とあり、文政五年（一八二二）の『冠付塵手水　全』には「願ふてもない　神酒の口折る　戎がみ」とある。[5][6]

一方、絵画資料では、神酒を入れた容器に飾り物を挿している場面は、一七世紀の風俗画に見ることができる。『日本風俗図絵』から描かれた場面を拾ってみると、ほとんどが紙を折ったものを神酒徳利の容器に挿してあるように見える。享保一九年（一七三四）石河流宣画『大和耕作絵抄』に描かれているのも同様に折ったもののように見え、その飾られている場面は正月、廿日戎講、雛遊、七夕、月見などである。[7]

また、文化文政頃の風俗画にも神酒徳利に紙を折ったものを挿す様子が多く描かれている。戎神の前に置かれている場面が多く、寛政九年（一七九七）北尾重政画『絵本吾妻抉』に描かれているのも、資料1にあるように紙を折っているもので折形のようにみえる。[8]

同じ時期、寛政一〇年（一七九八）の山東京伝著・北尾重政画の『四時交加』の一二月の絵には、浅草寺で松などの正月を迎える品を売る人に交じって神酒口を売る姿が描かれている。神酒口を挿した板状のものを体の前に掲げて売っているが、個々の形は紙を折形に折ったものではなく、蛇腹折に折って、扇のように広げたと思われるものや、先の尖った形状、宝珠を表すと思われるものなどが並んでいる。それは現在、東京都多摩地域を中心として飾られている紙の神酒口の形に似ている。[9]

他に文化年間（一八〇四～一八一七）に鍬形蕙斎によって描かれた『近世職人尽絵詞[10]』にも神酒口売りが描かれている。『四時交加』と同じ神酒口を板に挿して売り歩いている様子で、形は二種類あり、一つは細長く赤で縁取りがされているもの、もう一つは黄色で複数の線によって丸く玉ねぎのような形に見える。

同時期のものとしては、彦根藩世田谷代官を務めていた大場家第十代弥十郎が、自家の年中行事を著述した文化六年（一八〇九）の『家例年中行事[11]』には、冒頭の一二月朔日の条に、朔日なので五か所の神々に神酒を上げること、神々へ上げる神酒は徳利に移し、神酒口を挿して上げると書かれている。さらに同じ月の十五日には、現在の世田谷のボロ市にあたる市での買物の品が並び、その中に「神酒の口二対」とある。世田谷のボロ市では、令和四年（二〇二二）には、神酒口は多摩地域の神具店が神棚などと一緒に竹細工や紙、板、金属のものを販売していた。

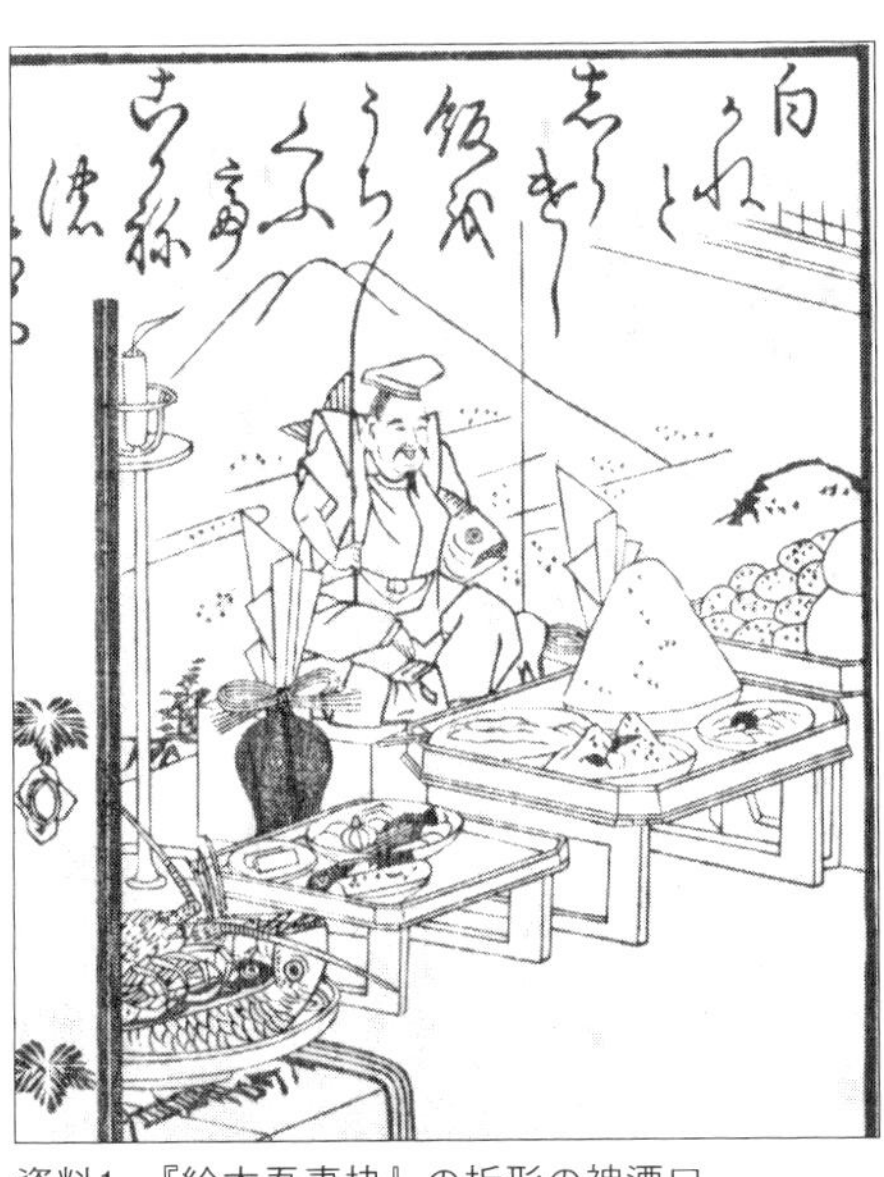
資料1 『絵本吾妻抉』の折形の神酒口

『家例年中行事』は、聟である弥十郎が自家の年中行事や付き合いについて記したもので、これには神酒口の素材や形状についての記述はないが、前述『近世職人尽絵詞』や『四時交加』に描かれている浅草寺の「みきのくち売り」に近いものの可能性はある。

大場家では、正月は元日、二日、三日、七種の日、一一日、一五日、ほかの月は朔日と望日には必ず神酒を上げている。また、節供、月見、えびす講にも神酒を上げているが「神酒の口を挿す」という記述は一二月朔日し

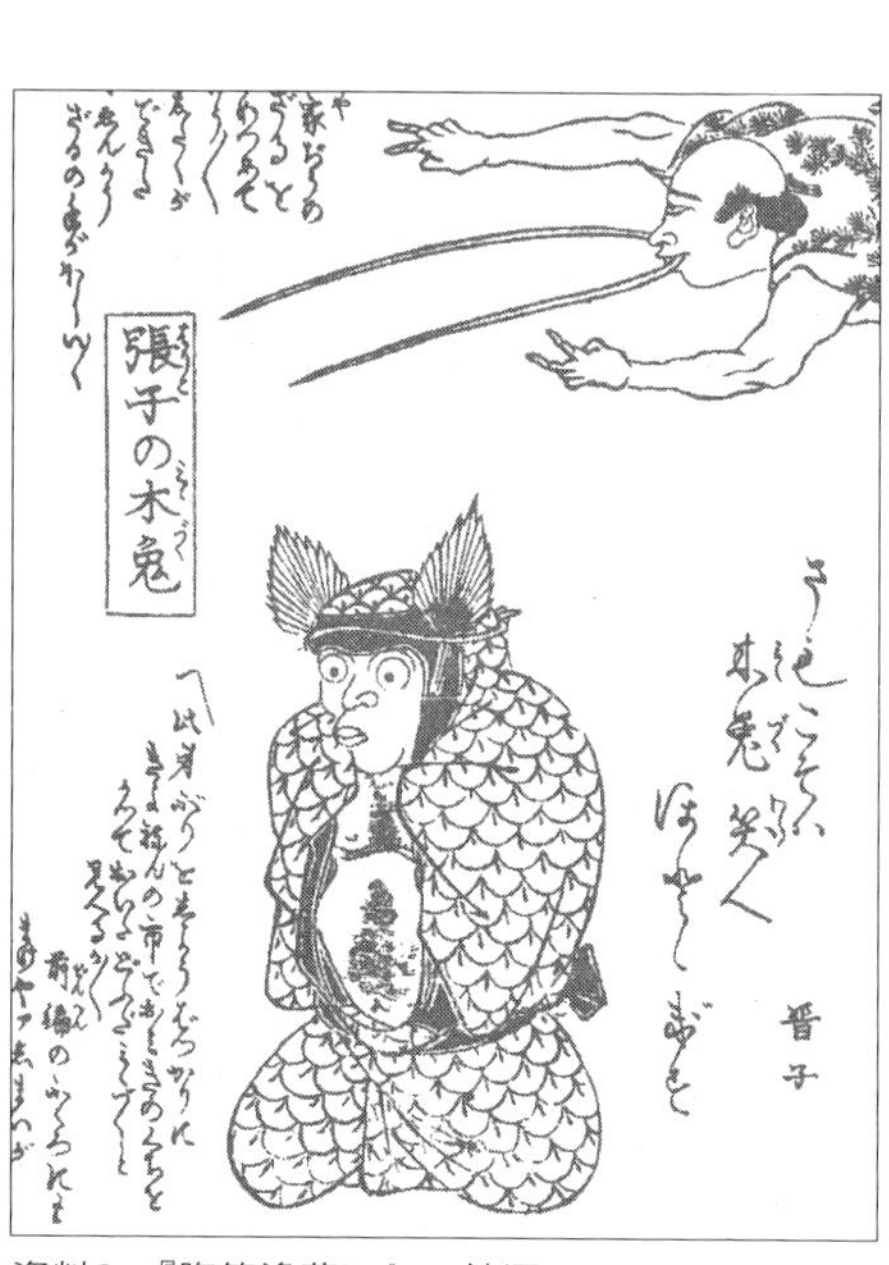

資料2　『腹筋逢夢石』の神酒口

かみあたらない。歳徳神ほか五か所の神に神酒を上げるが、一五日に買うのは二対である。市では神前の供物を載せる山おしきも二枚買っているが、「元五枚、寛政八卯年より減らす」とあり、神酒口も神の数と同じ五対だった可能性がある。正月の記述の中には、以前は買っていたものも買わずに済ますものが見られ、寛政の改革以後の様子と推測される。

寛政五年（一七九三）の烏亭焉馬作の黄表紙『青楼育咄雀』[12]には、市で買い物をした吉原の客が描かれていて、神酒口を買い求めた側の様子がわかる。「市で買い物をしてくたびれた、一杯飲もう。この飾り海老は猫にとられぬよふにしまってくんな」と市の土産物が描かれているが、裏白、しめ縄、へぎ皿とともに神酒口もある。

また山東京伝が文化七年（一八一〇）に書いた『腹筋逢夢石』[13]にも神酒口が描かれている。歌川豊国によって鳥獣魚虫の身振り物まねをしながら人間批評を語らせて滑稽視しようとする絵が描かれているが、「張子の木兎」で、資料2のように、みみずくに扮した人が神酒口を使って耳を表している。「此の身ぶりをしようばっかりにきょねんの市で　おみきのくちをかっておいた　どふだ　みゝづくと見へるか〳〵　前編のふくろうにも負けやぁしまいが」とある。

このように、江戸時代の文献や絵画資料、日記などをみると、神酒口が市で流通して客が買っていた様子と、折形のように折ったものを酒の容器に挿して神の前にあげていた例が確認できる。

三、神酒口という呼称

神酒口という呼称について、小学館発行の『日本国語大辞典』では「みきの口」と「みきぐち【神酒口】」と二項目記載されている。日本民具学会編集、ぎょうせい発行の『日本民具辞典』では「みきのくち【神酒の口】」で説明されている。

ここでは、実際に飾る場で使われている呼称、年の市などで売られる呼称のほか、調査報告書などに記載されている呼称をみていく。ただし樹木や草、又は紙を丸めて容器の口に挿す場合には、これの名称については確認できない。

東京都多摩地域とその周辺部では「みきのくち」という呼称を使用されることが多い。一部で竹細工品を「たけのくち」、紙製品を「かみのくち」と呼んでいる。それぞれ神酒口、竹の口、紙の口という漢字をあてる。長野県松本市の竹細工品は「おみきのくち」と呼称される。新潟県、愛知県、徳島県では「みきぐち」。青森県では「みきすじ」または「おみきのすじ」という。會田秀明によると、酒を入れる容器を「みきすず」と言い、その口に挿すものなので「みきすずのくち」となり、「くち」の部分が省略され、「すず」が「すじ」になったという[14]。

神酒を入れる容器を「みきすず」「おみきすず」という地域は多く、新潟県、埼玉県、東京都など広く確認できる。富山県立山町の芦峅寺では歳旦祭に氏子各戸が正装して紙包のオハナイ（初穂米）とともに、ヒノキその

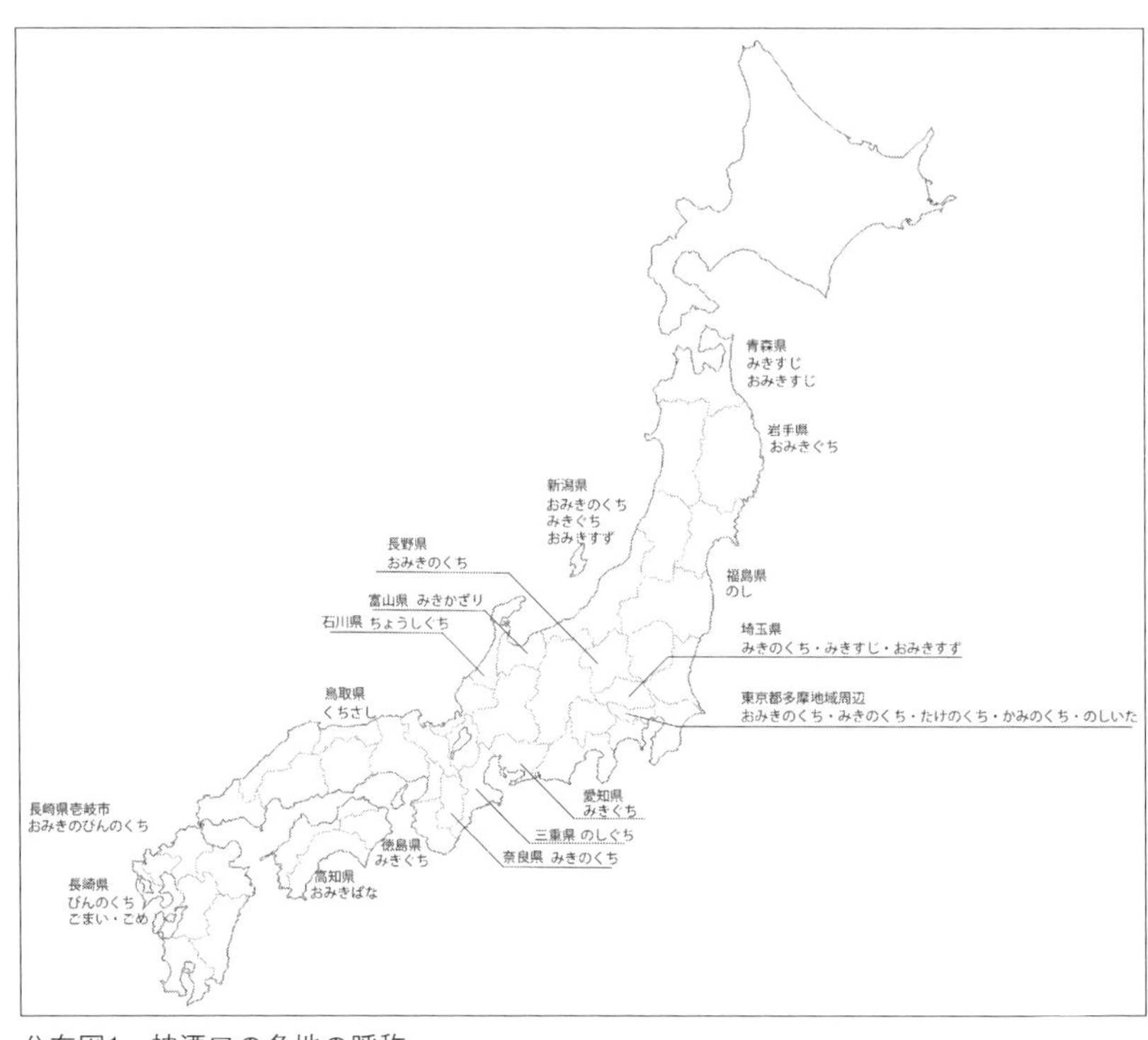

分布図1　神酒口の各地の呼称

他トキワ木をさした容器に酒を入れて参拝献供する事例が確認できるが、その陶器の酒容器をオミキスズと言っている。同じ富山県では、正月に飾る天神飾りの前に竹細工品が置かれるが「みきかざり」と言っている。高知県では「おみきばな」と確認できる。

神酒という語が使用されない例としては、石川県金沢市で「ちょうしぐち」、鳥取県で「くちさし」、長崎県島原市で「びんのくち」がある。

長崎県では「ごまい・ごめ」という地域がある。『長崎県文化財調査報告書第一一集有明海沿岸地区の民俗　有明海沿岸地域民俗資料緊急調査報告書』(15)には、年越しの晩に酒、魚、餅、年玉、さとう、タオルをもって嫁の実家へ行くときに持っていくもののことを「ごめ」と呼ぶとあり、「ごめとは神酒徳利にさす奉書紙をいうが、のし紙をつけるところから贈り物の意味に転じたのであろう」と記述されている。また『綜合日本民俗語彙』[16]の「ゴメイ」の項に「長崎県西彼杵郡江ノ島などで、正月に白紙を二つに折り熨斗形にたたみ、その中に新しい藁三本挿したものをこう名づけ、年越の晩から神棚に上げておく風がある」とある。これらのことから、神酒徳利に挿す紙製のものを「ごめ」と言い、贈り物につける「のし」と同じ形なので、贈り物を「ごめ」とか「ごめい」と呼んでいる様子がうかがえる。[17]

以上、神酒を入れる容器に挿すものについては各地違った呼称が確認できる。神酒口と書いて「みきのくち」「みきぐち」、あるいはそれに「御（お）」を付けて「おみきのくち」「おみきぐち」という事例が比較的多い。「神酒の口」という語については、神社の酒造りで「神酒の口開け式」や「神酒の口開け神事」という儀式で使用される場合がある。飾り物の「神酒の口」と共通する特徴を見つけることは難しいが、奈良県桜井市の大神神社の三枝祭では、黒貴（濁酒）を入れた罇（ソン）、白貴（清酒）を入れた缶（ホトキ）を笹百合の花で飾って献酒するという例がある。[18]

以上と次項にあげる諸資料も含めて、現時点で筆者が確認し得た「神酒口」の名称を地図上に記載すると分布図1のようになる。

四、形状と分布

(一)確認し得る各地の「神酒口」資料

これまでの田中磐[19]、白崎俊次[20]、岡村吉右衛門[21]による調査報告が全国的な視野で重要と考えられるため、これらに記載されている事例については改めて各自治体史、調査報告書等でできる限り確認し、さらに各地の自治体史や調査報告書などから「神酒口」についての事例を収集してきた。また、各地博物館に収蔵されている実物資料としては、府中郷土の森博物館の岡村コレクションが二一九点、さいたま市立博物館の安岡資料が五九点などとなっている。

先にあげたように、田中磐はアンケート形式で「御神酒徳利におみきのくちを挿す風習」の有無を尋ね、三五か所からの回答得て結果を発表している。これに答えているのは各地の民俗研究者で、たとえば青森県の小井川潤次郎、秋田県角館町の武藤鉄城、神奈川県の丸山久子などがいる。岩手県の森口多里は、『民芸手帳』昭和四五年（一九七〇）一月号に「岩手のオミキノクチ」の冒頭で「松本市の田中磐氏からオミキノクチについての問合わせの手紙をいただいたのは昭和三十九年の二月であった」と述べている。

白崎俊次の「神酒口全国調査報告書」では、冒頭に「昨年七月、万博サントリー館に陳列する彫刻が、神酒口のモチーフを用いているので、その起源や、全国にどんなのがあるか調べてほしいと依頼があり、全国の民芸協会、民俗学会、地方博物館及び知人百三十余人に調査の依頼と資料の提供をお願いした。」とあり、三八か所の事例を記載している。文中、報告者氏名のなかには、田中への回答者と同一人物と考えられる人も少なくない。

岡村は芹沢銈介に師事した染色家で、民芸運動にもかかわり白崎とともに神酒口の調査をしている。調査は白崎の報告以後に開始し、昭和五五年（一九八〇）二月号『民芸手帳』で自らの調査報告を掲載した。五四か所ある（二九か所は白崎と重複）。収集した資料は、府中市郷土の森博物館に寄託されて前述の岡村コレクションとなっている。主要な博物館資料として、収集場所や年代をもとに白崎や岡村の報告と合わせて確認している。[22]

埼玉県さいたま市立博物館の安岡資料は大宮市の文化財保護委員だった安岡路洋氏のご家族より平成二六年（二

〇一四）から二九年（二〇一七）にかけて寄贈されたもので、多数の寄贈資料のうち神酒口は五九点ある。さいたま市立博物館によると収集時期は昭和四〇年代半ばから五〇年代半ばであろうという。このコレクションは板による神酒口が多い。[23]

(二)神酒口の形状類型と分布

神酒口研究は、前項にあげた諸資料によって研究が行われるが、使われていたり、博物館等で所蔵されていたりする神酒口の形状をみていくと、これにはいくつかの型があるのがわかる。神前に御神酒を供えるには、「神酒徳利」という専用の一対の容器を使う場合が多い。神酒徳利に蓋はなく、松などの柄や「御神前」という文字が描かれた染付や色絵の陶磁器で、高さ一〇センチ程度から三〇センチ程までである。また、白一色の陶磁器の瓶子がありこちらは蓋つきで売られている。神酒口の素材は様々だが、それを入れる容器は、ほとんどがこの二種類で主に岐阜県多治見市が産地のようである。ほかに青一色の陶磁器や金属の神酒口と同素材の容器などがある。一升瓶に挿すという事例もある。

神酒口は、こうした神酒の容器に挿すのであるが、その形状は材質や形から次のように四分類でき、これに基づいてその所在を示すと分布図2のようになる。

①竹や経木の細工品　②紙

③板、金属、プラスチック　④樹木や草など自然の植物

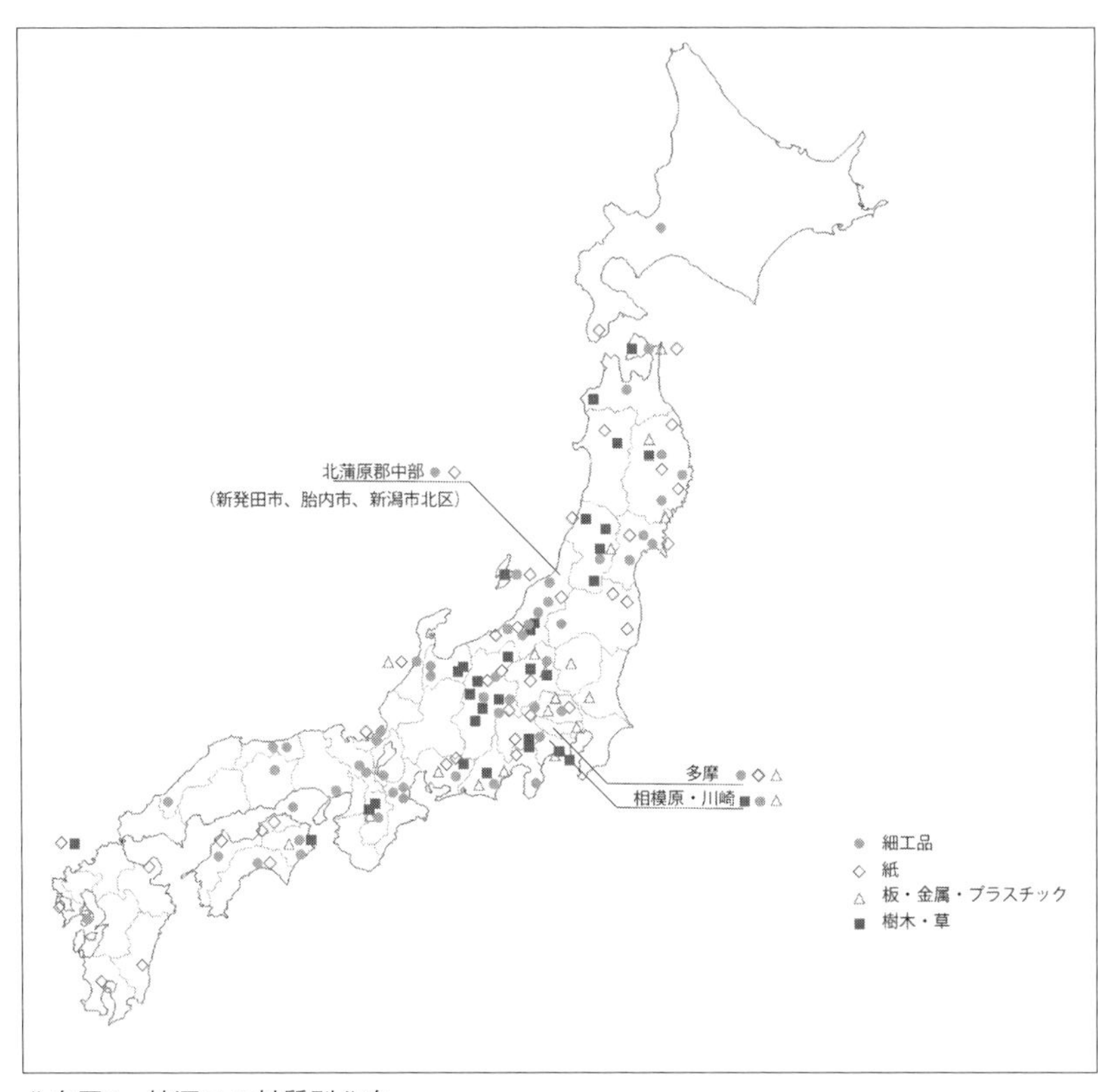

分布図2　神酒口の材質別分布

①竹や経木の細工品

細工品は、竹を素材とするものと、檜や杉板を薄く削った経木を素材にするものに二分される。北海道札幌市から長崎県島原市まで分布する。札幌市と島原市はいずれも経木細工の事例である。

熟練した技術を要し、生産されたものは仲買人が買い取って市で販売したり、生産者自らが行商をして売り歩いたりしている。民藝運動家が主に注目した昭和二〇年代から三〇年代にはかなりの需要があり、生産者同士の組合も確認できる。

竹細工品は、竹を小割にして内側の肉を剝ぎ、細くひご状にしたものを様々な形に編んで作られる。一〇種類以上の形を作るところもあり、宝珠の玉や宝船、松などの形が多い。竹の細工品については文化庁が行った全国都道府県単位の諸職調査の中で、その製作技術が報告されている場所が数か所ある。現在確認し得る主要な伝承地としては、東京都多摩地域、神奈川県川崎市、埼玉県入間市、長野県松本市、新潟県北蒲原郡豊栄市があげられる。

東京都日の出町では、家の神々である大神宮、荒神、恵比寿大黒、稲荷、年神など数か所に竹細工品の神酒口を飾る。大神宮の棚には大きなもの、庭の稲荷には小さなものと違うように種類を変えて、正月前に家の主人が差し替える。一年間飾ってあったものは、小正月の塞ノ神行事で燃やす。そのほか、繭玉飾りや、月見の際にも飾られる。

写真4　経木細工（奈良県下市町）

新潟県では、県立歴史博物館に四三点の神酒口資料が収蔵されているが、四三点中四〇点が竹細工品で、昭和四〇年（一九六五）から昭和四八年（一九七三）にかけて新潟市本町、新発田市とその周辺で収集されている。[24] 新潟県の新発田市、胎内市、豊栄市（現在・新潟市北区）近辺で作られたものは、新発田市内の市や近隣の市（葛塚の市など）で年末に売られていた。

新発田市茗荷谷の大沼銀右衛門家の記録「大正拾年度　家憲諸事控帖簿　拾代　大沼姓」[25]には、一月二〇日に節物買いの品物が書かれているが、その中に、小間物・野菜・瀬戸物などと一緒に、日用品として「神酒口（拾）」とある。大正一〇年（一九二一）には、新発田で神酒口は市で買う品物だということがわかる。平成一〇年（一九九八）頃まで新発田市内には、数人の製作者がいたが、現在は確認できない。豊栄市の製作者は平成三〇年（二〇一八）まで葛塚の市で自ら販売していた。

経木細工品は、檜や杉板の片方にのこぎりで引き目を入れて、かんなで薄く削った経木の溝を組み合わせて形づくる。基本形はひとつで、左右から組む経木の数の多さや長さによって複雑さや大きさが変わる。炎を表し火炎と名付けられる例が多い。ひとつに奈良県下市町の事例があげられる（写真4）。下市町を含む奈良県吉野地方は林産地であり、タルマル、ワゲモノ、杓子などの製造が盛んに行われてきた。下市町は吉野檜で造られる三方の産地でもある。神酒口は吉野檜の経木を組んで作り、竹細工同様熟練した技術を要する。昭和四五（一九七〇）以前は数軒の製造者があったと聞くが、現在は神具店一軒での製作となっている。その製作技術は、学校教育の場である小学校の授業や公民館のワークショップで作り方を指導するなど行政とともに継承に力を入れている。[26]

②紙

紙を素材とした神酒口は、(a)一枚の紙を細く丸めて容器の口に挿す。(b)紙を蛇腹折に折り、扇状や剣の形に広げる。(c)折形に折ったものの三種類が存在する。

(a)の紙を丸めて挿す事例は関東から中部地方に確認できる。福井県あわら市金津まつりの一式飾りの前に置かれた瓶子に挿す例、東京都青梅市青梅大祭の山車人形の前の例などが確認できるが、そのほかにも各地の祭りでみられる。その場合、一対の瓶子に挿す紙を細く丸めて先を剣型にとがらせることが多い。また、巻き方を左右対象にすることにこだわるものや、巻いたものに紅白の水引を結ぶ場合もある。

(b)の蛇腹折に折って扇状にしたものは、そのまま扇の元部分を容器の口に挿す、または棒状の木や竹などを取り付けて挿す例がある。多摩地域で流通しているものは、赤や金の紙を使っている。

愛知県北設楽郡東栄町では花祭が行われるが、そのなかの小林地区では、三番目の神事である「神寄せ」の場で紙製蛇腹折の神酒口が使用される。三方に紙を敷き、酒を入れたお神酒徳利やさいの目に切った餅、盃が置かれるが、その神酒徳利の口にそれぞれ役によって違った色の神酒口が挿されている。花太夫は黄色、宮人（みょうど）は赤、一力は白、一宮は緑で、神事が済むと菰の上に半紙、餅、酒と一緒に御酒口をくしゃくしゃと丸めて投げ、菰を丸めておき、祭が終わると、切り草で包んで「タカラマキ（宝巻）」にする。その年祭りの一番の功労者であるますとりが持って帰ったタカラマキは、新築や改築の際に屋根裏にあげるなどおめでたいことに使うことが多いという[27]。

写真5　紙（折形、新潟県佐渡市）

(c)の折形状に折ったものを挿す例は、折った紙をそのまま容器の口に挿す場合と、細く切った竹などに挟んで挿す場合がある（写真5）。新潟県の長岡市栃尾では、家の主人が十二月三十一日に、半紙を折って、割った竹に挟んで作ったものを神棚のものと差し替える。分布については、後述する礼法の伝播との関係で事例はさらに広範囲に及ぶと考えられ、分布図3に示したが、現時点においても関東地方、近畿地方には少ない。

「折形」については、具体的には伊勢貞丈『包結記』（一八四〇）にまとめられていて、示されている一八種類の折形のうち、「瓶子の口包」「銚子の口包」「蝶花形」などは酒器である瓶子や銚子の口を包むとある。

岩手県久慈市の「久慈市の民俗[28]」には、祝儀用の熨斗として五種類の折形見本の写真の掲載があるが、その中に「御神酒口」と書かれた白紙を折

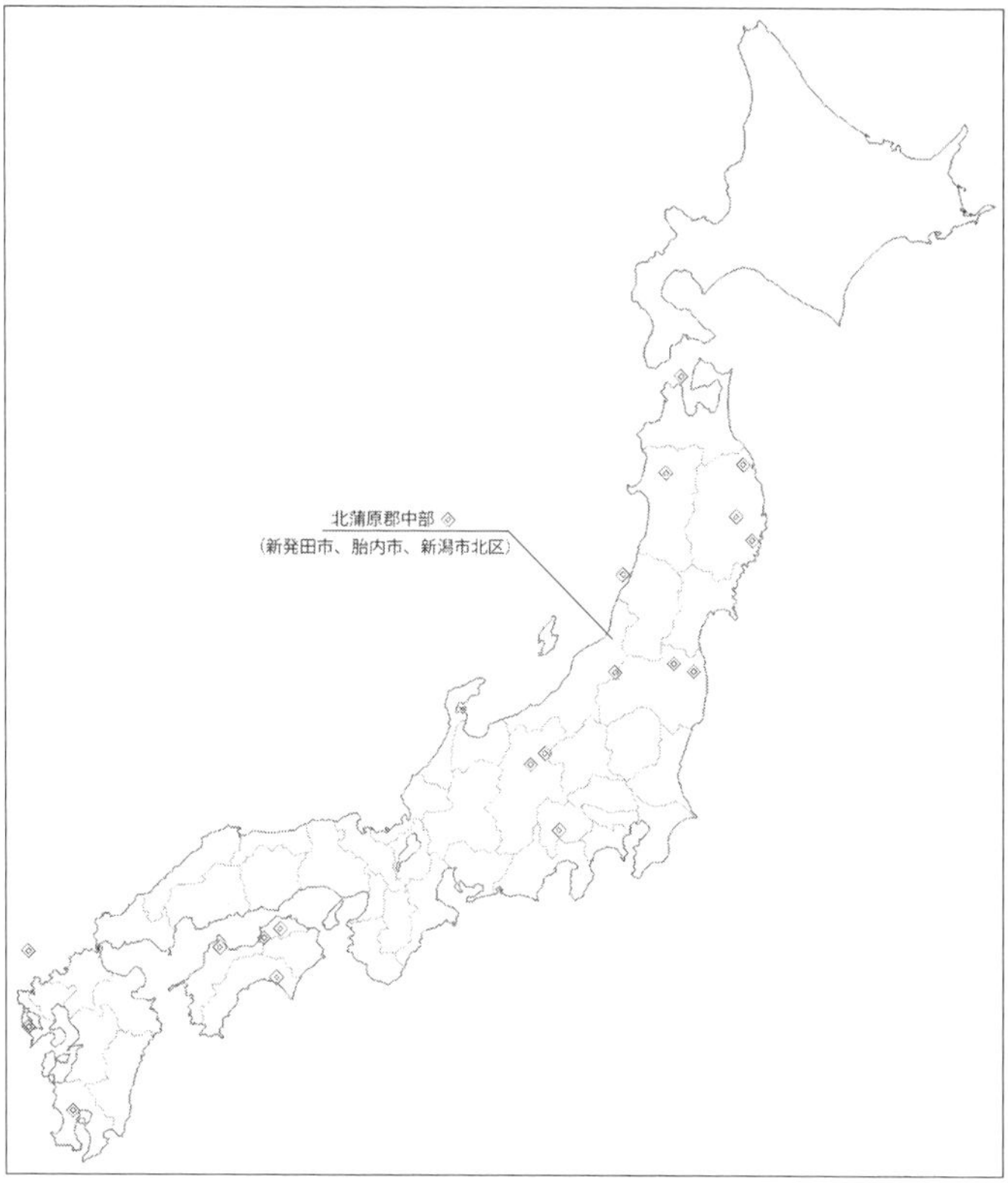

北蒲原郡中部
（新発田市、胎内市、新潟市北区）

分布図3　紙の折形による神酒口分布

ったものがある。また、岡村吉右衛門収集の愛媛県のものは、赤い紙を折って作られ、そこに淡路結びにした金の水引をつけて竹を割ったものに挟んである。

③板、金属、プラスチック

板、金属、プラスチック素材のものは、いずれも耐久性が高く長期間使用できる。そのため、毎年正月前に新しいものに挿し替えるのではなく、数年以上にわたって飾られる事例が多い。

板製品は、檜や杉の厚さ五ミリ程の板を様々な形でくりぬき、浅く溝をつけるなどして形作られている。その形状は、「剣」と呼ばれるもの、紙の折形や蛇腹折の扇形を模したもの、打ち出の小槌や宝珠の玉の形などがある（写真6）。

金属やプラスチックのものは紙の折形や細工品の代替品という意識があるためか、細工品や折形の分布する場

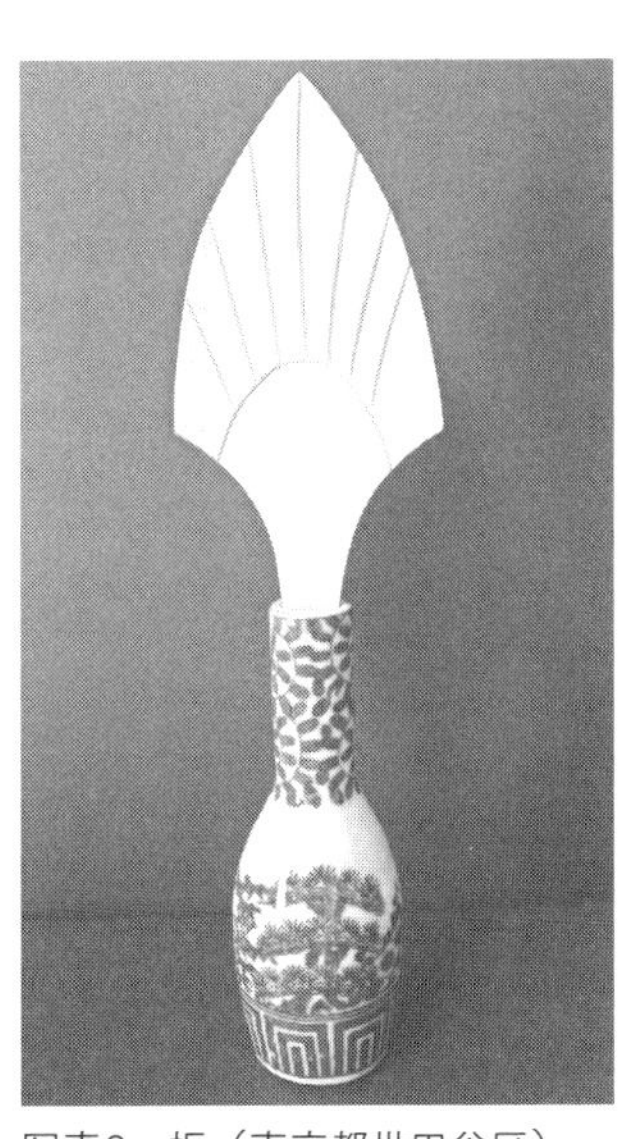

写真6　板（東京都世田谷区）

写真7　植物（松、長野県飯田市）

所にある例が多い。板製品は劣化してくると正月前に差し替える事例も確認できる。神具店での販売のほか、正月前に暮れの市の露店で販売される。金属製品はほとんど真鍮を素材とする。プラスチック製で確認できるのは、徳島県の一例であり、その形状は竹製品の淡路結びを模している。同形の竹細工品も存在する。

④樹木や草をそのまま挿す例

神棚に榊などの常緑樹を花瓶に挿して上げるのとは別に、樹木や草など自然のものをそのまま神酒を入れる容器に挿す事例もみられる（写真7）。新潟県では稲、山梨県では南天も確認され、分布は東北地方、中部地方、近畿地方となっている。

富山県芦峅寺では、歳旦祭に青木の枝を挿す[29]。逗子市桜山の旧名主石渡家に伝わる『石渡戸年中行吏』の年中行事には、正月仕度の項に「一御酒壱升　御たな納迄かさふへし　壱升徳梨リハクチ松をさ寿へし[30]」とあり、松を酒の徳利に挿して飾る様子が書かれている。また、大正一一年（一九二三）に鈴木重光によって著された『相州内郷話』の年中行事には「四日神様へ御神酒を供へ、お酒徳利の口へさしてあった榊の枝を附木又はお神酒口に代へ、歳神様の棚を徹し、各所の鏡餅も皆さげる[31]」と記述されている。

四、四種の神酒口の関係をどう考えるか

神酒口を四類型に分類し[32]、全国的な分布を図で示した。分布の特徴としては、紙で作られた、特に折形の事例が広範囲にみられることがある。このことについて、現時点では、小笠原流折形礼法の普及が考えられよう。現在長野県長野市内である、旧信濃国上水内郡鬼無里村の和算家寺島宗伴（一七九四〜一八八四）は、小笠原流折形の免許状を受けていて、残されている許状には「瓶子男蝶」「瓶子女蝶」と並んで「畧瓶子神酒口　左　右」と書かれている。鬼無里ふるさと資料館の資料によると、この人物は付近の若者たちに礼式、折形、生け花、謡曲などを教えたとある[33]。

小笠原流の礼法がどのように人々に伝えられたかについては、福島県南会津郡只見町に伝わる小笠原流礼法巻物を詳細に調査分析した増田昭子の「只見町の小笠原流礼法巻物と儀礼文化の展開」によれば、「只見町には小笠原流の礼法を伝える人々がいた。小笠原礼法は師匠に習い、その礼法を身につけた時に巻物を伝授されることで、時代を超えて伝えられてきた」と述べ、さらに次のように説明している。

只見町の小笠原流の礼法は、地域の生活に密着した具体的な儀礼の中で伝えられてきた文化である。小笠原流の巻物を伝授された人をユルシトリといった。実際にユルシトリが仕事をするのは、物持ちなどの格式

の高い家の祝儀の準備から始めて、儀式と饗応の座のすべてを取り仕切ること、また不祝儀には祭壇や葬具の飾りを造り、供え物などの葬儀全体を指図することであった。小笠原流による祝儀・不祝儀は近世後期から昭和三十年代までとり行われてきた(34)。

このように、祝儀・不祝儀の際に必要な知識として礼法を修得する例は岩手県にも見られる。先に取り上げた久慈市の祝儀用のノシの中の「御神酒口」は、そのような折形のひとつだったと考えられる。また、長崎県有明海沿岸の「ごめ・ごめい」の事例では、神酒徳利に挿すごめは白紙を折ったのしと同じ形だという。板や金属の折形を模したものを含めると、折形の神酒口の範囲はさらに広くなる。

折形のものは、江戸時代の文献にも多い。しかし、市での「みきの口売り」に描かれているものは、蛇腹折に折ったものはあるが、折形は見あたらない。江戸や近郊では一八〇〇年ごろから「市で神酒口を買う」という記述が日記などに見られる。以上のことからは、礼法の各地への広がりによって、その中のひとつである神酒口も全国的に広がっていく一方、江戸などでは紙を扇形や剣型にしたもの、または素材の違う板や竹のものが流通するようになり、様々な形が作られるようになったという側面が考えられる。

飾られる期間については、檜や松などの樹木を挿す場合は、神祭りのときに容器に酒を入れて、儀式が終わると樹木をはずし、酒は参拝した人にふるまわれる。紙を細く丸めたものも祭礼の日や数日だけ挿しておき、終わるとはずすことが多い。形が複雑になる折形や細工品は、一年ごとに取り換えるが通年飾っておく(35)。耐久性のある板は細工品と同じように一年ごとに取り換えることもあるが、そのまま数年飾られる場合も多い。さらに耐久性のある金属やプラスチックは数年以上にわたって挿したままにしておく。金属のものは、正月前に丁寧に磨くことを家の主人の仕事としている例がある。細工品や板・金属などは容器に酒を入れることはあまりしない。

自然の樹木といった単純なものから細工品のように形が複雑なもの、より耐久性が増すにしたがって飾っておく期間が長い。それは飾る人自身が用意したり、作ったりする植物や紙のものと、専門の人によって製作、販売された細工品や加工品という形態の違いでもある。

このことは神饌として神祭りのときに献上するという意識よりも飾っておくことを重視する意識が高いことの表れではないだろうか。

本稿では、今まで知り得た神酒口の資料から、これにはどのようなものがあり、それぞれが全国にどのように存在しているかを図でも示して考察した。紙の折形が全国に分布している状況が確認でき、細工品については、分類のひとつとして分布図に表したが、その詳細を見ると竹素材と経木素材とでは、大きな偏りはないといえる。現在オンライン販売では、経木細工品や金属製品、折形などが購入でき、これも今後は視野に入れて考える必要があるといえよう。

「神酒口とは何か」という問いに対しては、明確な答えをいまだ出すことができない。これは折形から展開したとか、江戸時代の文献からは幣束の略したものともいえる。これが折形から展開したとしても、それでは何故、これを挿す必要があったのかの答えにはなっていない。神酒口は何のために挿すのかは、まだ解決されていない。

注

（1）田中磐「おみきのくち―その分布と種類―」『物質文化』Vol.9、物質文化研究会、一九六七。
（2）岡村吉右衛門「神酒口覚書」『民藝』第三二六号、日本民藝協会、一九八〇。
（3）福生市文化財総合調査報告書12『福生市の民俗 生業諸職』福生市教育委員会、一九八〇。

（4）文化庁『平成二三年度変容の危機にある無形の民俗文化財の推進事業松本のミキノクチ製作習俗』文化庁文化財部伝統文化課、二〇一二。
（5）『はいかい　口よせ草』元文元年（一七三六）東北大学附属図書館デジタルコレクション狩野文庫データベース。
（6）民村羅山撰『冠付塵手水　全』文政五年（一八二二）早稲田大学図書館古典籍総合データベース。
（7）『大和耕作絵抄』（石河流宣画）享保十九年（一七三四）、黒川真道編『日本風俗図絵』第五輯、日本風俗図絵刊行会一九一四、国立国会図書館デジタルコレクション。
（8）『絵本吾妻抉』（北尾重政画）寛政九年（一七九七）『日本風俗図絵』第十輯、国立国会図書館デジタルコレクション。
（9）山東京伝著・北尾重政画『四時交加・下』寛政一〇年（一七九八）国立国会図書館デジタルコレクション。
（10）大高洋司・小島道裕・大久保純一編『鍬形蕙斎画近世職人尽絵詞 江戸の職人と風俗を読み解く』勉誠出版、二〇一七。
（11）東京都世田谷区教育委員会編『口訳　家例年中行事（上町大場家）』東京都世田谷区教育委員会、一九八六。
（12）桃栗山人（烏亭焉馬）『青楼育咄雀』寛政五年（一七九三）東京大学学術資産等アーカイブズポータル。
（13）林美一校訂『腹筋逢夢石』河出書房新社、江戸戯作文庫、一九八四。
（14）會田秀明「青森県の神酒筋について」『民藝』第六四九号、日本民藝協会、二〇〇七。
（15）『長崎県文化財調査報告書第一一集　有明海沿岸地区の民俗　有明海沿岸地域民俗資料緊急調査報告書』長崎県教育委員会、一九七二。
（16）民俗學研究所編『改訂綜合日本民俗語彙』第二巻、一九七七。
（17）前掲（1）の「おみきのくち―その分布と種類―」の報告者のひとり、井之口章次は、長崎県西彼杵郡大瀬戸町向島での聞書きとして、おみき徳利の中につき挿す紙をゴマイと呼ぶと報告している。
（18）神社の神酒造りには必ず税務署長の酒類製造免許がなければならないが、酒類の免許を有し神酒を醸造した神社は、全国にある七九〇四二社のうちの四十三社に過ぎない（昭和五二年度）。その一連の神酒造りにおいて仕込んだ酒を最初に神に献上する儀式を「神酒の口開け式」や「神酒の口開け神事」と言っている事例がある。現在「どぶろく祭り」として文化財指定されているところもある。
参考：加藤百一「1　神の社の酒」～「8　濁酒を造る神社」『日本醸造協会雑誌』日本醸造協会編、一九七八～一九七九。

（19）前掲（1）

（20）白崎俊次「神酒口全国調査報告」『民芸手帳』一四一号、東京民藝協会、一九七〇。

（21）前掲（2）

（22）東京都府中市郷土の森博物館「岡村コレクション」二〇一九年八月閲覧。

（23）埼玉県さいたま市立博物館「安岡資料」二〇二一年六月閲覧。

（24）新潟県立歴史博物館「神酒の口資料」二〇一八年一二月閲覧。

（25）新発田市史編纂委員会「大正拾年度　家憲諸事控帖簿　拾代大沼姓」『新発田の民俗』（下巻）、一九七二。

（26）二〇二三年一月筆者聞き書き。

（27）二〇一八年一一月筆者聞き書き。

（28）岩手県教育委員会編「久慈市の民俗」『日本民俗調査報告書集成　北海道・東北の民俗　岩手編』三一書房、一九九五。

（29）『富山県史　民俗編』富山県、一九七三。

（30）『逗子市史』別編I民俗編、逗子市、一九八七。

（31）鈴木重光『相州内郷村話』郷土研究社、一九二四。（復刻版、名著出版、一九七六）。

（32）拙稿「ミキノクチの考察」（『新府中市史研究　武蔵府中を考える』第三号、二〇二一）においては六分類の考察を試みたが、本稿では、竹細工品と経木細工品を細工品としてひとつにまとめ、紙の折形や細工品の形を模したと考えられる板、金属、プラスチックをひとつとし、改めて全体で四分類とした。

（33）鬼無里ふるさと資料館（長野県長野市鬼無里）展示、二〇二二年五月閲覧。

（34）増田昭子「只見町の小笠原流礼法巻物と儀礼文化の展開」神奈川大学日本常民文化研究所調査報告第二〇集『奥会津地方の職人巻物—書承と口承の交錯—』二〇〇六。

（35）奈良県下市町の経木細工による神酒口は、現在正月元日から数日間だけ飾り、その月のトンドで燃やしている。

伝承「葉包み食」の地域差——粽系・柏餅系を中心に

宿澤泉帆

一、「葉包み食」とは

ここで取り上げる「葉包み食」というのは、たとえば五月節供の粽や柏餅のように、植物の葉などに包まれた食物のことである。こうした食物は専門の和菓子店などで製造販売されているが、ここで扱うのは各家で折に触れて作られる葉包み食である。伝承「葉包み食」としたのはその意味である。

これは私たちの生活のなかで馴染み深い食物でもあるが、言うまでもなく、その特徴は葉などに包まれていることである。こうした葉包み食は、日本だけでなく中国や東南アジア諸国など、アジア圏では広く存在しているが、それでは何故、葉などで包む必要があるのかという疑問がわいてくる。そこには合理的な、科学的ともいえる理由もあろうし、生活のなかで継承されてきた知識や技としてあって、先のように端午節供には粽や柏餅がつきものという、文化継承という理由もあろう。さらには、季節の歓びといった気持ちも大切なことといえよう。

こうした葉包み食についての、従来の研究をみていくと、この名称を用いた研究としては服部比呂美の論文「端午の節供の葉包み食」[1]がある。服部は、葉包み食とは、日本各地で見られる、植物の葉に包まれた食品を包括した用語と定義している。従来の研究では、食物を葉に包む理由は、葉に含まれる成分の効果で食物の腐敗を防ぐ防腐効果が指摘されているが、このほかにも食事の容器の代わりとなったり、食物の持ち運びの利便性を高めたりするにも使われている。また、蒸す・煮る・焼くといった調理との関係でいえば、葉で包むことが調理方法の一つになっているといえる。さらには、葉の香りや色を食物に移すという目的もあり、葉包み食に利用される葉には、多様な目的があるといえる。

従来の研究としては、民俗学だけではなく、植物学や家政学の分野からも研究が進められてきた。たとえば植物学では服部保の「かしわもちとちまきを包む植物に関する植生学的研究」[2]があり、家政学では、館野美鈴・大久保洋子氏の「葉利用菓子の食文化研究」[3]などがある。先にあげた服部比呂美による民俗学からの研究には、「粽と柏餅―葉包み食の伝承」[4]もある。

本稿は、こうした先行研究の成果を踏まえつつ、日本全国で行事食などとして伝承されている葉包み食の実態から、これが列島のなかでどのように存在しているのかを明らかにするのが目的で、ここから日本の葉包み食の特徴を見ていきたい。後述するように葉包み食は、使われる葉も食材も、つくる機会も多種多様であるが、ここではその全体ではなく、粽系、柏餅系という二種に限定して具体的な様相をみていく。

粽系とは、餅や団子、米などを細長い葉で包んだもので、包み方が複雑で技術が必要なものである。例えば、山形県飽海郡平田町（現・酒田市）では、ササマキをつくる場合には、ササの葉の表を外に向け、二枚を少しずつずらして重ね、真ん中から手前に折って三角の袋状にし、もち米を入れる。もち米を八分目くらい入れたら、両端の四か所を一緒に折ってふたをし、さらにもう一枚のササの葉をふたの部分にかぶせて補強して、スゲで縛り、五個を一緒に束ねて煮た(5)。

これに対して、柏餅系とは、餅や団子、饅頭などを比較的広い葉で包んだもので、簡易的な包み方がされるものである。例えば、愛媛県上浮穴郡久万町（現・久万高原町）では、米粉をこねて餡を入れたものをサルトリイバラの葉一枚を二つ折りしたものにはさむか、小さい葉二枚を生地の上下にあてて、蒸籠でふかして作った。このように、柏餅系の事例では、粽系のように包むための技術は必要としない(6)。

こうした二種の葉包み食を見ていくが、粽にしても、柏餅にしても馴染み深いが、その全国的な様相については明らかにはなっていない。本稿では、おもに『日本の食生活全集』シリーズ（農山漁村文化協会）に収録されている葉包み食の事例をもとに、各地の実態をみていくことにする(7)。従って、以下本稿で取り上げる各地の具体例は、ことわりのない限り、『日本の食生活全集』シリーズ（農山漁村文化協会）に基づいている。

二、全国各地の粽系葉包み食

『日本の食生活全集』から抽出し、整理した葉包み食は全国で六八六例があり、このうち粽系、柏餅系として分類できたものは、粽系は二〇三例、柏餅系は四一四例であった。

粽系のものは北海道北部から九州南部まで分布しており、東日本では日本海側、西日本では九州地方に集中的に見られ、その名称としては「チマキ」とか「マキ」が全国的に多く、このほか使用されている葉や、包み方にちなんだ名前となっている。作られる時期は、五月の端午節供が全国的に多いが、地域によってはこれ以外の時期もある。

例えば、北海道旭川市では盆にササダンゴが作られており、山形県飽海郡平田町（現・酒田市）では正月の七つ祝いに作られるなど、年中行事や人生儀礼の場面で作られ、中部地方では田植え休みにも食されている。中国地方でも田植え後の休み日や盆、九州地方では三月節供や五月節供以降の七夕や盆に事例が見られた。これら粽系の事例は、行事食として作られることが多く、それは調理法や包み方に手間や技術がいるためと考えられる。

(一)使用する葉

各地で作られる粽系に使われる葉の種類を分布図に示すと図1のようになる。[8] 葉の種類は、日本列島の西にいくほど種類が多様化する。これは西日本の方が東日本より温暖で、生育する植物の種類が多く、成長する時期も早かったためと考えられる。使用する葉は、その中でもササ（笹）が最も多く、北海道北部から宮崎県南部まで広く分布している。ササは、粽系に使用される他の葉と比べ、葉幅が広く、丈夫で破けにくい。また、中に包む餅や米との葉離れもよく、重宝されていたと思われる。

ササは特に東日本に多く、中部地方以西では、このほかにカヤ、スゲ、ススキ、タケカワ（竹皮）、ヤマゴボウの葉がある。さらにこの西部である近畿地方以西では、ササのほかアシ、アベマキ、クマタケラン、ゲットウ、タケ（葉）、タケカワ（竹皮）、バナナ、マコモの葉が使用されている。カヤは、チガヤやススキ、スゲなどとも呼ぶことがあり、各事例でどの葉を使っていたのかまでは不明であるが、新潟県から熊本県まで分布し、特にその沿海地域や島嶼部に多く出てくる。

ヨシは、近畿地方や徳島県、九州地方南部に見られ、滋賀県の琵琶湖周辺の野州郡中主町（現・野洲市）など

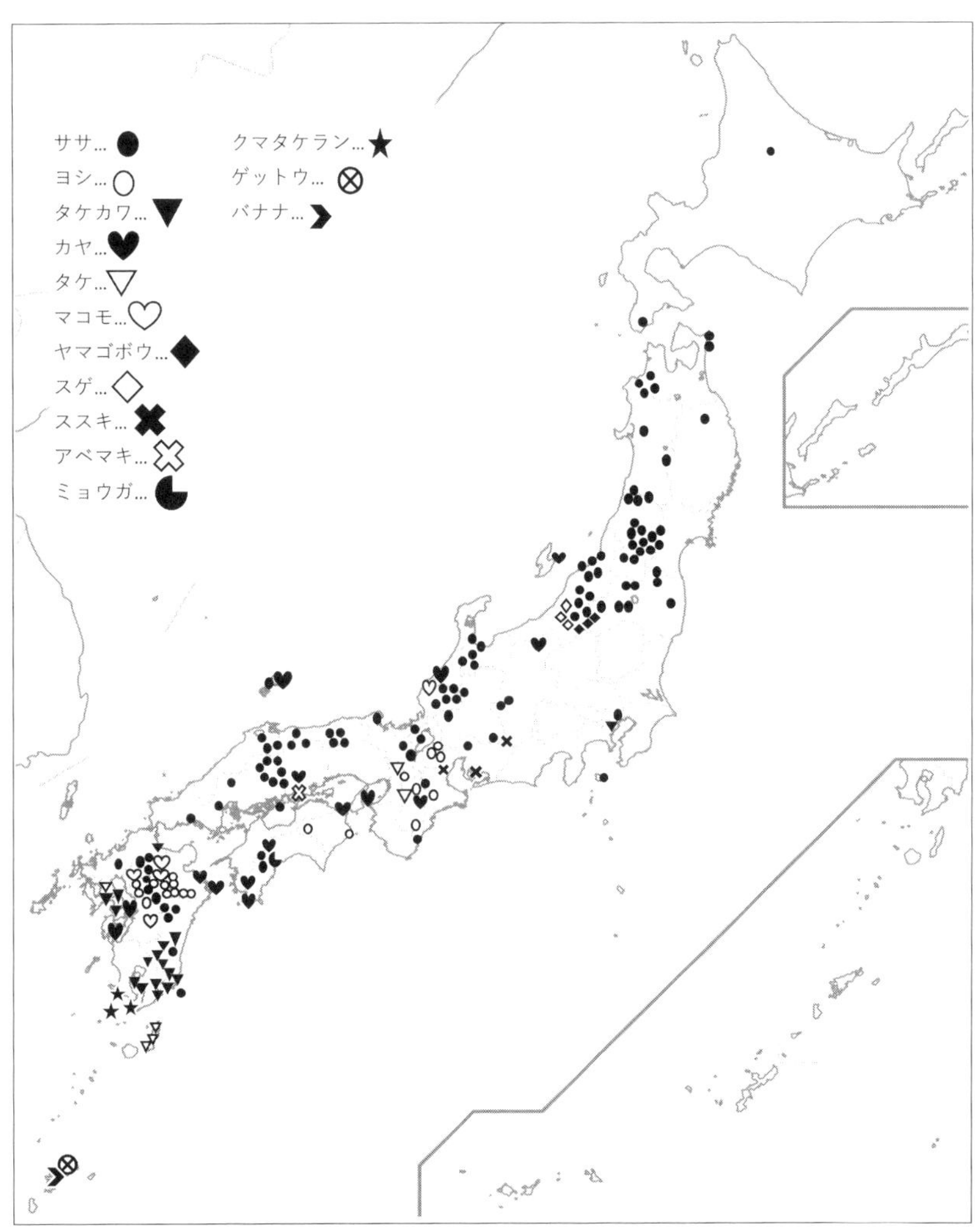

図1　粽系葉包み食と葉種別分布

では、五月に入ると琵琶湖にヨシが生え、葦刈をするとあり、ヨシを使用する地域は水辺に近く、ヨシが入手しやすい地域だったと思われる。

タケカワ（竹皮）は、民間の家庭料理ではないが、東日本では神奈川県の横浜市中華街で見られ、これは糯米を竹皮に包み蒸した粽子（ズォンズ）という中国粽である。一方西日本では、九州地方南部に多くあり、この地域では、灰汁を使ったアクマキとなっている。アクマキは灰汁で長時間煮て作るため、丈夫なタケカワが選択されたと考えられる。寒冷地ではササの事例が顕著であり、気温の低い正月から粽系の葉包み食をつくるため、前年度に取って保存しておいたササが使われている。

クマタケランやゲットウ、バナナは、鹿児島県の南部で見られ、これらの葉は亜熱帯地域に分布する植物であり、沖縄地方にも多く見られることから、九州南部から沖縄地方に特有の植物といえる。

このように粽系の葉包み食の葉は、ササが全国的であるものの、各地域の植生や気候などによって種類が変化しているのがわかる。ただし、粽系の葉包み食は、調理に煮る工程があり、その最中に破れたりしないような複雑な包み方に耐えるため、丈夫な葉の種類が使われる傾向にある。

㈡粽系の食材

粽系では、葉の中に包む食物は大きく分けて、米を包むものと団子を包むものが見られる。米を包むものは、東日本では日本海側の一部地域で、西日本では九州南部に見られる。東日本の日本海側地域では、ササの葉で三角に包んだ粽系が見られ、山形県天童市では、水に浸したもち米を、ササの葉二枚を三角形の袋状に折ったものに入れ、くぐ糸で縛って煮てから、黄粉や砂糖、塩をつけて食べたという。

また、山形県庄内地方では、灰から作った灰汁に浸した糯米をさらに灰汁で煮てつくるアクマキが作られており、糯米が黄味がかり、栃餅のような食感になるという。このアクマキは九州南部の宮崎県や鹿児島県にもまとまって見られ、庄内地方と南九州に一致があるといえる。九州南部のアクマキは、竹皮を使い、宮崎県小林市では、竹皮で灰汁に浸けておいた糯米を包み、竹皮を細くさいた紐で縛り、これを灰汁で煮たという。アクマキを作るには、きれいな灰を用意する必要があり、さらに長時間茹でなければならず、その調理には手間がかかった。

一方、団子を包むのは、北海道から宮崎県まで広く分布している。これらは米粉を練って団子にしたものを包むことが多く、福井県坂井町（現・坂井市）では、米粉で作った生地を細長い棒状にしてササで包み、蒸すか茹でて作り、食べるときには黄粉をつけて食べた。このように、包む食物には味付けをしないという事例は全国で見られた。

食材の味付けに関しては、地域によっては生地に砂糖を混ぜたり、餡を包んだりして味付けをしたりしている。胡桃やヨモギを練りこんだりする事例も見られ、山形県天童市では、ナタマキといい、米粉の生地に醤油、砂糖、刻んだ胡桃を混ぜたものをササで包んで蒸した粽系の葉包み食がある。

このように、団子を包むものでは、米粉を使って作る場合が多く、全国的に生地には味付けをしない場合が多いが、地域によっては味付けなどに他の材料を加える場合もあるというのが全国的な状況である。

㈢葉の包み方

粽系の葉包み食では、葉で食物を包む方法が地域によって差異がある。例えば、秋田県仙北郡中仙町（現・大仙市）では、ササマキを作る際、ササの葉を三角の袋状にしてから米を入れ、イグサで縛り、一〇個を一組に束ねて煮た。一方、秋田県南秋田郡八郎潟町では、ササモチを作る際には、四角に整えた生地をササの葉で包み、イグサで十文字に縛って煮たという。山形県飽海郡平田町（現・酒田市）では、タケノコマキといってササの葉を四〇枚ほど使って孟宗竹の形に作って糯米を入れて煮た。このタケノコマキは、正月の七つ祝いに特有の包み方で、毎年作るものではなかった。鳥取県八頭郡智頭町でも、ササマキが作られるが、その包み方には三味線巻きやえび巻きなど様々な包み方があり、三味線巻きやえび巻きは丁寧な包み方とされ、笹の葉の足りないときには「ほおかむり」という二枚の葉で包むものもあったという。

このように粽系の葉の包み方には多様なものがある。前述のように粽系は、その包み方が複雑で技術が必要なものというのは、このような伝承に基づいている。これらはタケノコマキのように、人生儀礼や年中行事などで重要な行事には、通常の粽系よりも複雑な包み方が見られるのも特徴である。

(四)粽系に付随する呪的伝承

粽系葉包み食の特徴としては、これに呪的な伝承が付随することもあげられる。滋賀県近江八幡市のツマキダンゴは、これを家の入口や神棚にかけておくと、一年間、小遣い銭に困らないといった。鳥取県西伯郡大山町のササマキは、これを茹でた汁で手足を洗い、家の周辺にまくとマムシにかまれないという。また、供えたものをとっておき、勝負ごとの時に少し食べると勝負に勝つともいわれている。粽系の茹で汁で手足を洗ったり、家の敷地内にまいたりする伝承は中国地方に多くあり、沖縄のムーチーの伝承にも通じる。

福岡県筑紫野市のチマキダンゴは、神棚の端に一〇本ほど下げておき、食べたあとのササも二、三枚供えておき、雷が鳴った時に竈（くど）や火鉢で、このササを燃やすと雷除けになるという。さらに、宮崎県日南市のチマキは水

写真1　ササマキ

写真2　ツノマキ

写真3　ササモチ

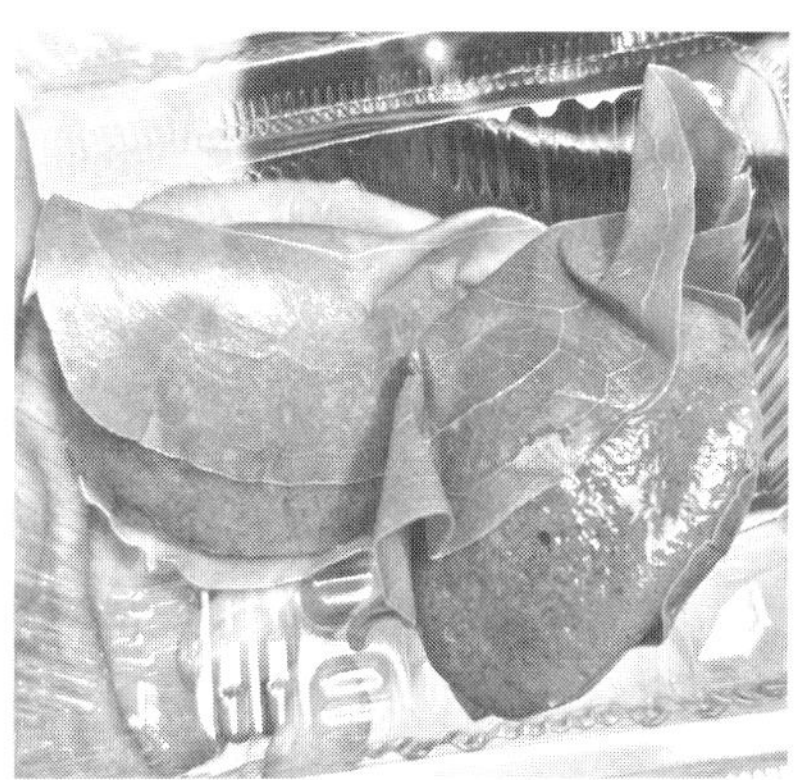

写真4　カシワモチ

難除けで、チマキの結び目を真結びにして河童を手間取らせ、子供たちが河童にひかれぬようにしたといい、チマキは水神様に供え、川や海にも流したという。

このように、粽系葉包み食には、呪的な意味も付随するなど多様な伝承がある。この呪術性が何に起因するかは明確ではないが、葉で包むことで食物の腐敗を防ぐという機能から、神秘性が意識され、魔除けなどの伝承が付随したのではなかろうか。

三、全国各地の柏餅系葉包み食

柏餅系葉包み食は、北海道南部から鹿児島県島嶼部まで分布しているが、東日本では北海道地方、東北地方の日本海側、中部地方には事例が少ない傾向がある。この食物の名称は、葉の種類などによって地域による差があり、東日本では、カシワの葉を使うのが一般的で、「カシワモチ」の名称が顕著に見られる。中部地方では、ホオの葉やササなども使われており、「ホオバモチ」や「ササモチ」の名称がある。一方、西日本ではサルトリイバラが多く、地域によって様々な呼び方がある。例えば和歌山県西牟婁郡中辺路町（現・田辺市中辺路町）では「イビツモチ」、島根県松江市では「カタラモチ」、香川県大川郡引田町（現・東かがわ市）では「シバモチ」、福岡県嘉穂郡筑穂町（現・飯塚市）では「ガメンハマンジュウ」などである。これらはすべてサルトリイバラの方言名で、サルトリイバラの多様な方言名が食物名にもなっている。西日本ではサルトリイバラが身近な植物であったのがわかる。このほかに「ヒガンモチ」や「タナバタマンジュウ」などこれをつくる行事にちなんだ名称や、単にダンゴと呼んだり、中国地方以西では「チマキ」や「マキ」なども使われたりしており、地域による名称の差異が大きいのが特徴である。

㈠使用する葉

柏餅系葉包み食に使う葉は、日本の東西でその傾向が異なっている。前述のように東日本ではカシワ、西日本ではサルトリイバラが顕著に見られ、中部地方ではササやホオ、四国地方ではミョウガの使用がまとまって見られる。こうした柏餅系で使用する葉の種類を分布図に示すと図2のようになる。

やや詳細にみていくと、カシワは東北地方から九州南部までみられるが、特に関東地方とその周辺地域に集中していた。関東地方では、五月節供に柏餅系葉包み食を作る際にカシワの葉を使い、カシワの葉がない場合にはミョウガやクズの葉で代用して作った。また、東京都心部では、五月節供の柏餅は家で作らずに、菓子屋などで購入しており、埼玉県川越市でも五月節供の柏餅は、菓子屋からカシワの葉で包んだ柏餅を購入している。

千葉県富津市では、五月節供の柏餅を作る際に、カシワの葉がまだ小さい場合、店から葉を購入したという。さらに神奈川県津久井郡藤野村（現・相模原市緑区）では、山でカシワの葉をたくさん採り、売ることもあったという。このように関東地方では、菓子屋でもカシワの葉が使われており、カシワの葉自体を売買することも見られたことから、五月節供の柏餅に、カシワの葉を使うことが通例であったことが分かる。

五月節供にカシワの葉を使う理由の一つとしては、カシワの生態から連想された呪的効果への期待がある。茨城県東茨城郡御前山村（現・常陸大宮市）では、新芽が出るまで枯れ葉が枝についていることから、家の跡継ぎが絶えないという伝承があり、カシワが縁起の良い植物として認識されたのが一つの理由で、五月節供の柏餅にはカシワの葉が固定化されていったと考えられる。

サルトリイバラの使用は西日本で顕著に見られるほか、茨城県や東日本の島嶼部に見られる。サルトリイバラは蔓状に伸びる半低木で、葉にはつやがあり、餅や団子を包んだ際には葉離れが良かった。西日本では、五月節供の時期に葉が成長していることから、夏を中心に盛んに使われたと考えられる。また、宮崎県延岡市では、サルトリイバラは近くの山に生えていたといい、香川県三豊郡豊中町（現・三豊市）では、サルトリイバラを取りに行くのは子供たちであったという。このようにサルトリイバラは、つやがあり葉離れが良く、比較的身近に生

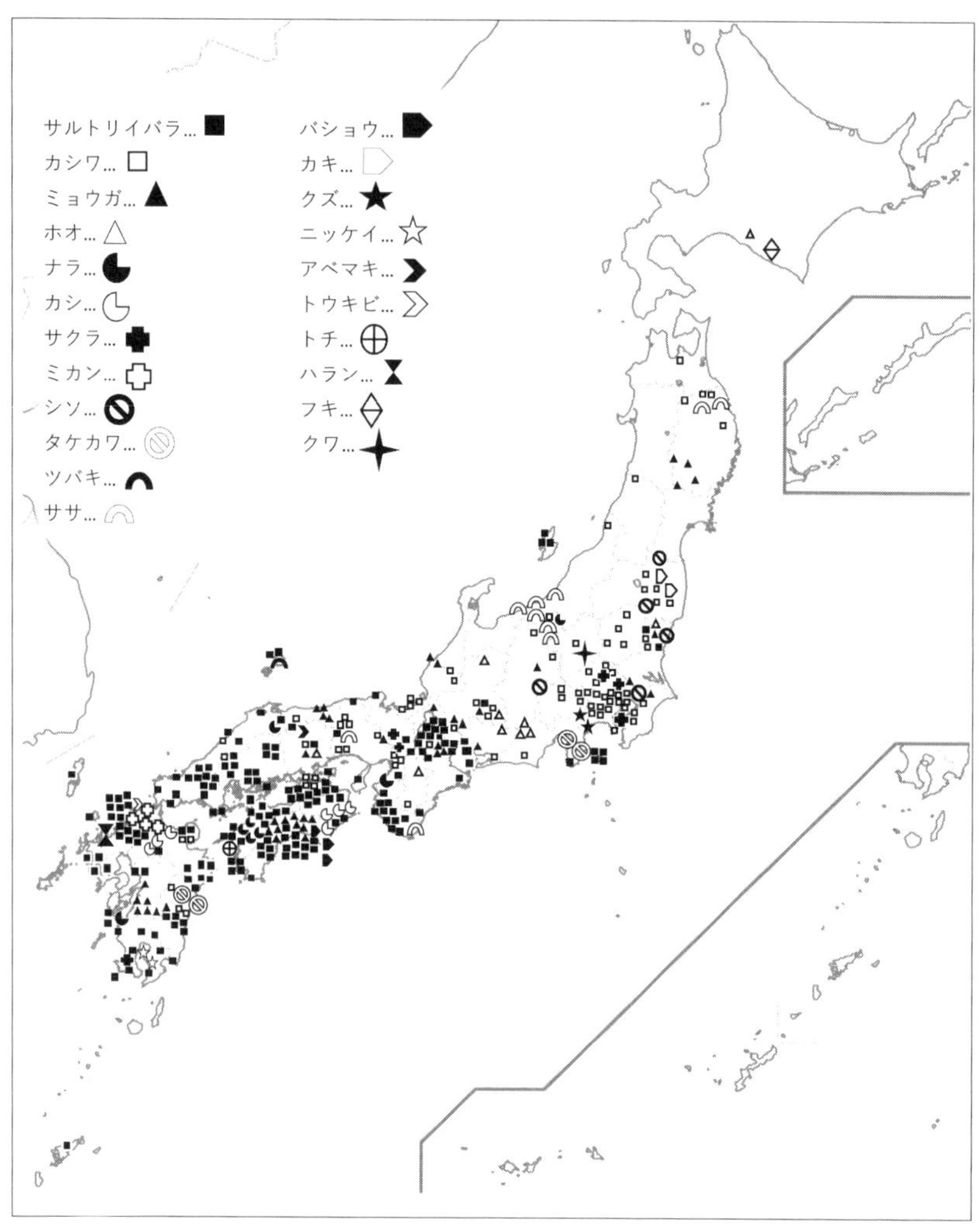

図2　柏餅系葉包み食と葉種別分布

えている植物で、比較的入手しやすかったことが西日本各地で盛んに使用された理由で、長期的に多様な場面で用いられたと考えられる。

中部地方南部では、ホオの葉を使った事例がまとまって見られ、五月節供や盆にこれを使った葉包み食が作られた。中部地方では柏餅系のほか、ホオバメシといい、糯米や稗飯に黄粉をまぶしたものをホオの葉に包み、田植えの間食や田植え後に食べている。ホオの木の葉は、田植え時期には大きくなっていて、五月節供の時期にもこの葉で団子を包めるくらいには成長していたと考えられる。中部地方北部では、ササを使った柏餅系もある。ササの葉は粽系に使われることが多いが、餅や団子を簡易に包むことができる。事例の多かった新潟県には、ササを使った粽系も多く、ササが両者に利用された。

ミョウガの葉は、東日本では岩手県南部、関東地方、中部地方にまばらに見られ、西日本では滋賀県、兵庫県、鳥取県、岡山県、愛媛県、徳島県、熊本県、宮崎県というように広範囲で使われている。ミョウガの葉包み食は、夏の間食のほか、五月節供から盆の時期に作られていた。これらは行事食、日常食に拘わらず、小麦粉の生地をこの葉に包んで作る場合が多く、葉に包んだのちに葉ごと焼いて食べるというのも特徴的である。

このほか、東日本ではカキ、クワ、サクラ、タケカワ、シソ、ナラ、フキ、西日本ではアベマキ、サクラ、ツバキ、タケカワ、トウキビ、トチ、ナラ、ニッケイ、バショウ、ハラン、ミカンの使用があり、高知県で見られるバショウは関東以西に、鹿児島県で見られるニッケイは南西諸島にもある植物であった。

(二)つくる時期と機会

柏餅系葉包み食を作る時期は、地域によってばらつきがある。北海道地方や東北地方北部では、五月節供や盆などの行事食や夏の弁当や間食として作られていた。岩手県九戸郡軽米町では、そば粉の生地に様々な餡を入れ、カシワやクマザサの葉に包んで囲炉裏の灰で焼いたものをケェバモチなどといい、六月以降の間食や山や畑に持参する弁当にもしたという。軽米町では、このほかにミョウガで作ったハヤキもあり、これは六月以降の間食のほか、盆などの行事食にもなっている。このように、東北地方以北では、五月節供以降の夏の時期の行事食や間食として柏餅系の葉包み食が作られていた。

関東地方とその周辺では、これは五月節供に顕著に見られる。カシワの葉などで包んだ柏餅を家族で食し、供物や贈答品とするため、大量に作られていた。中部地方では、地域によって作る時期に差異があり、山梨県では五月節供の際が多かったが、北陸地方では五月節供や農休み、盆まで作られており、中央高地では夏の農繁期の間食にも食されていた。東海地方でも五月節供から盆の時期までで、行事食としてだけでなく日常食としても作られた。

新潟県佐渡や東京都大島など島嶼部では、サルトリイバラで作った柏餅系を五月上旬・六月に、また結婚式にも作った。新潟県佐渡郡畑野町（現・佐渡市）では、カタダンゴといって、米粉と塩餡の葉包み食を作り、五月上旬の田のあぜ塗りの際には、糯米とヨモギの団子を葉に包んだクサモチを作って近所に配ったという。また、東京都大島町では、カシャンバという米粉とヨモギの生地で小豆餡を包み、これを葉に包んだものを、五月節供や六月の御三原様、一年に一度三原山や泉津村の行者様に詣でる行事、さらに結婚式にも作った。

西日本では柏餅系の葉包み食が多くあり、作る時期も長期的で、かつ頻繁に作られている。和歌山県和歌山市では、カシワやサルトリイバラで包んだカシワモチを、旧暦三月三日の三月節供、五月節供、祇園祭、九月一五日の月見、雨休みと頻繁に作っており、愛媛県大洲市では、年間を通して特別な日にはサルトリイバラで包んだオマキを作ったという。

柏餅系葉包み食をつくる時期は、このように地域によって差がある。東日本では五月節供以降の夏の行事食や弁当、間食などに作られ、特に関東地方では五月節供に集中していたが、西日本では年間を通して長期的に作られており、かつ様々な行事や日常の間食として頻繁に作られていた。

㈢使う食材

柏餅系葉包み食に使う食材は、北海道地方南部の浦河町ではヒエやアワ、イナキビの団子を包み、この団子が固くなると、焚火の灰で団子を柔らかくしてから食べたという。東北地方北部の青森県、岩手県では小麦粉やそば粉の団子で作られる。青森県上北郡七戸町では、小麦粉で作った生地で味噌を包み、これを形がくずれないようにカシワの葉（かえば）に包んで囲炉裏の灰の中に埋めて焼いて食べる。これをカェバモチといい、夏に作るものであったという。岩手県九戸郡軽米町でも、ケエバモチやヒルモチなどといって、生地はそば粉で作り、中には味噌や胡桃、黒砂糖、塩小豆や干し栗餡など様々な餡を入れる。これをカシワの葉や、クマザサの葉に包み、囲炉裏の灰の中に五、六分入れておき、さらに裏返して焼いて食べるという。

北海道地方や東北地方北部では、柏餅系を灰に埋める調理法が共通して見られた。この調理法は北海道地方、東北地方北部に特徴的なものであり、これらの事例で団子を葉に包むのは、灰が団子につかないようにするとともに、葉で密閉することで蒸すという調理法を成立させているといえる。

このように東北地方北部では、カシワの葉を使った柏餅系は、夏の間食や携帯食として食されており、小麦粉やそば粉、味噌やくるみ餡等を材料に、囲炉裏の灰に埋めて焼いて作ることが多かった。これに加えて、北海道地方、東北地方北部では、柏餅系を作る際、灰の中で焼くという方法がとられており、当地域における柏餅系の葉は、灰が食物につかないようにするために用いられたと考えられる。

東北地方南部の福島県や茨城県では、餅をシソやカキ、サルトリイバラに包んだ柏餅系を、仏壇に供えていた。東茨城郡御前山村（現・常陸大宮市）では、バラッパモチといってサルトリイバラで搗いた餅を包み、食べるときにはぬるま湯につけてはがし、餡や黄粉をつけて食べたという。気温や湿度が高くなる夏の時期には、搗き餅は腐敗しやすいため、餅を葉に包む事例は、団子を包む事例に比べて少ない。しかし、東日本では、田植え後の休み日や盆など重要な行事の際には、搗き餅を作り、これを葉に包むことで防腐効果を高め、できるだけ長く保存ができるように工夫していた。

関東地方では五月節供に事例が集中していたが、米粉で生地を作り、小豆などで作った餡を包んだものが多かった。千葉県印旛郡八街町（現・八街市）では、五月節供にカシワモチをつくったといい、粳米粉を熱湯でこね、蒸して皮をつくり、中に小豆餡をいれてカシワの葉で包んだという。

中部地方では米粉の柏餅系のほか、小麦粉やヨモギを使った柏餅系もあり、生地で包む餡にも様々なものが見られた。岐阜県恵那郡串原町（現・恵那市）では、五月節供には米粉を蒸し、片栗粉を加えて搗いた生地で小豆餡を包み、これを葉に包んだ柏餅系が作られている。東海地方では、小麦粉を使った柏餅系がまとまって見られ、愛知県知多郡南知多町では、五月節供や六月の夏祭り、野上がりに小麦粉で作った生地で小豆餡を包み、サルトリイバラに包んで蒸したアミガサを作ったという。

生地で包む餡にも多様なものがあり、長野県長野市では、五月節供には米粉を練って蒸した生地で小豆餡を包んだものと、大根の味噌漬けや刻んだヒメクルミの実を包んだものの二種類をつくり、家族の多い家では、米粉の代わりに小麦粉で生地を作ったという。また、岐阜県や愛知県では小豆餡のほか、そら豆やえんどう豆で作った餡を包むことがあり、近畿地方や中国地方、四国地方の一部にも同様のものがある。

山梨県北都留郡上野原町（現・上野原市）では、五月五日の節供には、米粉、粟にヨモギを混ぜて作った生地で小豆餡を包み、カシワの葉に包んで蒸したものを作った。ここでは、おやつには小麦粉の生地で、鰹節や味噌、ウルカ（鮎のわた）、塩味の小豆餡を包み、カシワの葉に包んで蒸したものを作ったという。静岡県磐田郡水窪町（現・浜松市天竜区）では、五月節供や盆には、米粉と黍粉を混ぜた生地で餡を包んだキビカシワを、普段食べる日常食にはモロコシ粉の生地で餡を包んだモロコシカシワを作ったという。このように行事食と日常食では材料に違いが見られる事例もあった。

西日本でも、生地や餡には様々な材料が使われている。三重県鈴鹿市では、小麦粉と炭酸、塩を練った生地でそら豆の塩餡を包み、葉に包んで蒸したものを七月の野上がりや虫送り、天王さんの行事で作ったという。この時期には小豆に虫がついて美味しい餡ができないので、そら豆餡を使ったという。高知県高岡郡佐川町では、秋から夏にかけての間食や五月節供、田植え休みなどにイモコノダンゴを作った。これは、白ホシカといって、カライモ（さつまいも）を生のまま切り干しにしたものを粉にし、これで生地を作り、餡をくるんで葉に包み、蒸して作ったという。また、鹿児島県鹿屋市では、五月節供にカカランダゴを米粉と砂糖を練った生地で作るが、これは小麦粉の場合もあり、小豆餡を包んでつくったともいう。

このように、西日本では、様々な生地や餡で柏餅系が作られているが、その生地の材料は、生業や材料の値段によって変化する場合があった。山口県萩市では、盆に作るイギノハダンゴは、農家では米粉を使い、漁家ではメリケン粉を使ったという。香川県小豆郡土庄町では、五月節供に小麦粉と塩を練った生地でささげ餡を包んだカシワモチを作った。カシワモチは、米粉の方がおいしいが、米粉が高価だったため、小麦粉で作ったという。柏餅系葉包み食の生地や餡は、関東地方では米粉と小豆餡が多かったが、地域によってはその粉や餡は多様なものになっている。生業の差異や日常食か行事食か、材料が高価か低価かでも変化している。

(四)粽系と柏餅系の組合せ

中国地方以西では、前述した粽系、柏餅系のほかに、名称が混同している場合や粽系、柏餅系両方の特徴を併せ持つ葉包み食がある。名称が混同しているというのは、柏餅系葉包み食を「チマキ」、「マキ」など、粽系の名称で呼ぶものである。これは中国地方以西にあった。

宮崎県西杵郡高千穂町では、米粉の生地をカシワの葉で包み、さらにヨシの葉で二重に包んで蒸した調理法が見られる。柏餅系に使われる広い葉に団子を包み、さらにカヤなどに二重に包んだものが存在する。

四、沖縄地方の葉包み食

沖縄地方では、本州の葉包み食文化とは異なり、ムーチーという葉包み食が作られている。ムーチーとは、十二月七日や八日のムーチー行事に最も頻繁に作られる楕円形に形成した餅を、ゲットウやクバの葉に包んだ葉包み食のことである。オニモチ（鬼餅）とも呼ばれ、子供の健康祈願や魔除けの意味を込めて作られている。

ムーチーに利用される葉は、図3の通りである。ゲットウやクバなど、南西に分布する植物が主に使われていた。

那覇市では、十二月八日にムーチーづくりを行う。前日から餅を包む葉であるゲットウやビロウの葉を市場で購入しておく。ムーチーは、糯米を粉にして捏ね、葉の裏にのせて包み、藁しべでくくってから蒸した。黒砂糖やコウリャンを入れる場合もあり、米粉だけのものはシルムーチー、米粉に黒砂糖を入れたものは赤ムーチー、米粉にコウリャンを加えたものをトーナチンムーチーという。これらのムーチーは、仏壇に豚肉のお汁とともに供え、また、悪霊を祓うといって軒下に吊るした。また、ムーチーは子供が食べると元気な子になるといわれ、子供たちは年の数だけムーチーを食べた。男子のいる家では、ビロウの葉を使って、大きめのシルムーチーを力持ちになるようにと願ってつくる。これはチカラムーチーと呼ばれる。特にその年生まれ、ムーチー行事を初めて迎えた子供には、初ムーチーといって、ムーチーをたくさん作り、親戚近所に五個ずつ配ったという。

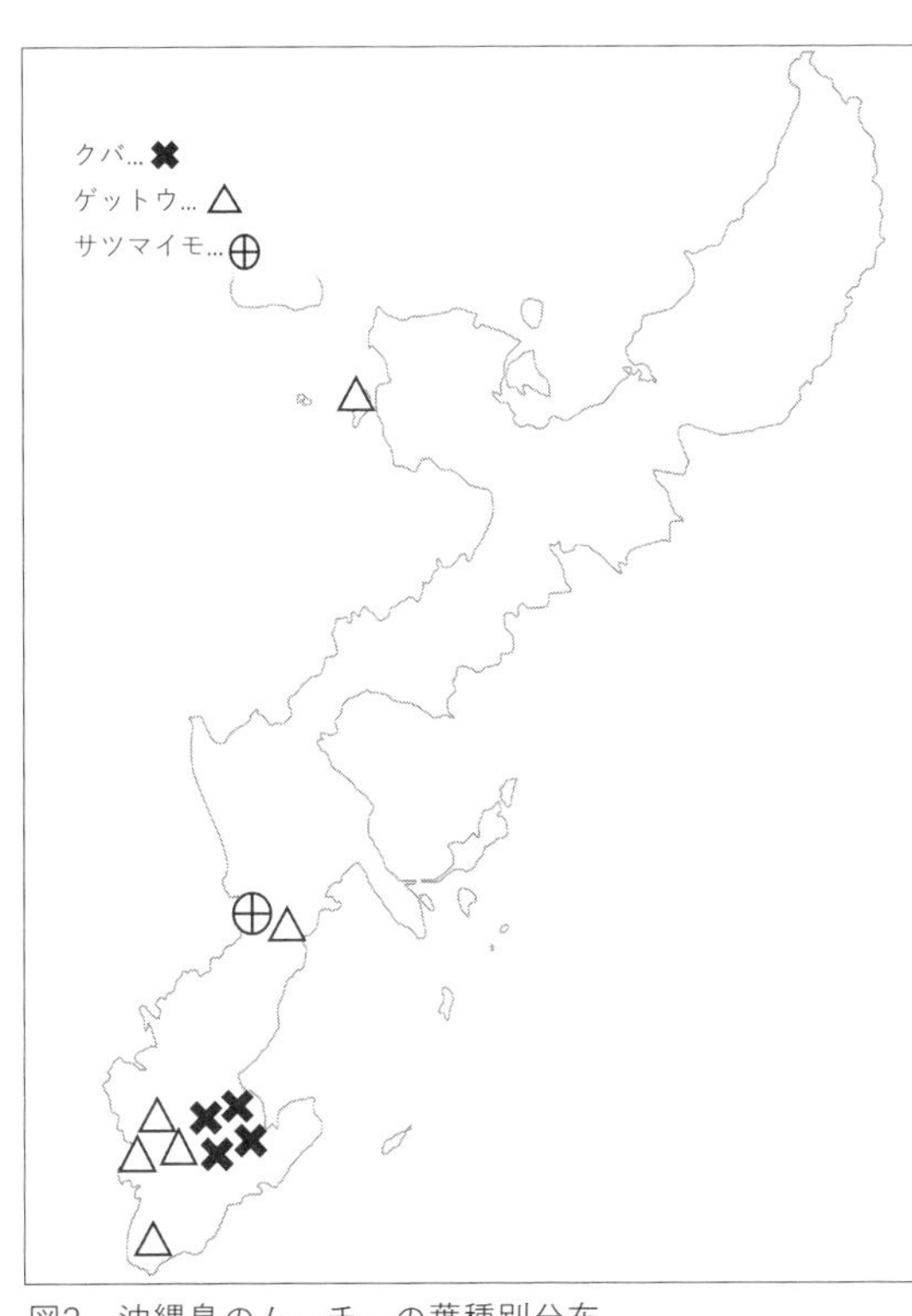

図3　沖縄島のムーチーの葉種別分布

また沖縄市では、ムーチーは、ゲットウの葉やサツマイモの葉で作るが、子供の生まれた家では「七つむち」といって、ムーチーを六つとチカラムーチー一つを縄ではしご状につないで、近所や親戚に配ったという。また、ムーチーを蒸した後の汁を家の出入口にまき、「鬼は外、福はよってこい」と言って魔除けにしたという。

五、「葉包み食」の広がりを考える

葉包み食の事例は、東日本では粽系と柏餅系で分布域が異なり、西日本では分布域が重なり、混合系の事例も見られた。このような東日本と西日本での粽系と柏餅系の分布域の違いは、東西の気候の違いが大きく関係すると考えられる。東日本の気候は、高緯度に位置し、東北地方では寒流の千島海流の影響で比較的気温が低い。特に日本海側では、季節風の影響で雪が多く、豪雪となる地域もある。このような地域では、植物の生育は遅く、その種類も温暖な西日本に比べて少なかったのではないかと思われる。このようななかでササの葉は、全国に広く分布しており、寒さにも強い植物であったことから、これを使うことが広く分布し、東日本の日本海側ではササの葉を使った粽系や、新潟県で見られたササモチなどの柏餅系が分布していたと思われる。

また、東北地方で見られた柏餅系では、間食や弁当に作られ、囲炉裏の灰で焼くという調理法がとられており、屋外で葉包み食を食べるために携帯の利便性を高めたり、灰で中の団子が汚れないための包みとしての役割があったりした。西日本において防腐効果を高めるために団子を葉に包んだ柏餅とは性質が異なっていたと考えられる。このようなことから、東日本の東北地方では五月節供以降、梅雨の時期を迎え多湿となる時期があるものの、西日本ほど高温多湿となることがなかったため、柏餅系を長期にわたって頻繁に作る必要はなかったと思われる。これは、柏餅の事例において、東日本では腐敗しやすい搗き餅を包んだ柏餅系が作られ、西日本ではこれがほとんど見られなかったことからも分かる。

関東地方では、五月節供にカシワの葉を使った柏餅系が集中していた。ここには都市部の商業的流通と大量消費が影響すると考えられる。関東地方における五月節供のカシワの葉を使った柏餅は、江戸時代から文献に記述が見られ、江戸時代前期に成立した仮名草子『酒餅論』では、「よもぎのもちや、端午には。ちまきのもちや、柏もち。」[8]とある。また、江戸時代後期に成立した『守貞謾稿』には、京都、大阪、江戸の五月節供の風俗について記述があり、「江戸にては、初年より柏餅を贈る。三都とも其製は、米の粉をねりて、円形、偏平となし、二つ折となし、間に砂糖入赤豆餡を挾み、柏葉大なるは一枚を二つ折にして包之、小なるは二枚を以て包み蒸す」[9]と記されている。さらに、八王子千人同心であった塩野適斎が記した八王子周辺の地誌『桑都日記』の文政七（一八二四）年四月の記述には、「是の月、廿五日より五月朔日に至るまで柏葉の市を水無川の北岸に立つ」[10]とあり、四月二五日から五月一日には、五月節供の柏餅に使うカシワの葉を売買する市があったことが分かる。

このように、関東地方のカシワを使った柏餅系は、少なくとも江戸時代にはその存在が確認でき、八王子では市場でカシワの葉が商品として売買されていた。今回の『日本の食生活全集』の事例でも、菓子屋でカシワの葉を使った柏餅が販売されており、カシワの葉も売買される事例が見られた。このように、関東地方ではカシワの葉が江戸時代から商業的に流通していたため、カシワの葉に事例が集約し、そのほかの葉の事例が淘汰されたと考えられる。

一方、西日本の気候は、東日本に比べて低緯度に位置し、太平洋側を流れる黒潮の影響もあって、気温や湿度が高い。そのため、西日本では、高温多湿の時期が長く、東日本よりも食物の腐敗が起こりやすかったと考えられる。このことから西日本では、粽系も柏餅系も盛んに作られ、特に柏餅系は年間を通して頻繁に作られていたと考えられる。また、粽系と柏餅系の両方が作られ、分布域が重なっているため、中国地方以西では名称の混同が起き、混合系の事例も見られたのではないかと考えられる。

六、粽系・柏餅系葉包み食の位置づけ

(一)粽系葉包み食の位置づけ

以上、粽系の検討を行った結果、これには以下のような特徴があるといえる。

①五月節供を中心に行事食で作られることが多い

粽系は、作られる時期が五月節供に集中し、このほかの時期でも行事食として作られることが多かった。五月節供の時期に事例が集中していたのは、この時期が梅雨の時期にあたり、食物の腐敗や疫病の流行し始める節目の時期であったため、葉の防腐効果をもつ粽系が、祓えの意味を持つ五月節供に欠かせない行事食であったと考えられる。

このほかの行事でも粽系が見られるが、そのほとんどが行事食として作られている。それは、粽系は調理の手間や包む技術が必要であったことによるのではなかろうか。

②調理には手間がかかり、包む技術が必要である

粽系は団子や米を包み、生地自体には味付けしないものが多く見られる。また、アクマキなど長い時間と手間をかけるものもあり、行事食の中でも味付けを必要としない供物や家の食物よりも、より丁寧につくられる贈答品など特別なものであったとが考えられる。また、粽系は葉の包み方が複雑であり、人生儀礼や年中行事の中で、より特別な場面では通常の粽系よりも複雑な包み方のものが作られている。このことからも粽系は行事食として

重視されていることが分かる。

③ササが全国で使われ、細長く丈夫な葉が選択される傾向が強い

粽系葉包み食は調理や利用される葉には丈夫なものが多く、複雑な包み方、調理・加工に耐えるため、こうした特徴を持つ葉が求められたと考えられる。

④呪的な伝承が付随する

粽系には呪的な伝承が付随しており、これは、粽系が食物の腐敗を防止するという特徴から神秘性を帯びたためと考えられる。

以上のことから、粽系は日本の食文化において、行事食のなかでも供物や贈答品としても使われたといえよう。

(二)柏餅系葉包み食の位置づけ

①多様な名称がある

関東地方ではカシワモチ、中部地方ではホオバモチ、西日本ではサルトリイバラの方言名など葉の種類にちなんだ名称や、タナバタマンジュウやヒガンダゴなど、これを作る行事にちなんだ名称、さらに単にダンゴなどと呼ぶものやチマキ、マキなどと呼ぶ場合もあり、柏餅系には、多様な名称が見られた。

このように、葉の種類や行事の名前などが名称に使われており、また、関東地方以外では特定の葉や行事に柏餅系が限定されていないことから、柏餅系葉包み食は、葉や行事に固定されない柔軟な食としての性格をもつといえる。

②地域の植生や葉の利便性などによって使われる葉が変化する

使われる葉の種類は、東北地方以北では事例数や種類が少なく、関東地方ではカシワの葉の事例に集約され、中部地方ではホオやササなど多様な事例が見られた。これに対して西日本では、サルトリイバラが多く、このほかにも地域の植生によって多様な葉が利用されていた。関東地方の柏餅系ではカシワの葉の使用に集中していたが、そのほかの地域では、地域の植生や葉の利便性によって使う葉に変化が見られる。

③東日本では五月節供前後に作られ、西日本では年間を通して長期的かつ頻繁に作られている

東日本の関東地方では五月節供に事例が集中し、その外縁の東北地方や中部地方では、五月節供前後の行事食や間食にも事例が見られた。一方、西日本では三月上旬の三月節供から行事食の事例が見られ、九月の月見のころまで、特別な日や雨の日などにも頻繁に作られていて、日常食としても年間を通して作られていた。

このように、東日本では、柏餅系は梅雨の時期から夏の時期にかけての葉包み食であるが、西日本では高温多湿な夏を中心に一年を通して作られる葉包み食であった。

④様々な材料や調理法で作られる

関東地方では、米粉と小豆餡を使うものが大半であるが、その他の地域では多様な材料と調理法があることから、味や食感への工夫があり、人々が楽しんで食べるものとしての性格が強いといえる。

以上のことから、柏餅系は様々な葉や行事で作られる汎用性の高い葉包み食であり、人々が楽しんで食べるものとして重視されてきたといえる。ただし、関東地方の柏餅系は、葉の種類や作られる時期、材料が限定されており、汎用性の高い葉包み食とはいえず、他の柏餅系とは性質が異なっている。

本稿では、粽系と柏餅系に区分して葉包み食の内容やその全国的な様相を検証してきた。その結果をまとめると、最後に記したようになるが、最初に述べたように食物を葉に包むというアイデア、発想はどこに淵源するの

かは未解決である。五月節供の粽は、中国にも広範に存在し、屈原の伝説などが伴っている。アジアの範囲で、ここにあげた粽系と柏餅系の葉包み食をみていくと、どのような実態があり、それはどのように位置づけられるのか、さまざまな課題が多くあるが、これらは今後の研究課題としたい。

注

(1) 服部比呂美「端午の節供の葉包み食」『和菓子』第一八号、虎屋文庫、二〇一一年
(2) 服部保ほか「かしわもちとちまきを包む植物に関する植生学的研究」(『人と自然』第一七号、兵庫県立人と自然の博物館、二〇〇七年)、「カシワモチ、チマキ等の食物に利用する植物(葉)の記録」(『人と自然』第一八号、兵庫県立人と自然の博物館、二〇〇七年)
(3) 館野美鈴・大久保洋子「葉利用菓子の食文化研究」『実践女子大学生活科学部紀要』第四九号、実践女子大学、二〇一二年
(4) 服部比呂美「粽と柏餅―葉包み食の伝承」『日本の食文化6　菓子と果物』吉川弘文館、二〇一九年
(5) 「日本の食生活全集　山形」編集委員会『日本の食生活全集6　聞き書山形の食事』農山漁村文化協会、一九八八年
(6) 「日本の食生活全集　愛媛」編集委員会『日本の食生活全集38　聞き書愛媛の食事』農山漁村文化協会、一九八八年
(7) 使用する資料は、日本の食生活全集編集委員会『日本の食生活全集』全五〇巻(一九八四年〜一九九二年、農山漁村文化協会)で、服部比呂美がこれから抽出した葉包み食の事例に加え、筆者が補足したものを使用した。
(8) 横山重・松本隆信編「酒餅論」『室町時代物語大成　第七』角川書店、一九七九年
(9) 喜田川守貞著、高橋雅夫編著『守貞謾稿図版集成』雄山閣、二〇〇二年
(10) 塩野適斎著、山本正夫訳、鈴木龍二編『桑都日記』鈴木龍二記念刊行会、一九七三年

III　死と死者

「魂呼び」の方法と全国的様相

鈴木慶一

一、これまでの研究

「魂呼び」というのは、人が死に瀕したときに家族などの第三者が、その人の名を呼ぶという習俗である。枕元で呼ぶなら、習俗かどうかはわからないが、わざわざ屋根の上にあがってとか、井戸の中に向かってというように、意図的な行為であり、このことから一定の形式と意味をもった習俗ということができる。現在では習俗としては殆ど見ることはできないが、これは、民俗学では、人間の死はその人の霊魂が身体から遊離することであり、その危機に見舞われている時に遊離した魂を身体に呼び戻し、蘇らせることを目的に、大声でその人の名を呼ぶなどするのが「魂呼び」であるとしてきた。

こうした魂呼びを民俗学上はじめて取り上げたのは柳田國男で、「葬制沿革史料」では次の事例などを紹介している。「会津地方では人が死にかかった時、其家の屋の棟に登って一斗桝を伏せ、棒切れなどを以て敲く。是を枡打ちと名づけて魂の抜け去るのを抑へ、元へ戻す意味だと謂って居るが、多くの場合は死の予告である為に、其音は哀れに聴えるといふ」。その他、兵庫県中部の事例などを簡単に説明した上で「他の地方の類例は数多く集めて見なければならぬが、元は事きれときまって後に、尚一応はこの式を踏んだのではないかと思ふ」[1]としている。この時点ではこれについての具体的な民俗情報は少なく、詳細な把握はされていない。主要な研究は井之口章次によるもので、およそ一〇〇例を元に実態のあらましを捉え、類型化が図られ研究の方向付けと問題提起がなされている。[2]しかし、これも分析事例数が限られ、これをいつ行うかに注意が払われていないなど分析が不十分であったことは否めなかった。その後、藪元晶は一三九事例を挙げ、元来枕元の作法があったところへ、宗教者が関与する屋根の作法が中国から導入されたのではないかなどの論を展開している。[3]また、板橋春夫は生と死の中間状態に注目し、群馬県における二一事例をもとに論じ、枕元で呼ぶ魂呼びは無意識の行動であり、枕元以外で行われるのが魂呼びの儀礼であるとした。[4]以上が主な「魂呼び」研究であるが、いずれの見解も扱っている事例数が少なく、そのため実態把握が不十分で、推測の域を出ていなかった。

「魂呼び」に関する従来の研究は、これは滅び去った習俗であり、全国的に詳しく実態を把握することは困難で、推測に頼ることを前提としていた観がある。こうした先行研究に対し、筆者は魂呼び習俗について、現時点で全国から一一二八例を収集でき、これをもとにして、魂呼びは一部を除いて全国に幅広く分布している状況を明らかにした。その上で、これを行う場所は屋根、枕元、井戸が大半を占め、行う原因と場所との間には関連性があり、行う時は生死の境が殆どであることなどを明らかにした。[5]この習俗は各地で身近に存在していたことは確かであり、現時点で可能な限り、その内容を明らかにし、この習俗をどのように考えたらいいのかを論じておきたい。魂呼びが行われた機会には、前述のように人が死に瀕した時の他に難産時もあり、本稿では、それぞれの場面でどこに向かって名を呼ぶのかなどを中心にした習俗内容と、これが全国にどのように分布しているのかを明らかにしておきたい。いうまでもなくこの研究は、日本人の死生観や霊魂観の検討につながる研究である。

二、魂呼び習俗の分布と地域差

魂呼び習俗の内容と分布を検討するにあたり、初めにこれを行う場所に注目して全国の伝承事例を見ていく。各地の伝承では魂呼びの場合は、屋根の上、枕元、井戸などが目立っており、この場所については地域差がある。

㈠屋根・枕元・井戸の分布と地域差〈図1、2〉

現時点までで筆者が集めることが出来た魂呼びの伝承は一一二八例である。図1はその内、屋根と枕元で行う分布を、図2は井戸で行う分布を示すものである。分布図は、全事例のうち、これをどこで行うのかが明確なもので、伝承地が市区町村内で同一地のものは一つにし、同一市区町村でも伝承地が別の場合はそれぞれを記載している。また、同一市区町村でも名を呼ぶ場所が違ったり、難産・急病など状況が違ったりする場合はそれぞれを記載している。こうした分布図記載の整理を行うことで、分布図への記載は一一二八例が図1と図2で五七八例に整理できている。図1と図2を合わせたのが、行う場所の情報がある魂呼び習俗の全国分布となり、屋根・枕元で行うのは青森県から沖縄県までほぼ全国的であるのに対し、井戸で行うのは分布が限られているのがわかる。両者を合わせた全体としては、地方によって伝承の分布に濃淡があるのがわかる。

魂呼び習俗の伝承は、北陸三県の富山・石川・福井県と広島県安芸地方周辺に少ないことが一目瞭然である。

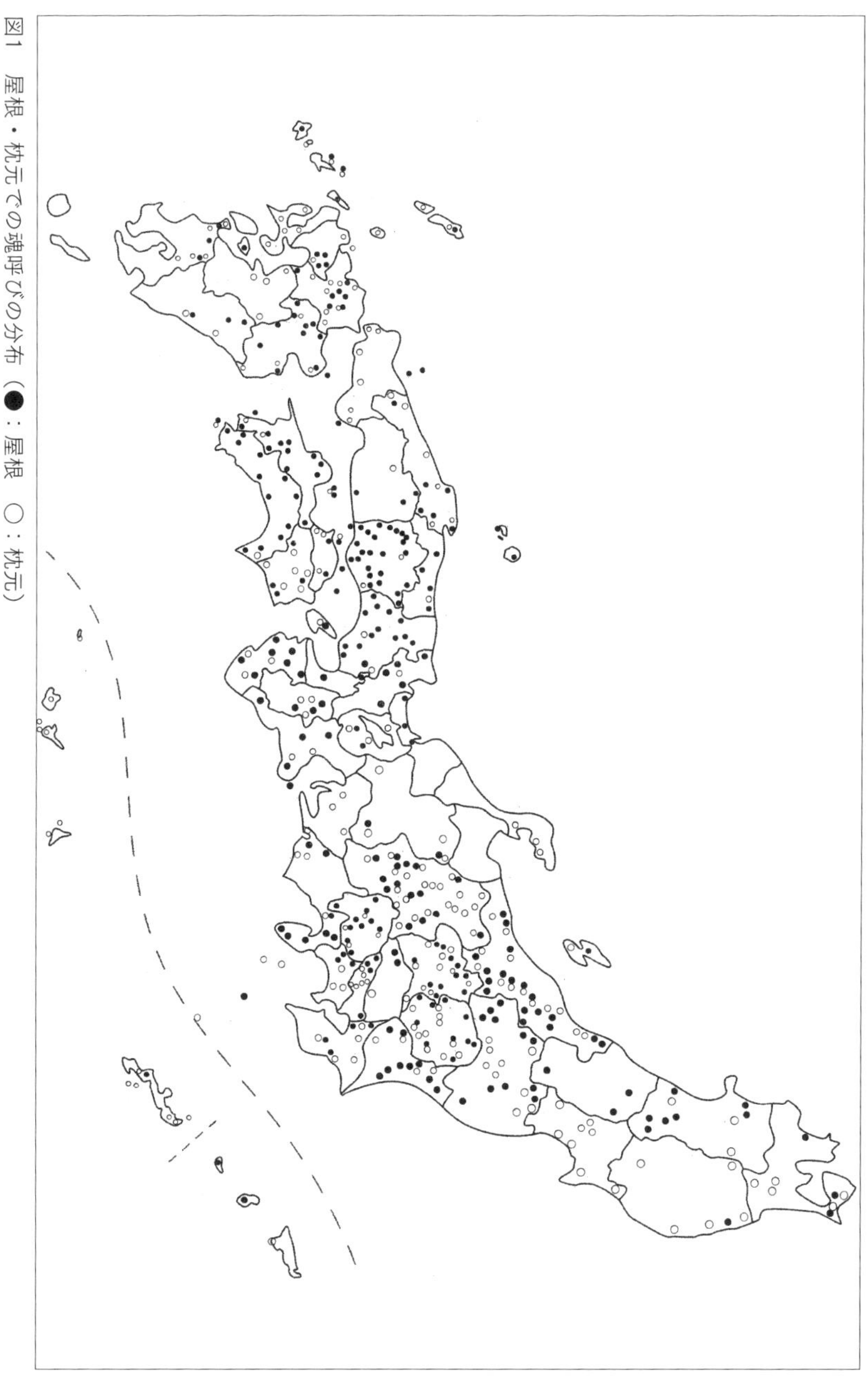

図1　屋根・枕元での魂呼びの分布（●：屋根　○：枕元）

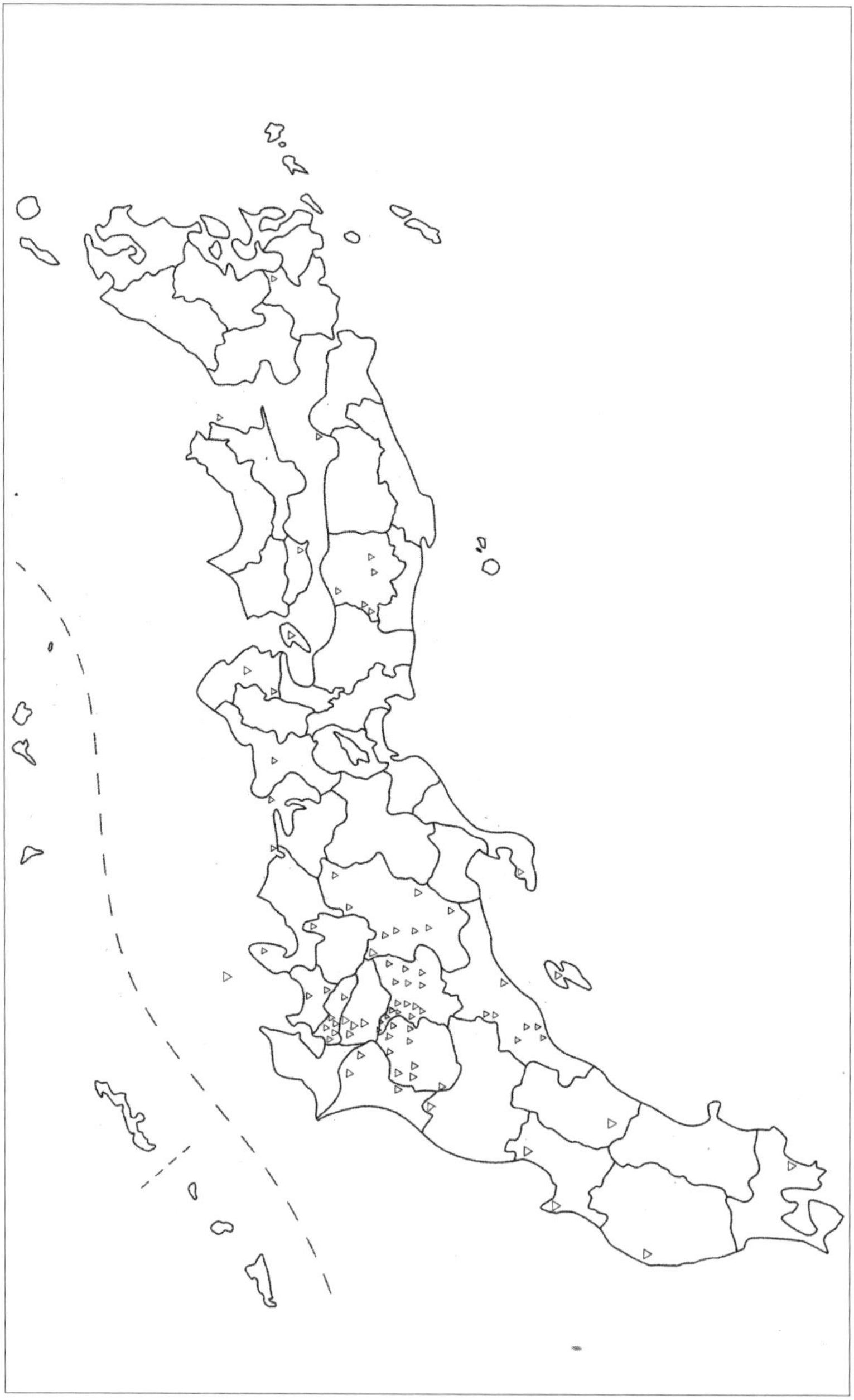

図2　井戸での魂呼びの分布（△：井戸）

両地方は浄土真宗の門徒が多い地帯であるのはよく知られている通りで、このことが魂呼び習俗にも関係していると考えられる。そのなかでも石川県の能登地域に魂呼び伝承があるのは、この地域は県内では浄土真宗の門徒が少ないことによるのかもしれない。浄土真宗地帯の民俗をどのような考えるかは、今後の課題となり、ここでは分布上の傾向だけを指摘しておく。

都道府県別では、最も多いのが長野県の九一例で次は群馬県七一例、岡山県の六三例となる。逆に富山県では確認できず、愛知県は三例、山形県は四例であった。ただし、各地の民俗調査は全国的に満遍なく行われているわけではなく、都府県単位の数字は必ずしも正確とはいえない。例えば山形県の四例というのは、従来の民俗調査報告ではなく、筆者の平成二十五年の現地調査によっている。こうした資料上の限界はあるが、分布図は全国の伝承傾向は示していると判断できる。

(1)屋根の上での魂呼び

魂呼びをどこで行うのかについては、屋根の上でが五一五例(全体の四四%)と最も多く、これに次ぐのが枕元三一五例(二八%)、井戸一三二例(一一%)、山に向かって、海や池に向かってが三九例で、不明が一四九例であった。[6]

屋根の上での魂呼びというのは、具体的には次のような内容である。

○群馬県利根郡糸之瀬村(現・昭和村)貝野瀬　急病、臨終のとき、近所の人々が屋根で一升桝を棒で叩いて名前を呼び返す。[7]

このような屋根の上という事例は多く、全国的で中でも岡山県、長野県、新潟県、兵庫県に目立っているが、西日本に多い傾向にある。

(2)枕元での魂呼び

枕元については次のような例がある。

○新潟県新津市（現・新潟市秋葉区）息を引き取る時、枕元で鉦を叩きながら名を呼ぶ。[8]

枕元で名を呼ぶのが最も多いのは長野県で、新潟県、沖縄県と続く。屋根で呼ぶ以上に全国に幅広く分布しているものの、京都府・兵庫県・鳥取県・岡山県など、西日本の一部地域には分布がかなり少ないなど一様ではない。

沖縄県の魂呼び習俗は、屋根の上でという例もあるが、枕元で名を呼ぶのが多く、その具体的な内容をみていくと、これには三つの方法があるのがわかる。

①石垣市宮良　死が確認されるとすぐ上半身を抱き起し、三回ヤラビナー（童名）を呼んだ。[9]

②黒島（竹富町）医者がダメだと言った後、身内、近隣の人が一斉に枕元で名前を呼ぶ。[10]

③宮城島（うるま市）臨終時に身内が、枕元でワラビナー（童名）を呼ぶ。[11]

沖縄県では、生誕時につけられた童名であるワラビナーを呼ぶのが一つの特徴で、ここには誕生と死の連関がうかがえ、さらに名を呼ぶのは死の確認後である。生死の境のどの時点で魂呼びを行うかについては、別に分析したが、[12]全国的には殆どが所謂「生死の境」であるのに対し、沖縄県では少数だが③のような生死の境と考えられる例もあるが、多くは①②のように死亡後に行われている。死亡後の魂呼びの例では波照間島のように葬式当日という場合もある。こうした死後の魂呼びは沖縄県の特徴でもあり、魂呼びが蘇りを図る一手段だけではなく、葬制の一段階としてもとらえられる。沖縄県の葬儀には哭き女や、モノウイやマブイワカシなど独自の儀礼が伴い、魂呼びはその一部を構成していると位置づけられ、沖縄県の魂呼びはさらに検討を進める必要がある。

(3)井戸での魂呼び

井戸での魂呼びは次のような例がある。

○群馬県甘楽郡妙義町（現富岡市） 病人が死に瀕したとき近所の人たちが、笠をさして井戸で大声でその人の名前を呼んだ。[13]

この例のような井戸での魂呼びは、図2に明確なように伝承に地域的な偏りがある。確認できた伝承例の数は、群馬県が三二例で最多で、次いで新潟県一三例、東京都・埼玉県・栃木県がそれぞれ一〇例、長野県が九例である。関東中心に多いのが特徴で、沖縄県では確認できず、四国では香川県詫間町（現・三豊市）と愛媛県宇和島市日振島の二例のみ、九州では大牟田地方の一例のみである。

関東地方での分布傾向についてみると、『群馬県史』では「屋根の上の魂呼びが、山村に分布しているのに対し、井戸に向かって呼ぶ例は概して平坦部もしくはそれに近い地域にみられるようである」[14]としているが、井戸での魂呼びが多いのは、関東地方では川沿い、とりわけ利根川水系を中心に分布している。なお、先にあげた愛媛県宇和島市と大牟田地方では、井戸と屋根の上の両方がある。

(二)屋根、枕元、井戸以外での魂呼びと分布

屋根、枕元、井戸での魂呼びの概要は以上のようになるが、魂呼びにはこれら以外で行う伝承もある。これは

三九例ほどが確認でき、具体的には、屋根のような高い所（秋田県、奈良県、福岡県）、丘などの小高い所（栃木県、滋賀県、奈良県、岡山県）、池・沼（栃木県、群馬県）、戸口周辺（長野県、鳥取県）、庭（群馬県）、水神様の所（岡山県）、病人のいる部屋あるいは病人のいない部屋（長野県）、村中（長崎県）、墓地（沖縄県）、人の倒れたその場（長野県）、樹の上（栃木県、千葉県、兵庫県、滋賀県）などがある。いくつか具体例を挙げると次のようになる。

①栃木県真岡市　息を引き取ろうとする時、又は絶えた直後、樹の上で近親者が呼ぶ。[15]

②兵庫県東播磨地方　松の梢に提灯を灯して登り呼ぶ。[16]

③長野県南佐久郡　急に人が倒れた場合、その場で唐笠をさし懸け其中で、大声で呼ぶ。[17]

④岡山県真庭郡落合町（現・真庭市）　危篤状態の時、水神様の所で近所の何人かで呼ぶ。[18]

⑤群馬県多野郡上野村　息を引き取ろうとする時、庭で鉄砲を空に向けて撃つ。[19]

⑥長野県上水内郡信州新町弘崎　病人のいない部屋で呼ぶ。[20]

⑦長野県北安曇郡美麻村二重　戸口で、名前を三度ずつ繰り返し大声で一二回呼んだ。[21]

このような伝承例があり、これらを分類すると、屋根・枕元・井戸の変形といえるタイプと、それ以外のタイプの二通りに分けられると思われる。前者のタイプとしては、①②は、高い所で呼ぶ点では屋根の変形ではないかと考えられ、③⑥は枕元の変形とも考えられる。④は、現地で調査してみると、かつて村の中心にある井戸が埋め立てられ、ここに水神様が祀られており、井戸の変形といえよう。⑤の庭で鉄砲を撃つというのは、特異な例で、これがもつ意味については現時点では判断できない。このような屋根、枕元、井戸以外での魂呼びは、伝承例は少なく図1、2の分布には反映させていない。

以上ここでは屋根、枕元、井戸を中心に、その内容と分布を見てきたが、従来の魂呼び研究では、分布を検討するまでには至っていない。井之口の一〇〇事例による研究[22]では、全国の分布状況は把握されてなく、場所別の検討においても屋根か枕元が主で、井戸は僅かに六例のみで対象外であった。

三、屋根と枕元の魂呼びの関係

(一)魂呼びの場所の変化

各地の魂呼び習俗をみていくと、同一場所で複数の場所でこれが行われている場合がある。こうした事例では、その場所に先後関係など何らかの関係があると考えられ、次にはこれらについて検討を加えておくことにする。まず具体例をあげていく。

①高知県幡多郡鵜来島（現・宿毛市）　一般死は枕元、難産死又は分娩後死亡は屋根で瓦を剝いで名を何回でも呼ぶ。[23]

②栃木県安蘇郡飛駒村（現・佐野市）　お産で気の遠くなった人は近くで呼んではならない。屋根で呼ばなければならない。[24]

③兵庫県津名郡野島村（現・淡路市）　枕元でだめな場合屋根の上から呼ぶ。[25]

④宮崎市　昔は屋根に上っていたが、今は枕元で呼ぶ。[26]

⑤福島県伊達郡国見町　病人の息がとまるとすぐ枕元で〈昔は屋根で〉名を呼ぶ。[27]

⑥岐阜県吉城郡上宝村長倉（現・高山市）（本来屋根で呼ぶが）今は枕元でも名を呼ぶ。[28]

⑦島根県松江市江島及び大根島　今は枕元で呼ぶが昔は屋根で名を呼ぶ。[29]

⑧兵庫県川西市黒川　屋根で昭和初期迄一般的に行われた。[30]
⑨兵庫県川西市加茂　急死など特別の場合、屋根で名を呼ぶ。昭和初期迄。[31]
⑩沖縄県うるま市　死亡すると屋根上で衣装を振りそれを死者に被せる。名称はない。[32]
⑪兵庫県津名郡・三原郡（現・洲本市）　死にかかった人や気絶した人に。屋根・井戸・枕元で。家の中から傘をさして屋根にあがり瓦を一枚剥いで西に向かって大声で名前を呼ぶ。もう一方は井戸を覗きもう一方は枕元で呼ぶ。息を吹き返せば傘をさしたままおり、死んだ場合は傘をたたんでおりる。[33]

以上のように、魂呼びを行う場所が、屋根と枕元とが同時に出てくる例があり、井之口章次は①②や③の事例から、屋根から呼ぶ方が枕元で呼ぶよりも効果のある本格的な方法と考えられていたと指摘する。また④の事例から屋根に上る方が古い形であると、呼ぶ場所の変化を述べている。[34]この考え方の背景には、枕元で呼ぶことは「親愛の情から云って当然のことであり、現在でも誰しも行っていることであるから一番新しい形式に違いないが、これはまた或点まで本能的なものであって、外の形式と同列に比較することは困難である」[35]という。

井之口は屋根の上というのが本来の魂呼び法であると考えているのであるが、実際に魂呼びの内容、とくにその対象者をみていくと、屋根、枕元、井戸には、それぞれ独自の傾向がある。例えば難産や急死、若者死では屋根が圧倒的に多くみられ、通常の病気では枕元が多くなり、子供のひきつけでは井戸が多くなる。[36]従って、井之口が推測するような屋根から枕元へ変化したという、単純な判断はできないといえる。

魂呼びの対象者の状況によって、魂呼びをどこで行うのかが異なるなら、①②は魂呼びの原因によって行う場所が異なることの現れで、魂呼び場所の変化とは直接関連していないと指摘できる。また③は⑪に見られるように、当地域の淡路島には、もともと魂呼びの方法がいくつかあり、屋根や枕元で呼ぶのはその一つの形態といえ、これをもって屋根から枕元への移行とはいいきれない。確実に歴史的な変化は④のような、昔は屋根で今は枕元というケースである。

この屋根から枕元への変化について若干の検討を加えておくと、これは沖縄県の事例が分りやすい。沖縄県には、屋根の上で行うのは⑩の一例しかないのに対し、枕元で行うのは広域に存在している。沖縄本島の⑩の事例は、筆者が二〇一二年の調査で聴取したもので、他の魂呼びの影響などによって屋根の上になったとは考えられない。また、魂呼びの場所が殆ど屋根ばかりの岡山県や四国を中心とする西日本には、屋根から枕元への変化の傾向はみられない。宮城県など東北地方や九州中部も同様で、全体的に枕元が屋根からの変化という傾向はみられない。④⑥⑦のように昔は屋根で呼んでいたが、今では枕元で呼ぶというケースは全国で八例あり。[37]確かに井之口がいう変化の例はあるが、この変化の例を一般化するのはふさわしいとはいえない。

(二)霊魂への働きかけ

魂呼び習俗は、肉体から霊魂が離脱するという霊魂観と遊離魂の信仰がもとにある呪術といえるが、この方法は様々であり、次にはこれについて具体例をあげて検討していく。

(1)屋根に穴をあけて魂呼びを行う

魂呼びの方法の一つに、屋根の上にあがって屋根に穴をあけ、ここから家の中や家の外に向かって名前を呼ぶというのがある。これを行っている例の分布が図３である。

①長野県下伊那郡松川町旧生田村　屋根に穴を開け、下に向かって「もどれ」と叫んだ。[38]

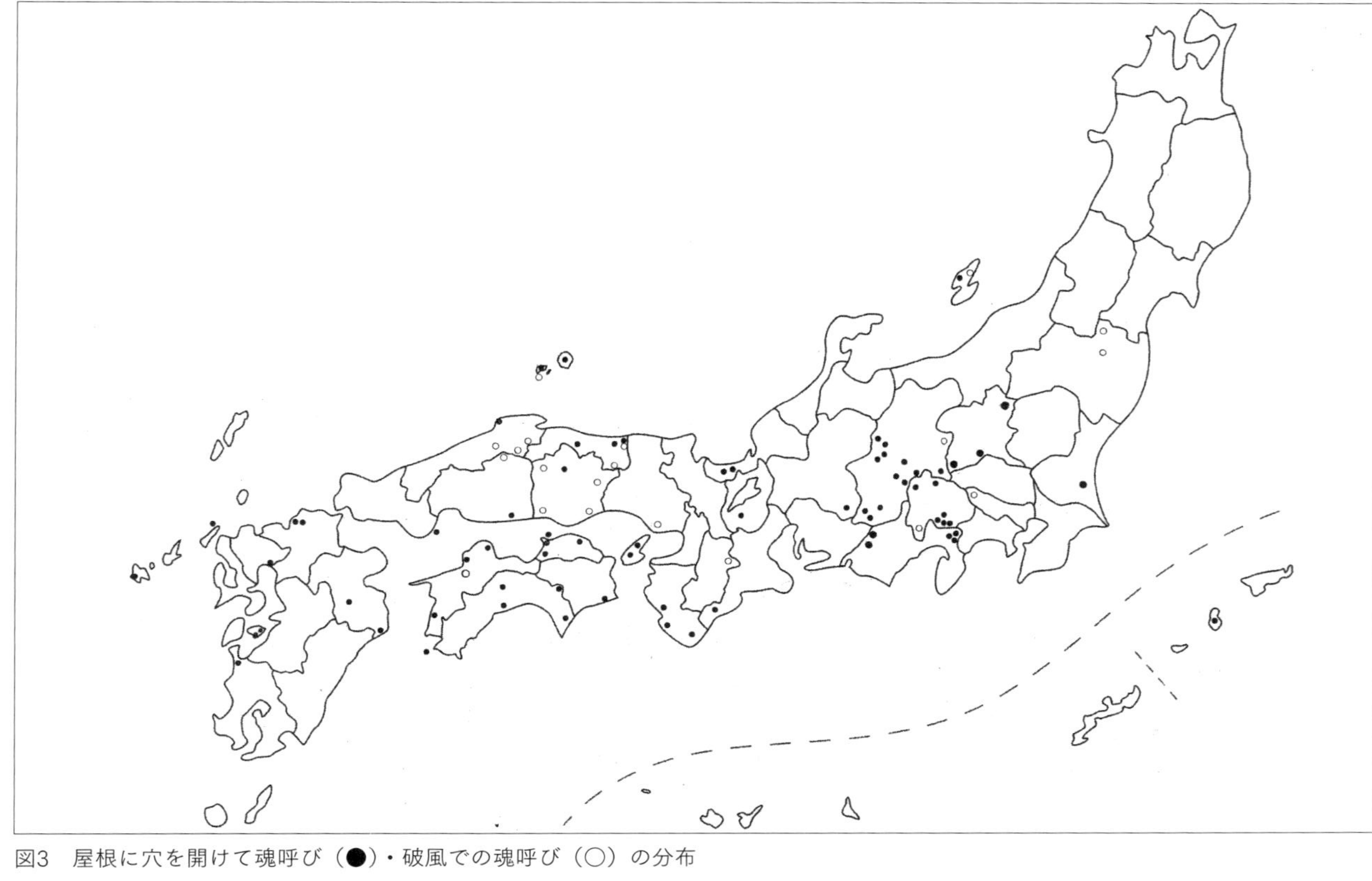

図3　屋根に穴を開けて魂呼び（●）・破風での魂呼び（○）の分布

②山梨県東八代郡富士見村（現・笛吹市）　子供がひきつけた時、屋根棟を切って「こっちだ　こっちだ」と叫ぶ。[39]
③鳥取県倉吉市　死亡者の上の屋根を開け近親者が「もどってこーい」と大声で名を呼ぶ。[40]
④静岡県裾野市下和田　危篤になると、茅葺屋根に穴を開ける仕草。下に向かって大声で名を呼ぶ。[41]
⑤長野県　屋根板を少したくって穴を開け、家の中に向かって名を呼び「こっちだぞ」と叫ぶ。[42]

このように屋根に穴をあけて行う作法には、④のように実際に開けずに穿つ真似をするだけの例もある。呼ぶ方向とどのように霊魂に働きかけているのかに注目すると、①や④は、霊魂が屋根と枕元との間にいると考えての作法で、元に戻るように声掛けしている。②では外に出た霊魂に戻るように働きかけているようではあるが、呼ぶ方向などの具体的な記載がなくはっきりしない。③では「もどってこーい」と呼んでいるので、外から戻らせようとしていると判断できよう。これらからは、霊魂は枕元と屋根の間、もしくは家の外に出ていると考えられる場合、穴を穿って呼んでいると判断できよう。但し⑤のように明らかに屋根の方に来るように働きかけている例がみられる。屋根の方に来るよう呼びかける同様の事例は長野県南佐久郡にもあり、表現上の間違いとも考えられない。僅かこの二例だけではあるが、霊魂が逆方向に離れるよう呼びかけられている。例えば静岡県南伊豆町伊浜には「竹の棒を屋根棟に突き刺して、名前を呼ぶ。悪魔が棒を通って逃げ出し、息を吹き返す[43]」という伝承がある。これは何かの悪霊に取り憑かれたと考えられた人間に対する呪術で、屋根に穴を穿って悪霊を祓い出す呪術である。当地には魂呼びの伝承はないが、屋根棟は神霊の居場所と考えられているのがわかる。

⑵破風で魂呼びを行う

この伝承についても図3に記した。屋根の破風は屋内との通気がある場所で、次のような例がある。

①鳥取県八頭郡智頭町　杓を持って破風から出ようとする魂を「戻れ、戻れ」と呼ぶ。(44)

②広島県比婆郡高野町（現・庄原市）　けがで村の若い者が死ぬとき、屋根の頭（煙出しの所）に登り、逆さに着物を被り、「○○もう一度もどれやー」と叫ぶ。(45)

③福島市　お産で死にそうな時煙り出しから呼ぶ。(46)

①では家の外へ出ようとする霊魂に戻るよう働きかけていることが分かるが、これら破風で呼ぶという伝承例では、どちらに向かって呼んでいるのかははっきりしない。

前述の屋根に穴を穿つ作法は八八例があり、長野県が一八例と最も多く、その分布は図3のように長野県南部から山梨県に多くがあり、ここを中心に四四例がある。西日本では各地に分散していて、同じく四四例を確認している。破風で魂呼びを行うのは、確認できたのは二二例で、その分布は岡山、鳥取、島根県に偏っている。屋根に穴をあけるのと破風では、似た作法といえるが、分布傾向は明らかな違いがある。同一地域で穴を穿つのと破風の作法が見られるのは島嶼を除けば鳥取県岩美郡岩美町のみである。分布としては屋根を穿つの内部に破風でというのがあり、このことをどのように考えるかは今後の課題となる。

四、難産時の魂呼び

魂呼びの習俗は、人が死に瀕したときだけでなく、難産の時や子供が引付けを起こした時にも行われた。その様相をみていくと、これらの魂呼びは、どのような状態のときに行うのかが具体的である。難産時や子供の引付け時の魂呼びの分布は、沖縄県では確認できず、南九州と近畿地方では事例は少ないが、東北地方から九州までは全域で確認でき、現時点までで二〇〇例を確認している。また、難産と引付け時は混在しているのも特徴となっているが、難産の魂呼びを伝えている福井県の敦賀市からおおい町にかけての地域では、敦賀市白木での筆者の調査では、昭和九年（一九三四）生まれの女性は、死に瀕した時の魂呼びは体験や伝聞もないのに対し、難産の時の魂呼びはその存在を知っている。福井県若狭地方は、図1でわかるように死に瀕しての魂呼び伝承が確認できる地域であるが、昭和初期生まれの方々にとっては、魂呼びは難産時だけになっていたのかもしれない。

難産時の魂呼びの具体例をいくつかあげておくと次のようになる。

①青森県下北郡脇野沢村（現・むつ市）　産婦が意識不明の時、屋根で名を呼ぶ。(47)

②広島県安芸市　難産で仮死状態になると産室の屋根で近親者が名前を呼ぶ。(48)

③福岡県大牟田地方　分娩後児が癇等を起し、産婦が死に瀕した時本人を抱き、一人は屋根で瓦を剥ぎ取り、一人は井戸の中で数名で名をよぶ。(49)

④福島県耶麻郡山都町　難産の時、妊婦の屋根上で向かいの家の人が一升枡を叩いて大声を上げる。ここでは病人の呼吸や脈が止まった時、家族が枕元で頬をたたいて呼ぶ魂呼び伝承もある。(50)

⑤長野県茅野市　難産で気絶すると屋根に上り夫が蓑を逆さに着て、部屋の上を壊して穴をあけ呼ぶ。ここでは死に際に枕元で大声で呼んだり、体をゆり動かしたりする魂呼びもある。(51)

⑥新潟県村上市門前　難産でタラツキ（失神）した場合頭が下がらないように天井から下げた紐で髪を縛り耳の側で呼ぶ。(52)

⑦長野県諏訪地方　難産で気絶したとき産婦の頭髪を一束にして天井の垂木に縛りつけ吊り下げて呼ぶ。(53)

⑧新潟県北蒲原郡黒川村（現・胎内市）　タラツキで生死の境に天井から紐を下げ、髪を縛り、熱した酢を嗅がせ、

夫は屋根で一升枡の底を棒で叩き名を呼ぶ[54]。

⑨福井県遠敷郡今富村（現・小浜市）　ナガレル心配のある妊婦は産室にはいる時、頭髪は三つ組みにして、産室の天井から麻縄を垂れ下げ、産後失神状態になると頭髪を吊り下げ酢をかがせた[55]。

以上、難産時の魂呼び習俗を九例あげたが、その内容は①②③④は、死に瀕しての魂呼びと同様であり、両者の作法には共通点があるのがわかる。ただし⑤は産婦の夫が蓑を着て行っており、夫の関与に特徴があって、死の魂呼びとは異なる。⑥⑦⑧⑨は、いずれも産婦の頭髪を用いた行為があって、これも難産時の魂呼びの特徴である。出産時に頭髪を束ねたりすることは特殊なことではなく、事例をあげるまでもなく、束ねるなどのことは現在同様に各地で行われている。難産時の魂呼びに産婦の頭髪に特別な処置があるのは、こうした出産時の身繕いをもとにしているといえるが、⑥⑦⑧⑨では、なぜ頭髪を天井と結ぶのかは検討が必要となろう。

この点に注目して、難産時の魂呼びに頭髪を用いている例をあげておく。

⑩青森県三戸郡階上町　産婦に痙攣が起きた時、箸を咥えさせたり天井から吊るした綱に髪を結んで気を失わせないようにした[56]。

⑪福島県田村郡小野町　なかなか生まれない時、へそ縄を縛る麻で髪の毛を束ね梯子に吊るす[57]。

⑫山形県真室川町安楽城　若い人，産婦が臨終のとき屋根で呼ぶ。難産の時髪を吊るすこともある[58]。

⑬滋賀県神崎郡北五個荘村（現・高島市）　お産でブルツキ（脳貧血）を起こした場合毛髪を引きつり、しゃくって顔に水を吹きかけ高声で呼ぶ[59]。

⑭青森県津軽郡平賀町（現・平川市）　陣痛の為気を失うと、サント（妊婦）の髪を綱に結んで吊るしたりした[60]。

⑮島根県周吉郡中村（現・西郷町）　産死の時、屋根の棟に穴をあけて、たらした細引きの一端を死婦の頭髪に

結んで他端を口に当てて屋根から幾十回も呼ぶ、答えがなければ諦める[61]。

⑮は難産というより産死の場合の魂呼びといえるが、産婦の頭髪を用いているのは難産時と同じであり、難産時と産死時とはつながりがあるといえる。先にあげた⑥から⑮を見ていくとわかるように、産婦の頭髪を吊り上げている場合が多い。

難産という状況は一様ではないが、伝承例では失神、意識不明、痙攣、ブルツキなどが魂呼びが必要とされる状態とされているのがわかる。二〇〇例ほど確認した難産時の魂呼びは、このような状態に陥ったときに行われるのであり、⑨にあげた「ナガレル」というのは、『日本産育習俗資料集成』では「陣痛苦しみのため精神疲労の結果か、異常体質者などは、分娩直後顔面蒼白となり失神状態に陥り、ついに落命することがある。これをナガレルという」と説明し[62]、同書では富山県砺波地方南部でのこととして、「後産期や産褥出血などのために急性脳貧血を起こし、目が暗くなり、或いは失神すると、血が上衝したのであるといって産婦を平臥させないのみならず、頭髪をつかんで顔面がうつむかないように上に引っ張っているのを私はたびたび見たことがある。とにかく頭を下げることを忌んだのである」とか、長野県南安曇郡のこととして「たぶさをきつく縛って梁に吊るしてやる。頭に血があがらないためという[63]」と説明している。

これらの説明からは、頭髪を用いて頭部、顔面を上に持ち上げることには、何らかの科学的効果があったのかもしれないが、難産時の魂呼びで頭髪を使うことの分布は、図4のように長野県以東の東日本に顕著にみられる。福井県、滋賀県、鳥取県、島根県隠岐、岡山県にも伝承があるが、確認できている数は少ない。出産という行為は、全国同じ状態であるにも拘わらず、頭髪を用いることにこうした地域差があるのは何故なのかは、今後の課題とせざるを得ない。

図4　難産時の魂呼びで頭髪を使う事例の分布（◉：髪を吊る、○：髪を引っ張る、●：出産時髪を束ねる、×：その他）

五、死をどう受け入れるか

現在は「死」の判定は、医師の権限であり、このことに医師免許を持たない者は介入することはできない。「死」自体も心肺停止と脳死の基準があり、法的には定まっていても生者が「死」をどう受け入れていくかには、法律とは別の事項が必要なのではなかろうか。医療制度が整っても、ここで取り上げた死に瀕しての「魂呼び」、あるいは沖縄県の習俗のように「死」を確認してからの「魂呼び」が、そうした「死」の受け入れに関わっていると考えられよう。医学・生物学とは異なる、いわば文化次元での「死」の認定と受け入れ、つまり諦念ということになる。

「魂呼び」自体は、前述のように霊肉二元論的な生命観のなかでの、遊離魂信仰の一つの表れと考えられるが、その具体相に地域的な差異が存在するのはなぜなのか。これはこの習俗の歴史的推移にもかかわることだが、容易には解けない課題といえる。この習俗に関する全国的な状況は、本稿で示した通りであるとして、稿を終えておく。

注

（1）柳田國男「葬制沿革史料」一九三四年（『定本柳田國男集』第十五巻、筑摩書房、一九六九年、五二一～五二三頁）

（2）井之口章次「魂よばひ」『民俗学研究』第三輯、日本民俗学会、一九五二年

（3）藪元晶「魂呼びについて」『御影史学論集』一一、御影史学研究会、一九八六年

（4）板橋春夫『誕生と死の民俗学』吉川弘文館、二〇〇七年

（5）鈴木慶一「魂呼び儀礼の研究」『東アジア文化研究』第一号、國學院大學大学院文学研究科、二〇一六年

（6）合計すると一一五〇例となる、一一二八例より多いのは、同一ヶ所で例えば枕元と屋根で同時に呼ぶなど、複数の場所で行ったところがあることによる。

（7）井之口章次前掲（2）

（8）新津市史編さん委員会編『新津市史』資料編六民俗、一九九一年

（9）名嘉眞宜勝・栗原義盛『沖縄奄美の葬送墓制』、明玄書房、一九七九年

（10）筆者調査　二〇一二年八月

（11）大島暁雄ほか編『日本民俗調査報告書集成　九州沖縄の民俗』三一書房、一九九六年

（12）鈴木慶一「魂呼びの実態と諸相—魂呼びとは何だったのか—」『民俗学論叢』三一号、相模民俗学会、二〇一六年

（13）妙義町誌編さん委員会編『妙義町誌』下、一九九三年

（14）群馬県史編纂委員会編『群馬県史』資料編二十六民俗二、群馬県、一九八二年、一二三一頁

（15）真岡市史編さん委員会編『真岡市史』一九八六年

（16）加西市史編さん委員会編『加西市史』六　民俗、二〇〇二年

（17）長野県南佐久郡誌編纂委員会編『南佐久郡誌』民俗編、一九九一年

（18）落合町史編纂委員会編『落合町史』民俗編、一九八〇年

（19）多野藤岡地方誌編集委員会編『多野藤岡地方誌』一九七六年

（20）長野県編『長野県史民俗編』北信地方、一九八四年

（21）長野県編『長野県史民俗編』中信地方、一九八九年

（22）井之口章次、前掲（2）

（23）井之口章次、前掲（2）

（24）井之口章次、前掲（2）

（25）井之口章次、前掲（2）

（26）井之口章次、前掲（2）

(27) 国見町編『国見町史』一、一九七七年
(28) 國學院大學民俗学研究会『昭和三十一年度　民俗採訪』一九五七年
(29) 大島暁雄ほか編『日本民俗調査報告書集成　中国の民俗』三一書房、一九九七年
(30) 川西市史編集専門委員会編『川西市史』七、一九七七年
(31) 前掲（30）
(32) 筆者調査、二〇一二年五月
(33) 神戸新聞社学芸部編『兵庫探検　民俗編』神戸新聞社、一九七一年
(34) 井之口章次、前掲（2）一一〇～一一一頁
(35) 井之口章次、前掲（2）一〇四～一〇五頁
(36) 鈴木慶一、前掲（5）
(37) その例は、福島県伊達郡国見町、長野県南安曇郡安曇村（現・安曇野市）、新潟県十日町市鉢、岐阜県吉城郡上宝村長倉（現・高山市）、島根県松江市江島及び大根島、宮崎市江平、兵庫県城崎郡竹野町（現・豊岡市）にある。
(38) 國學院大學民俗学研究会『昭和四十三年度　民俗採訪』一九六九年
(39) 富士見村『富士見村誌』一九五七年
(40) 新編倉吉市史編集委員会編『新編倉吉市史』四、一九九五年
(41) 裾野市史編さん専門委員会編『裾野市史』七、一九九七年
(42) 民俗学研究所編『綜合日本民俗語彙』平凡社、一九七〇年（復刻版）
(43) 静岡県『静岡県史』民俗一、一九八九年
(44) 岩美町誌執筆編集委員会編『岩美町誌』（下）、二〇〇六年
(45) 斎藤たま『死とものの け』新宿書房、一九八六年
(46) 福島市史編纂委員会編『福島の民俗』Ⅱ　別編四、一九八〇年
(47) 脇野沢村史調査団編『脇野沢村史』一九八三年
(48) 安芸市史編纂委員会編『安芸市史』民俗編、一九七六年

(49) 恩賜財団母子愛育会編『日本産育習俗資料集成』第一法規出版、一九七五年
(50) 山都町史編さん委員会編『山都町史』三、一九八六年
(51) 茅野市編『茅野市史』下、一九八六年
(52) 村上市編『村上市史』民俗編上、一九八九年
(53) 井之口章次、前掲(2)
(54) 黒川村誌編纂委員会編『黒川村誌』一九七九年
(55) 前掲(49)
(56) 正部家奨『階上町史』津軽書房、一九八五年
(57) 小野町『小野町史』一九八五年
(58) 二〇一三年、筆者調査。戦後のこととして聞き取りを行った。
(59) 前掲(49)
(60) 平賀町町誌編さん委員会編『平賀町誌』下、一九八五年
(61) 前掲(49)
(62) 前掲(49)
(63) 前掲(49)

海に漂う「流れ仏」への対応習俗——その問答を中心に

鵜橋晴菜

一、海上漂流する「流れ仏」習俗とは

島国である日本において、海は数多くの恩恵を我々にもたらしてきた。しかし一方で「板子一枚下は地獄」という言葉があるように、海はしばしば海難事故や高波・高潮によって、日本列島で暮らす人々へ甚大な被害を与えてきたことも事実である。二〇一一年に発生した東日本大震災による津波の被害や、二〇二二年に知床半島沖で起きた遊覧船沈没事故などは特に記憶に新しいだろう。日本では毎年多くの人命が海の猛威によって失われており、そうした事故や災害による死者は、その遺体が長期に渡って発見されない場合も多い。

このような死者は、漁業従事者をはじめとする沿海地域の住民によって、海上を漂流している状態で発見される場合がある。日本列島の沿海地域では、こうした海上を漂流する死者への対応が、一定の形式と内容をもった習俗として伝承されてきたことが知られている。かつて民俗学では、このように海上を漂流する身元不明の死者

を「流れ仏」と呼び、流れ仏に対する漁民の対応や観念に大きな関心を寄せていた。全国の沿海地域で行われた民俗調査では、そうした流れ仏の民俗が数多く報告されている。

- 土左衛門を拾うと、豊漁という。（徳島県海部郡日和佐町［現・美波町］）(1)
- 出漁中に水死人を見つけると「エビス」といって、拾い上げると大漁させてくれると信じられている。（三重県鳥羽市）(2)
- 海で操業中に漂流死体を見つけたときは、漁を中止して死体を必ず引き揚げなければならない。その際、死体の周囲を三回まわってトリカジ側から引き揚げるが、一人が「大漁させるか、させないか」と呼ぶと、他の一人が「大漁させる」と答える。引き揚げながら「極楽へ行かせるから」などと付け足していうこともある。（岩手県久慈市小袖）(3)

これらの事例は、海上を漂流する遺体を発見した場合の対応について伝承するものであるが、こうした伝承の多くでいえるのは「流れ仏を引き揚げると大漁になる」という観念が根底に存在しているという点である。国内の多くの沿海地域では、「身元不明の死者」という一方では忌むべき存在である流れ仏を、「大漁になる」「縁起がよい」等といって歓迎する心意を窺うことができる。

このように、こうした漂流死者を決められた作法に則って揚収することで、拾い上げた者は実際になんらかの利益を得ることができると信じられていた。同時に漁業従事者は、遺体を見捨てたり、揚収の手順を誤ったりするとなんらかの「祟り」があるとも信じており、漂流死者を発見したら必ず揚収するよう戒める伝承も各地で確認できる。

従来の民俗学では、以上のような伝承にみられる流れ仏に対しての観念や、一部地域で流れ仏を「エビス」と呼び豊漁等を司るエビス神と同一視する点を踏まえ、主にエビス信仰や民俗知識（俗信）との関連から流れ仏に関心を向けてきた。

その詳細な研究史についてはここでは割愛するが、例えば波平恵美子は壱岐・勝本浦での流れ仏習俗の調査から、エビスと漂流遺体にみえる共通項、および船霊と漂流遺体（＝エビス）との関係性から、エビス信仰の数ある実態のひとつに漂流遺体があるとした。また、波平が流れ仏習俗に対する解釈の可能性として提示した、漂流遺体のもつ「ケガレ」の力が「ハレ」の力へ価値変換されることで、漂流遺体が豊漁をもたらす存在として認識されるという「儀礼的転換（ritual reversal）」の考え方は、流れ仏習俗を理解するための論理として現在まで広く受容されてきたといえる[4]。

本稿では流れ仏とエビス信仰の関連について取り上げることはしないが、こうした過去の研究から指摘できるのは、これまでの民俗学において「流れ仏」習俗は、あくまで民間信仰や民俗知識といった大きな枠組を考察する一要素として扱われており、「流れ仏」の習俗そのものについては満足な研究が行われてこなかった、という点である。特に波平の提示した「儀礼的転換」の論理は、価値転換が生じる理由について波平自身が疑問を残していたにもかかわらず、のちの研究者によって十分な検討がなされないまま「流れ仏」の解説として定説化しているように思われる[5]。

以上を受けて筆者は「流れ仏」の習俗それ自体を研究対象とし、これまで十分な整理がされてこなかった当該事例を改めて分析・考察することで、漂流死者への対応に関わる習俗の全国的様相を総合的に検討している。このなかでは漂流死者を揚収する過程でみられるさまざまな作法についても考察し、漁業従事者や地域住民のもつ漂流死者への心意についても検討しているが、本稿ではこの習俗の分布から窺える習俗内容についての考察を中心とする。

なお、海上を漂流する死者を表す呼称は地域ごとに多数存在し、ナガレ・ナガレビト・ナガレボトケといった名称も確認できることから、本稿ではそうした民俗語彙との混同を避けるため、「流れ仏」にかわって「海上漂流死者（漂流死者・漂流遺体）」という呼称を使用する。同時に、海上漂流死者を発見してから船内へ揚収し、埋葬・供養を施すまでの一連の対応に関する伝承を「対応習俗」と呼ぶ。

二、海上漂流死者対応習俗の全国的様相

本稿で分析の対象とするのは、現在までに筆者が沿海地域の市町村史や民俗調査報告書等から収集した、海上漂流死者を発見した際の対応について伝えている二八〇事例である。大阪府・京都府を除き、北海道から沖縄県にかけてすべての沿海地域で一例以上の伝承事例が確認できたが、地方や都道府県によってその事例数には大きな差があった。おおまかな分布は図1のとおりである。なお、本図における一点は一事例を表す。

分布図をみると、先述のとおり事例数に多寡はあれど、海上漂流死者への対応習俗は国内沿海部のほぼ全域に渡って存在することがわかる。なかでも本州太平洋側、特にリアス式海岸、湾、島嶼といった特徴的な地形をもつ地域に、濃密な分布がみられる点が特徴といえるだろう。

ここで日本近海の海流についても確認すると、特に分布が濃密な東北三陸地方や相模湾・駿河湾、九州東シナ海地域などは、海岸線に沿う、あるいはぶつかるような海水の流れや、湾内へ流れ込む海流と湾外へ流れ出る海流が混合した複雑な海流が存在している。事例が本州太平洋側に比較的多いことも併せて考えると、海上漂流死

図1　海上漂流死者対応習俗の伝承地分布と海流

者対応習俗の事例分布は、地形および日本近海の海流に大きな影響を受けているとみることができよう。また、このような海流が集中する地域に事例が多いという点からは、海上漂流死者への対応習俗はそうした海流・潮流の影響を受けやすい、比較的地先の海域で実践されてきた習俗である可能性を指摘することができる。

これまで報告されてきた海上漂流死者に関する習俗は、先述した関心の偏り等の影響からか断片的な情報しかもたないことが多く、習俗を伝承してきた人々がどのような形態の漁業に従事していたのか、年代としてどのくらいの時期に実践された習俗なのかはほとんど明らかでなかった。しかし、このような傾向を見るに、これらの習俗は沖合に出て漁業に従事する人々というよりは、地海で漁を行うような漁業者が伝えてきたものなのではないか、という推測も可能であろう。現時点ではあくまで推測の域を出ないため、今後は伝承者の漁業形態等も視野に入れた調査が必要である。

また、併せて考えておきたいのが、海上漂流死者対応習俗の「種類」である。本稿では紙幅の都合により、収集した事例をひとつひとつ挙げることはしない。しかし各地に伝承される対応習俗をみると、その内容は大きく二種の系統に分類できるといえる。例として、青森県内の事例を比較してみたい。

・流れ仏を上げた年は漁がある。[6]（上北郡六ヶ所村）

・海で死んだ人を揚げるときは、船の左舷（取舵）のほうから揚げる。また、船に掲げる旗を逆さにする。ドザエモンに出くわしたときは漁が当たるといって、死体を揚げるとすぐ漁に戻る。[7]（下北郡大畑町［現・むつ市］）

この二例をみると、前者は「流れ仏をあげると大漁になる」といった伝承と同様の、知識を伝承する民俗知識（俗信）的な形式を持つものであるといえる。対して後者は、漂流死者が大漁をもたらすという「知識」を前提として持ったうえで、さらに「（遺体を）左舷（取舵）のほうから揚げる」「船に掲げる旗を逆さにする」といった、具体的な行為についての伝承を伴う。さらにその具体的行為は、左右や方向等の細部まで、非常に厳密に定められていることがわかる。

これは青森県内に限った特徴ではなく、全国に渡って同様のことが指摘できる。図2は、「水死体をあげると大漁になる（縁起がよい）」「流れ仏を見つけたら必ず引き揚げなければならない」等の民俗知識の形式をとる習

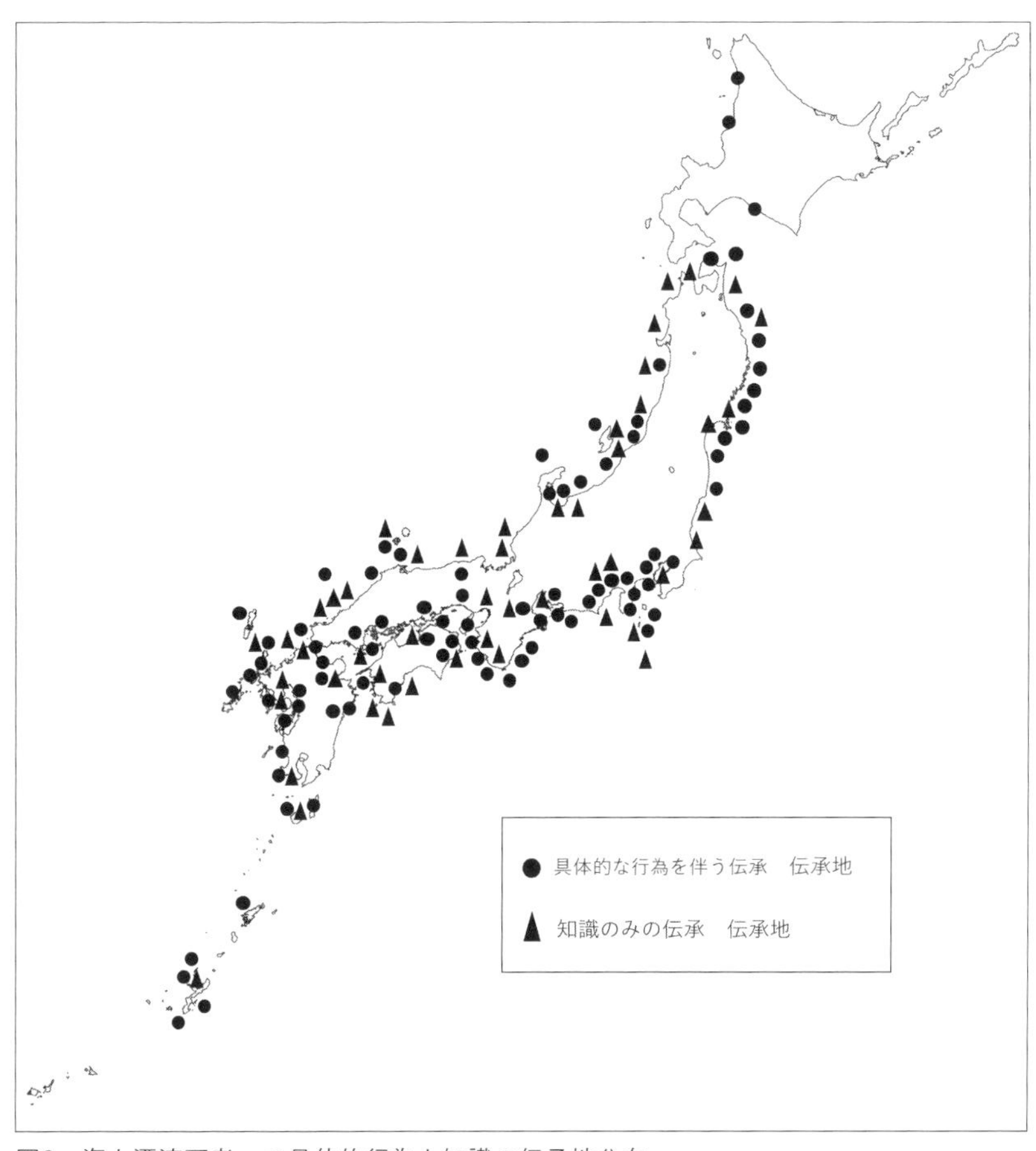

図2　海上漂流死者への具体的行為と知識の伝承地分布

俗と、知識に加えて揚収に際しての具体的な行為についても伝えている習俗の、おおまかな伝承地を示したものである。図の通り、これら二種類の対応習俗は全国に渡って広く分布している。事例ごとに文言や伝えられる揚収の作法に多少の異同は存在するものの、その内容で分類を試みた場合、海上漂流死者への対応に関する習俗は、知識のみの伝承と、知識を下敷きにした行為が付随する伝承の、二種に大別することが可能であるといえる。

加えて、知識のみの伝承

と行為が付随する伝承の分布範囲に注目してみると、知識のみの伝承がまばらながらほぼ全国の沿海部で確認できるのに対し、行為が付随する伝承は、前者と比較すると確認できる地域が偏っているようにみえる。その傾向が明確に表れているのは東北地方や近畿地方の日本海側であり、これらの地方では知識のみの伝承が散見される一方で、行為を伴う伝承が確認できる場所は限定されている。同じく本州太平洋側と比較すると、その差はより明白であるといえよう。

ここで改めて具体的な行為を伴う伝承についてみていくと、それらの伝承に含まれる行為（以降、習俗のなかで行うように伝えられる具体的行為を「作法」と呼ぶ）は、多様でありながら全国に渡って類似点が確認できた。先述した青森県の事例をみても、ひとつの伝承のなかにも、少なくとも「（遺体を）左舷（取舵）のほうから揚げる」「船に掲げる旗を逆さにする」というふたつの作法が含まれている。その他の地域にも特徴的な作法をもつ伝承は豊富に存在し、いくつか興味深い例を挙げるとこのようなものがある。

・拾う際死体のまわりをオモカジ側に三回回る。進水式などのめでたいときはトリカジ側に回る。[8]（三重県熊野市遊木）

・オモカジから揚げる。船霊をのせるときはトリカジからのせる。[9]（大分県臼杵市泊ヶ内）

・エビスサマを積んだ船は目印として船首になんでもよいから被せる。後で「フナバラヒ」をする。[10]（長崎県壱岐郡郷ノ浦町小崎浦［現・壱岐市］）

このように数ある対応習俗の事例の一部を見ただけでも、海上漂流死者に対する作法の多様さが窺えよう。遺体の周囲を船で旋回する、遺体を引き揚げる際に船体の左右どちらから行うかを指定する、遺体を船に積んだことを表す目印をつける等、単に漂流死者を揚収するだけなら定める必要のない、非常に詳細で厳格な法則が、それぞれの伝承地・伝承者のあいだに存在しているのである。

こうした作法のなかにも、例えば漂流死者の揚収と船霊の積み下ろしでは乗り降りに使用する船体の左右を使い分ける、遺体揚収時と進水式等のめでたい場面とでは旋回の方向が異なる等、大変に興味深い区別が確認できる場合がある。また多くの場合、遺体揚収時とそれ以外の状況との「区別」に関する伝承は、あるひとつの事例に限られるわけではなく、遠く離れた複数の地域においてもよく似通っている。そうした共通点からは、日本の沿海地域の住民が漂流死者に対して持つ複雑な感情を窺うことができよう。すなわち、海上漂流死者は大漁をもたらす縁起のよい存在と信じられる一方で、浄／不浄の観念で事物を分類した場合には、明らかに不浄のものとしての取り扱いがなされているのである。漁業者は、船上への船霊や漁獲物の上げ下ろしと、漂流死者の上げ下ろしや用便に使用する場所を明確に区別しており、このことから「船霊・漁獲物」と「漂流死者」の間には対立関係が成立していると指摘できる。

本稿では、こうした細かな作法の数々から窺える海上漂流死者に対する観念について、詳細に述べることはしない。しかし、以上で確認した海上漂流死者対応習俗の分布に関して、対応習俗にみられる「ある作法」を切り口にもう少し掘り下げて考えてみたい。

三、問答からみた海上漂流死者対応習俗

海上漂流死者への対応習俗のなかでも、具体的な行為を伴う場合にはさまざまな作法が確認できることは前述の通りである。遺体の周囲を船で旋回する、揚収の際に船体の決められた側を使用する等のさまざまな作法があ

るが、そうした作法のなかでも特に注目に値する行為として、本章では死者へなんらかの声掛けを行うもの、そのなかでも特に死者との「問答」について取り上げる。

海上で漂流遺体を発見した際、発見者が遺体へ特定の内容の言葉を掛けるという作法は、全国に渡って多くの事例で確認できる。

・沖で流れ仏を見つけたら出漁中であっても必ず声を掛けてやらねばならない。急いでいるときは何でもよいから持ち物を投げ入れ「今は漁に行きよるので引き揚げてやれないが、これにすがって泳ぎよれよ」などと声を掛けてやるものである。[11]（高知県高岡郡中土佐町）

・一人で引き揚げられないときは板や苫を投げ込み「これにつかまってオカの良いところへ流れて行ってくれ」と言う。[12]（鹿児島県笠沙町野間池・大当・小浦など［現・南さつま市］）

これらは、船の大小や人手の不足、漁の最中である等、なんらかの事情で遺体を揚収できない場合の対応であるが、こうした場合に発見した遺体へ声を掛けるという例は決して少なくない。

遺体の引き揚げに際しては、「軽くなれ」「軽く上がれ」といった声を掛ければ実際に遺体が軽くなる、と伝承する事例もあれば、「はい、いくぞ」「うちへ帰るぞ」といった素朴な声掛けをする例も確認できる。こうした事例からは、多くの場合において発見者は漂流死者が人格や意識を持つと考え、積極的に声掛けを行うことである種のコミュニケーションを試みていると捉えることができよう。無論死者が反応を返すことはないが、死者が意志や感情を持っており、掛けられた言葉をしっかりと聴いているという意識が発見者にあるからこそ、このような作法が伝承されていると考えられる。

そうした「遺体へ声を掛ける」という作法のなかでも確認できるのが、「遺体に大漁を約束させる」という形式である。

・水死体をみつけると「漁をさせるか、させねえか」と問うてからおもかじよりあげる。[13]（福島県いわき市）

・流れ仏に出合うと、まず船頭が流れ仏に向かって「漁をさせてくれ」「大漁させてくれ」などといってから船に引き揚げた。流れ仏はたいがいドウノマ（帆柱のある間）に積み上げる。なかには船で引っぱってくるものもある。[14]（富山県富山市岩瀬・水橋）

・神様は船の左にいるから、シビトは右から拾った。「お前を拾い上げてやるから、大漁にさせろ。大漁にさせるか、大漁にさせるなら拾ってやる」と言って拾い上げた。黙って拾ってはいけないという。[15]（愛知県知多郡南知多町師崎）

「遺体に大漁を約束させる」という声掛けでは、遺体の揚収に対する報恩として、漂流死者へ「大漁させること」を要求するような内容を含む場合が事例の多数を占める。また、この「大漁を約束させる」形式の声掛けにおいて非常に特徴的なのが、しばしば発見者―死者間での問答が行われる点である。

・艫にいる一人が「助けてやるが漁をさすか」と問い、舳にいる者が「漁さす漁さす」といった内容の掛合をし引き揚げる。[16]（高知県）

・海で水死体を見つけたら最初に見つけた人が海に飛び込み死体のところまで泳いでいき、死体にかわって「あげてけえろ」と船の人に頼む。船の人が「漁をさせればあげてやる」といい、死体の所にいる人が「させてやる」と答える。こうした問答をしてから船のトリカジからあげてやると水死体は鼻血を出して喜び、この翌日は必ずといっていいほど大漁になったという。[17]（神奈川県平塚市）

こうした事例からは、船に二人以上の船員が乗っている場合に、役割を分担し、言葉を交わしていることがわかる。問答の細かな文言には事例ごとに異同があり、船員役から話し掛ける／遺体役から話し掛けるといった差異は存在するものの、①船員が船員役と死者役に分かれ言葉を掛けあう、②船員役は大漁等をもたらすことを条件に漂流死者の揚収を持ち掛け、死者役は揚収に対する報恩を約束し引き揚げてもらう、という点が共通の特徴といえよう。

ただしこうした問答には、死者役が存在しない（船員同士のみで決められた内容の問答を行う）事例や、死者役に約束させる内容が「大漁」ではない事例も少数だが確認でき、問答の分布や性質に関しても一考の余地がある。ここからは、死者への声掛け／死者との問答の分布的特徴から、さらに海上漂流死者対応習俗の展開について考察する。なお以降は、遺体に声を掛けるのみで死者役の発言がないものを「声掛け」、死者役の発言があるものを「問答」として論を進めていく。

多くの場合問答は、先述した事例のように船員役が「引き揚げてやるから大漁させるか」といった問い掛けをし、それに対し死者役が「大漁させるから引き揚げてくれ」という旨の返答をする、という形式をとる。事例によっては神奈川県平塚市の例のように、死者から「あげてくれ」と声を掛ける場合や、船員役の要求する対価が大漁ではない場合もある。[18] 死者へ要求するものが多くの場合「大漁」である点からは、ある種の予祝的性格も窺えよう。ひとついえるのは、声掛け・問答の双方が、「海上漂流死者を揚収すると大漁に恵まれる」という「知識」が前提にあるからこそ行われる作法だという点である。

以上を踏まえ、「揚げてやるから大漁させろよ」や「大漁させるか」「大漁させる」といった、漂流死者へ大漁等を求める取引的内容をもつ声掛け・問答がみられる事例について、その分布をおおまかに示したものが図３である。

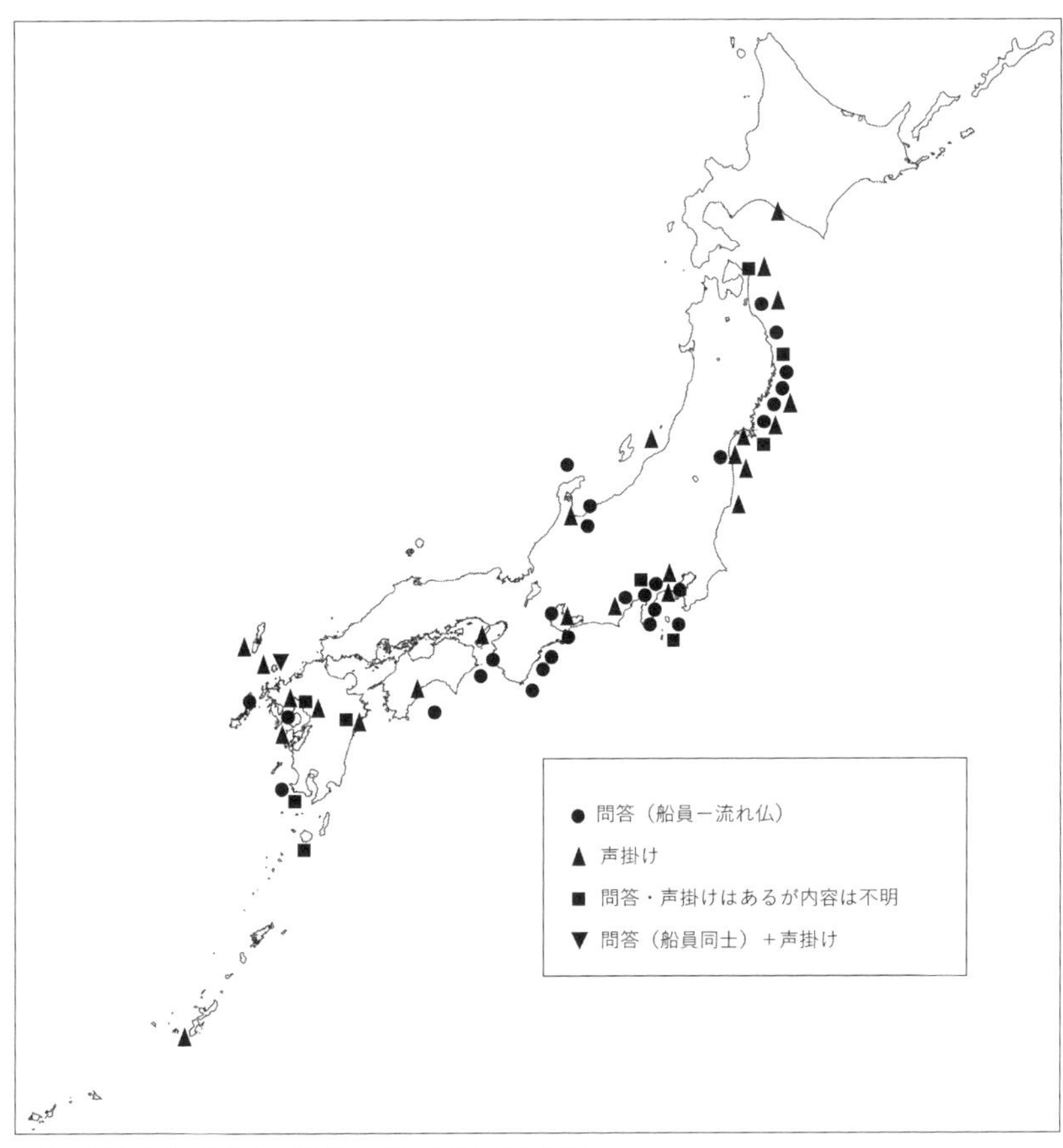

図3　海上漂流死者との問答・声掛け伝承地分布

図3によると、大漁等を約束させる声掛け・問答は、本州太平洋側にかなり濃密に分布している。そのなかでも死者役の発言がある問答に注目すると、その分布は東北から九州地方、特に本州においては太平洋側に多く、問答形式が確認できる南限は鹿児島県・屋久島であることがわかる。

なお、屋久島以南で確認できる唯一の声掛けの事例は沖縄県のものである。しかしその内容は『『助けてあげるからあんたもこっちのことを考えてくれ。極楽に行かせてくれ』という。豊漁のことは言わない」（沖縄県糸満市）というものであり、[19]東北地方から九州地方までにみられる大漁を願う内容の声掛け・問答とは性質が異なっているように思われる。また、屋久島で行われる問答に関して確認できたのは、「艫先には若者、艫には老人が乗り、ふたりで問答して引き揚げた」[20]（鹿児島県熊毛郡屋久島町栗生）という事例のみであり、詳細な文言が不明であるため船員—死者間の問答形式をとるのかは判然としない。しかし、同じく屋久島の事例で、問答に関する非常に興味深い伝承が確認できた。

・問答はしない。天草からトビウオとりに来た人が水死体に向かって「エビをとらすっか、とらせんか。とらすれば連れていく」と言った。日南市から来た漁師が問答をして揚げたこともある。[21]（鹿児島県熊毛郡屋久島町湯泊）

この記述からもわかるとおり、この事例の伝承地である湯泊地区では、船員—死者間の問答は行わないという。しかし九州地方から渡ってきた漁業従事者は、死者との「取引」の要素を含んだ声掛けや問答を行っていたというのである。

屋久島以南の南西諸島において大漁を求める内容の声掛け・問答の作法が確認できないことと併せて考えると、南西諸島には元来、海上漂流死者へ大漁を約束させるような声掛け・問答が存在しなかった可能性が高い。加えて、屋久島に問答の存在が確認できる理由として、漁業による移動を通じて、九州地方から問答が伝播した可能性が指摘できるのではないだろうか。

ここで改めて、南西諸島における海上漂流死者への対応について確認しておきたい。というのも、九州以北と沖縄県をはじめとする南西諸島とでは、海上漂流死者への意識の相違がみられるためである。

これまでみてきたとおり、九州以北のほとんどの地域においては、海上漂流死者を「大漁をもたらす存在」とみなし、積極的に揚収しようとする意識を見出すことができた。対して、沖縄県における海上漂流死者対応習俗、および水死者にまつわる調査報告をみると、漂流死者を積極的に揚収するという事例も存在する一方で、以下のような伝承も確認できる。

・一回足で蹴ってみて、これは死んでいるという。そしてあんたはヤクムチャー（厄持ち）だといってまた足で蹴る。このとき災いは抜けるという。[22]（沖縄県国頭郡国頭村楚洲）

・水死体の発見者、抱き上げた人も悪霊ばらいとして、祈願として「リュウグウニガイ」を、豚を殺してやる。経費がない場合は、遺言して孫の代になってもやらねばならぬ。[23]（沖縄県池間島）

・溺死者や自殺者を発見した人は、ワークラスカンニガイ（豚を屠殺してのニガイ）をする。[24]（沖縄県宮古郡伊良部村［現・宮古島市］）

これらの三事例は、沿海地域住民の溺死者・水死者を忌む意識が、非常に強く表れている例であるといえよう。まず国頭村楚洲の事例では、漂流死者を「蹴る」という一見冷酷とも思える対応を行っており、遺体を蹴ることで「災いは抜ける」という表現からも、漂流死者が「災厄をもった存在」と見做されていたことがわかる。また池間島および伊良部村では、漂流死者に限らず水死者を抱き上げた者は一種の祓いと思われる儀式を行う必要があるというが、注目すべきはその強制力である。「孫の代になって」でも儀式を行うよう戒めている点からは、水死者のもつ災厄の力を放置しておくと水死者に触れた本人のみならず、その血筋にも悪影響をもたらすという考えが人々の間に存在したことがわかる。

また、漂流死者・水死者に限らない「異常死者」に対する習俗からもその傾向は読み取れる。例えば沖縄県那覇市では、溺死、伝染病死、自殺、他殺等での死者を「ヤナジニ（悪死）」と呼んで忌み嫌い、こうした死者は家族や親族に対してグブリー（御無礼）であるとして一般の葬儀は行わなかったという。漂流遺体を発見した際にも、発見してしまえば対応しなければならないため、見ないふりをして行き過ぎるのが通例であった。[25] 石垣市でも、屋外で変死した者、海・河川での溺死者、投身・縊死による自殺、事故死等の場合、その遺体は屋内に入れず、庭に設けた日覆いで葬儀を営んだという。特に自殺・溺死は「ワルジニ」と呼ばれ、ワルジニした遺体は屋内ではなくトゥク（仏壇）のある二番座前方の軒下で入棺した。[26]

以上は琉球諸島における習俗だが、薩南諸島においても、九州以北同様に漂流死者を積極的に揚収するという伝承だけでなく、「船の上に揚げず板を出し、これにのって行けと板にのせそのまま流す」[27]（鹿児島県鹿児島郡十島村平島）というように、そもそも遺体の揚収を避ける事例も確認できる。問答の事例も併せて考えると、すでに指摘してきたように、南西諸島においては異常死者、そして海上漂流死者を強く忌む意識が存在し、その意識の程度は九州以北の列島と比較してもかなり強いように思われる。

こうした海上漂流死者を忌む強い意識は、調査記録をみていくと南西諸島に限らない。例えば石川県舳倉島（輪島市海士町）では、大多数の事例と同様に漂流死者の揚収を喜ぶ伝承がみられる一方で、「水死者の死体は極度に嫌い見て見ぬふりをしたともいう。沖の水死者については『漁がきいてどうにもならん』と喜んで船に積んだと伝承するものもあるが、これを否定する古老も多い[28]」という。

さらに、先程沖縄県国頭村の例でみられた漂流死者を「蹴る」という行為について、南西諸島以外でも同様の伝承が確認できた。牧田茂によると、伊豆諸島に属する八丈島では、乙姫（竜宮様）が抱き付いていると考えるため漂流死者を引き揚げることを嫌う。揚収するときは「踏んで踏んで踏んだくって」から揚収するという。揚収した者も「水で死ぬ」といわれ、近親者でないと引き揚げにいかない。[29] 琉球諸島と伊豆諸島という離れた地域においてよく似た対応習俗が伝承されている点からは、離れた場所に位置する島嶼間においても、漂流死者を忌む意識、さらにその意識に基づいた対応習俗が共有されていた様子が窺える。

ここまで、漂流死者との問答という作法の伝播の可能性、および南西諸島を中心とした島嶼部と、九州以北の列島地域との漂流死者に対する意識の相違について確認した。本章で示したこれらの点から、以下二点の論点を提示したい。

一点目として、①海上漂流死者との問答には「漂流死者は大漁をもたらす」という認識が顕著に反映されている、②問答は九州以北から伝播した可能性が考えられる、③南西諸島をはじめとする島嶼部では漂流死者を忌む意識が強く、「漂流死者は大漁をもたらす」という認識が九州以北に比べて薄い。これらの点から、海上漂流死者との問答は、九州以北の列島地域を中心に発展したと考えられる。

二点目として、「漂流死者は大漁をもたらす」という知識に基づいて行われる問答は、本州太平洋側に特に濃密に伝承されている。加えて島嶼部において漂流死者を忌む傾向が窺える点を併せると、「海上漂流死者は大漁をもたらす」という認識とそれに伴う作法は、本州太平洋側を中心に発展した可能性を指摘することができる。

四、国外への広がりと研究の展望

ここまで、日本国内の海上漂流死者対応習俗の分布には地形や海流・潮流が大きく関わっている点、また問答の作法の広がりと海上漂流死者に対する意識の地域差から、問答および「海上漂流死者は大漁をもたらす」という観念は、九州以北の列島地域、特に本州太平洋側を中心に発展してきたという可能性について述べてきた。

本稿では日本国内における海上漂流死者対応習俗の分布に注目したが、海上を漂流する身元不明の死者に対する習俗が伝承されているのは日本のみではない。現在までに少なくとも、韓国・中国・台湾といった東アジア地域でも、海上漂流死者への対応についての伝承が確認されている。さらに興味深いことにそれらの事例は、日本国内で伝承されている内容と、非常によく似た点が多く見受けられるのである。現時点で確認できている事例は限られているが、今後の海上漂流死者対応習俗研究の展望を述べるうえでも、海外の状況にも少しだけ目を向けておきたい。

例えば、東アジア地域には以下のような事例が存在する。

・水死体を見たら「行きましょう。オカにあがりましょう」といって左手でつかみ、左舷から上げる。港に着くと右舷から下ろす。埋めると商売上何かよいことがあるという[30]。（韓国・麗川郡南面　鳶島）

・元宝（水死体）を見つけると、元宝にむかって「これから一緒に帰りましょう。よろしく船を守ってください」と言って、連れて帰る。元宝の家族が来て名前を呼ぶと、元宝は鼻血をだす。身元のわからない元宝は土地を買って埋葬する。男の元宝はだいたい下向きになって浮いている。もし上向きだったら上げない。女の元宝は上向きだったら上げるが下向きは上げない[31]。（中国・浙江省温嶺市石塘鎮箬山　東海村）

前者の事例では、死者への声掛けのほか、二章で紹介したような、遺体の上げ下ろしで使用するカジを指定する伝承があることがわかる。後者の事例では同じく声掛けに加え、遺体の浮いている向きとそれに伴う禁忌伝承、および「家族に会うと遺体が鼻血を出す」という伝承が確認でき、これらによく似た伝承は日本国内でもしばしば確認できる[32]。

こうした東アジア地域でみられる海上漂流死者への対応の数々は、日本国内で伝承される対応習俗と非常に似ている一方で、その細部には多少の相違が認められる。例えば漂流死者への声掛け・問答に関しては、東アジア地域においても日本同様、海上漂流死者へ「大漁」をもたらすよう求める内容がみられるが、海上漂流死者役と船員役が言葉を掛けあう「問答」の形式は、日本以外の東アジア地域ではほとんど確認できない。

また漂流死者を海上で発見した際、日本では正当な手続きを踏まずに死者を見捨てた場合には「不漁になる」といった程度の戒めが多かったが、それと比較すると東アジア地域では漂流死者を見捨てた際のペナルティがかなり重くなる傾向にある。例えば韓国・麗川郡三山面草島大洞里では、漂流死者を見捨てると、網が全部切られる・船の衝突が起こる・人が死ぬ等の事象が起こるとされる。また、同じく韓国・新安郡黒山面可居島では、漂流死者に対して正式な埋葬・祭祀の手続きを行わなければ災厄が起こるといい、一九八二年には、漂着した死者を警察が来るまでの間浜に放置した結果、その間複数の村人が相次いで死亡し、魚も獲れなかったと伝えられている(33)。

以上のような伝承から、海上漂流死者への対応に関する習俗は決して日本固有のものではなく、東アジア地域、あるいはより広い地域に共通する民俗であると考えられる。海上漂流死者対応習俗の世界への広がりについて考えるうえでも、東アジア地域はもちろん、その他の地域の事例を少しずつ蓄積していくことも今後の課題である。東アジア地域と日本国内の対応習俗の対比や、その他地域における海上漂流死者に対する観念の整理を行うことで、民族・文化ごとの死生観の共通点・相違点や、海上漂流死者対応習俗の根源について考察する手がかりとなるのではないだろうか。

五、漂流死者への対応習俗とその分布

改めて、ここまで明らかにした海上漂流死者対応習俗の実態と、提示した仮説についてまとめておきたい。

まず、海上漂流死者への対応習俗は、太平洋沿岸地域を中心に、湾やリアス式海岸といった地形をもつ場所に特に濃密に分布している。さらにこれらは海流が集中する地域であることから、こうした対応習俗は比較的地先の海域で実践される習俗であると考えられる。

次に、海上漂流死者への対応習俗は、民俗知識（俗信）の形式を取り知識のみを伝承するものと、知識に基づいた作法（具体的行為）を伴うものに分けて捉えることができる。作法をもつ対応習俗のなかでも、「海上漂流死者は大漁をもたらす」という観念が色濃く反映されている漂流死者への声掛け・問答を見ると、①問答の分布は対応習俗全体の分布同様、特に本州太平洋沿岸地域に集中して確認できる、②南西諸島でみられる死者との問答は九州以北から伝播した形跡がみられ、また南西諸島・その他島嶼部においては漂流死者を忌む意識が強く、「海上漂流死者は大漁をもたらす」という観念は九州以北の列島地域に比べて薄い。以上の点から、漂流死者との声掛け・問答は九州以北を中心に発展したと考えられ、同時に「海上漂流死者は大漁をもたらす」という認識とそれに伴う作法は、本州太平洋側を中心に発展してきた可能性が指摘できる。

本稿では、日本国内を中心に今までに知り得た海上漂流死者対応習俗の事例について、引き揚げる際の行為と問答を中心に、伝承内容を検討し、その分布を明らかにした。習俗にみられる作法（具体的行為）の詳細な分析や、そうした作法から窺える漁業従事者が持つ海上漂流死者への観念については本稿では触れなかったが、今後の海

上漂流死者への対応習俗研究には、いくつか大きな課題が考えられる。

まず、ここであげた伝承資料の大半は戦前から昭和後期にかけての習俗であると考えられる。一方で、その多くがいったいいつ頃に実践されていたものなのかが、曖昧であると言わざるを得ない。また、江戸時代までの対応習俗の実態については現時点で情報を得ることができておらず、本稿で取り上げたような海上漂流死者対応習俗の歴史的な状況が明らかにできていない。海上漂流死者への対応習俗がいつから確認できるのか、そして現在までその伝承内容にどのような変化がみられるのか等、海上漂流死者対応習俗の歴史的展開を明らかにすることは、日本における海上漂流死者観を考えていくうえでも大きな課題であるといえよう。

また、本稿では『海上漂流死者は大漁をもたらす』という認識とそれに伴う作法は、本州太平洋側を中心に発展した」という可能性を示したが、なぜ本州太平洋沿岸を中心として海上漂流死者対応習俗が発展したのか、その要因は未だ明らかではない。想定できる要因としては、伝承者・伝承地の漁業形態によるもの、漁業従事者の移動・移住、信仰といったものがあるが、これらに関しては調査地を定め、地域に密着したフィールドワークが不可欠であろう。

同時に、海上漂流死者対応習俗の現状についても実態を把握する必要がある。前述したように、海上漂流死者にまつわる習俗は平成初期までに集中的に調査・研究が行われたものの、その後ほとんど省みられることがなかった。漁業や航行の技術が著しく発達し、また東日本大震災等の大規模な災害・海難事故を経て、漁業従事者や沿海部の住民の海上漂流死者に対する意識・観念が変化したであろうことが想像できる。海上漂流死者対応習俗がどのように形を変え伝承されているのか、それらの伝承が人々にどのように受容されているのかを知ることは、現代の人々の死生観や海洋観、災害や事故との向き合い方を明らかにする、大きな手掛かりとなるのではないだろうか。

市町村史や民俗調査報告書における報告から窺えるのは、従来の民俗学における海上漂流死者対応習俗への関心が非常に断片的であり、一部側面に偏っていたという点である。エビス信仰の一要素としての漂流死者が注目され、その研究が深化したのちは、海上漂流死者がもつその他の側面や習俗の全容把握が疎かにされ、一部研究者の提示した解釈や論理が、十分な検討なしに受容されてきた。

本稿では対応習俗の内容の一部と分布に絞った考察・分析を試みたが、この限られた視点からでも、漁業従事者や沿海地域の住民にとっての海上漂流死者への観念について、さらなる仮説や課題が明らかとなった。対応習俗を伝承し実践する人々がどのような形態の漁業に従事しているのか、揚収した漂流死者に対して行う供養・祭祀の実態はどのようなものなのか等、明らかにすべき事柄は多く残されている。現代日本を取り巻くさまざまな不安や課題と向き合うために、海上漂流死者への対応習俗に再び関心が向けられ、調査・研究が進展することを期待したい。

注

（1）日和佐町史編纂委員会『日和佐町史』一九八四年、一三四六頁。

（2）鳥羽市史編さん室『鳥羽市史　下巻』一九九一年、八五三頁。

（3）宮城県教育委員会「宮城県文化財報告書　第一〇集　宮城の民俗　民俗資料緊急調査報告」一九六六年（大島暁雄ほか・編『日本民俗調査報告書集成　北海道・東北の民俗　宮城県編』三一書房、一九九五年、四九二頁）。

（4）波平恵美子「水死体をエビス神として祀る信仰：その意味と解釈」『民族學研究』四二巻四号、日本文化人類学会、一九七八年（波平恵美子『ケガレの構造』青土社、一九八四年、一三五―一九一頁）。民俗学における「流れ仏」への関心の高まりは一九三〇年代頃から確認でき、近年の主要な「流れ仏」研究としては、波平の「儀礼的転換」に反論した下野敏見『東シナ海文化圏の民俗』（未來社、一九八九年）や、民俗知識（俗信）の視点から流れ仏に対する漁民の観念を分析した吉成直樹『俗信のコスモロジー』（白水社、一九九六年）等が挙げられる。

（5）『日本民俗大辞典』の解説でも「祟りをなす強力な霊力をもつと考えられている水死人を、丁寧にまつることで、その力を逆転させ、みずからの大漁に結びつけようとする漁民の心意」という記述が採用されており（高桑守史「水死人」福田アジオ他・編『日本民俗大辞典　上』吉川弘文館、一九九九年、九〇一頁）、波平の「儀礼的転換」を踏まえたものであると推測できる。

（6）青森県史編さん民俗部会『青森県史　民俗編　資料　南部』二〇〇一年、四六八頁。

（7）青森市史編集委員会『新青森市史　別編三　民俗』二〇〇八年、三七〇頁。

（8）熊野市史編纂委員会『熊野市史　下巻』一九八三年、七二五頁。

（9）臼杵市史編さん室『臼杵市史（下）』一九九二年、四九九―五〇〇頁。

（10）長崎県教育委員会「長崎県文化財調査報告書　第四二集　長崎県の海女（海士）海女（海士）民俗文化財特定調査」一九七九年（大島暁雄・監修『日本の漁村・漁撈習俗調査報告書集成　第一一巻　九州地方の漁村・漁撈習俗〈二〉』東洋書林、二〇〇四年、二〇四頁）。

（11）中土佐町史編さん委員会『中土佐町史』一九八六年、九九四―九九五頁。

（12）下野敏見『東シナ海文化圏の民俗』未來社、一九八九年、一三四―一三五頁。

（13）いわき市史編さん委員会『いわき市史　第七巻　民俗』一九七二年、三七三頁。

（14）富山県『富山県史　民俗編』一九七三年、三三六頁。

（15）愛知県史編さん委員会『愛知県史　別編　民俗二　尾張』二〇〇八年、七九二頁。

（16）高知県『高知県史　民俗編』一九七八年、二五一―二五二頁。

（17）平塚市博物館市史編さん係『平塚市史一二　別編　民俗』一九九三年、一八五頁。

（18）船員が大漁以外を求める例として、『この船に幸いをもたらせ、そうしたら乗せる』という旨の言葉を掛ける。一緒に乗っている者が『必ずそういたします』と答える」（長崎県北松浦郡小値賀町笛吹）が挙げられる。前掲（10）、二七一頁。

また、死者役が存在しないが船頭同士で問答形式をとる珍しい例として、「船頭『エビスサン、カコは引き揚げるのはいやというが、こうしてあなたを引き揚げてやるのでシアワセをやらんと困る』」（長崎県壱岐郡芦辺町諸吉八幡浦［現：壱岐市］）と言葉を交わす事例も存在する。前掲（10）、一五七頁。

（19）前掲（12）、一四四—一四五頁。
（20）前掲（12）、一三八頁。
（21）前掲（12）、一三八頁。
（22）前掲（12）、一四五—一四六頁。
（23）大井浩太郎、池間島史誌発刊委員会『池間島史誌』一九八四年、二一〇頁。
（24）伊良部村『伊良部村史』一九七八年、一三七六頁。
（25）那覇市企画部市史編集室『那覇市史　資料編　第二巻中の七　那覇の民俗』一九七九年、二六四・六四五頁。なお、水死者を揚収しない通例はあるものの、発見したら必ず引き揚げ丁重に扱うようになったとの記述も見えることから、当地においては漂流死者を積極的に揚収する姿勢は後発的に現れたものと考えられる。
（26）石垣市史編集委員会『石垣市史　各論編　民俗　下』二〇〇七年、四六六頁。
（27）平山輝男・編『薩南諸島の総合的研究』明治書院、一九六九年、一五四頁。
（28）石川県郷土資料館「海士町・舳倉島　奥能登外浦民俗資料調査報告書」一九七五年（大島暁雄ほか・編『日本民俗調査報告書集成　中部・北陸の民俗　石川県編』三一書房、一九九六年、五四六頁）。
（29）牧田茂「葬制」柳田國男・編『海村生活の研究』日本民俗学会、一九四九年、二七〇頁。
（30）前掲（12）、一五七頁。
（31）常光徹「漁と海に関する俗信」福田アジオ、神奈川大学大学院歴史民俗資料学研究科『中国江南沿海村落民俗誌—浙江省象山県東門島と温嶺市箬山—』二〇〇六年、二四三頁。
（32）日本国内の事例では、例えば遺体の浮いている向きに関するものでは、「女は下、男は上を向いている」（神奈川県横須賀市佐島。横須賀市『新横須賀市史　別編　民俗』二〇一三年、五〇—五一頁）、「女は上、男は下を向いている」（千葉県市原市八幡。千葉県教育委員会「東京湾漁撈習俗調査報告書　東京湾の漁撈と人生」一九六七年［大島暁雄ほか・編『日本民俗調査報告書集成　関東の民俗　千葉県編』三一書房、一九九四年、一七一頁）、「男の仰、女の伏をそのまま拾い上げると災難にあうといわれる」（山口県萩市。萩市誌編纂委員会『萩市誌』一九五九年、五八八―五八九頁）等、様々なバリエーションがある。揚収した遺体が血を流すという伝承については、「揚げてやると遺体は鼻血を流して喜ぶ」（神奈川県平塚市。前掲［17］、一八五頁）。「近親者に会うと鼻血が出る」（島根県江津市。江津市誌編纂委員会『江津市誌下巻』一九八二年、一三一一頁）等が挙げられる。

（33）　前掲（12）、一五七―一五八頁。

＊事例の提示にあたっては、必要に応じて筆者が出典内の記述をもとに要点を整理した。特別な呼称がみられる場合や資料内の独特のニュアンスを残したい場合には、出典内の表現をそのまま使用した。

Ⅳ　動物との交渉

「憑物」伝承とその分布

岩瀬春奈

一、「憑物」とは

「憑物」とは、生霊や死霊、動物霊、植物霊などが人に憑くという信仰に基づくものであり、人の精神異常や急速に裕福になった家などの、人や地域社会にとって何かしらの異常事態に対して、その原因を憑物などに求め、宗教的・呪術的あるいは社会的な対応をする習俗のことである。とくに、家や家筋に憑くとされる憑物は、社会的な差別をも生んだ時代があり、社会問題として取り上げられ、その撲滅のために実態調査や啓蒙活動が行われたりもしてきた。

このように「憑物」には、学問上の課題だけではなく、社会的な問題も含まれているが、本稿では、「憑物」をめぐる諸問題を考える上で、その基本的な作業として、憑物の伝承内容について注目し、事例収集と分布図から全国的な広がりの様相を捉えるものである。

まず、「憑物」をテーマとした学術的な研究には、早くは、民俗学の柳田國男（柳田一九二〇）、歴史学の喜田貞吉（喜田一九二二）のものがあり、戦後には、速水保孝（速水一九五三）や石塚尊俊（石塚一九五九）、吉田禎吾（吉田一九七二）、小松和彦（小松一九九四）などのものがある。

そのなかでも、憑物伝承の全国的な事例収集と分布についての研究には、右記の喜田貞吉と石塚尊俊のものがある。喜田は、戦前に憑物伝承を全国から収集し、学術雑誌にそれらの報告をまとめている(1)。また、石塚は戦後に、喜田の頃よりも多くの事例を全国から収集し、憑物の名称に着目して全国分布を提示した(2)。このように、憑物伝承の分布については戦前に喜田が全国規模で事例収集を開始し、戦後、石塚が事例収集とともにその様相を分布図として提示しているという状況である。またこの他には、後藤忠夫のように、特定の地域に限定し、伝承の分析としてその分布状況を報告しているものもある(3)。

現在は、全国の自治体から民俗についての報告書や市町村史誌などが刊行され、それらに多くの民俗や習俗が報告されている。そのなかで憑物伝承とその習俗についても調査対象とされ、喜田、石塚の時代よりも多くの民俗情報が集積されている現状がある。そこで本稿では、こうした民俗情報の集積をもとに再度、事例を収集し、石塚の分布図の更新を図るとともに、憑物伝承の分布についての分析を目的とする。

二、憑物伝承の報告とその名称

青森から沖縄までの市町村史誌など、民俗の実態を集成した資料集から憑物伝承について、現時点までに七二二例を収集した。この全国の事例は事例一覧として詳細をまとめ、そこから分布や事例の分析へと活用をしている。だが、ここではそのすべてを掲載できないため、そのなかの事例を以下でいくつか紹介する。[4]また、北海道については、アイヌ文化をはじめとして、その歴史上、他地域とは様相が大きく異なることが想定される。そのためここでは取り上げないが、憑物研究として重要な動物霊への信仰という側面において注目すべき地域であると考えている。[5]次では、東日本、九州・沖縄を含めた西日本の憑物伝承の事例を出典とともに、憑物の名称に注目して、それぞれ地方ごとに紹介する。

㈠東日本の憑物伝承

まず、東日本の憑物伝承の事例である。ここでは、東北地方、関東地方、そして東海・北陸を含めた中部地方までを東日本として捉え、紹介する。

東北の事例　東北には次のような憑物伝承の事例が確認できた。

事例1　岩手県金ケ崎市（『金ヶ崎町史4　民俗』二〇〇六）

「昔はよく、南部の方から「エズナつけられたから、送ってくなんせ」と言って、付き添いがついてエズナつきが来たものです」

事例2　福島県白河市（『白河市史』一九九〇）

「ある人が山へ木を伐りに行き帰ってから行動がおかしくなった。昼間、フトンをかぶって寝たふりをしたり食事をせず人がいない時にものを食べたりする。フトンの中を見るとキツネの毛があった。そこでこれは山でキツネにつかれたということになり民間の宗教者に拝んでもらったらキツネは出ていった」

このように、動物霊が人に憑くという内容の報告が中心で、憑いた動物霊をキツネあるいはエズナと呼称している。

関東の事例　関東には次のような憑物伝承の事例が確認できた。

事例3　群馬県伊勢崎市（『伊勢崎市史　民俗編』一九八九）

「昔、このオサキを使って他人の家の物を自宅へ運ばせ、資産家になった家があったという。オサキは、よその家から粉でも餅でも何でも運んでくる。しかしその家の身上が傾くと逆に物をよその家へ運んでしまうという。（中略）またオサキは人に憑く。オサキ落としはオガミヤ（拝み屋）に祈禱してもらう」

事例4　埼玉県戸田市（『戸田市史　民俗編』一九八三）

「昔、いくら食べても腹が減り、やせてしまう人があった。不思議に思って占い師にみてもらったところ、キツネが腹の中に入り、食物を食べてしまっているとのことだった。キツネにとりつかれるのは病気の人に多いという」

このように、関東には、東北の事例で確認したキツネという呼称以外に、オサキという呼称があることが確認できる。

中部の事例　中部には次のような憑物伝承の事例が確認できた。

事例5　長野県埴科郡坂城町（『坂城町誌上巻 自然・民俗編』一九七九）

「狐につかれた人があった時は、部屋の中に閉じ込めて南蛮をいぶすと正気にかえるという」

事例6　愛知県西春日井郡春日村（現清須市）（『春日村史　現代編』一九八八）

「京都の伏見稲荷から大札（分霊）を受けてくると、クダギツネがついてくるという。（中略）クダギツネを飼うと、一時は裕福になるが、クダギツネもどんどん殖える。喰わせることができなくなって、放置しておくと、家を出て、他人に取り憑くようになる。クダギツネが家を出ると、その家は没落する」

このように、東北・関東で確認してきたキツネの呼称の事例があるとともに、クダギツネという呼称が確認できる。この他には、岐阜県ではゴンボダネと呼称され、生霊とされる報告があり[6]、さらに三重県にはダリと呼称され、死霊とされる報告も確認できた[7]。

以上のように収集した事例から、東日本の憑物の呼称をみてみると、キツネのほかに、イヅナ・エズナ、オサキ・オーサキ、クダ・クダギツネという呼称が確認できる。そして、憑物として報告されているのは主に動物霊で、この他に生霊・死霊とされる憑物伝承の報告も確認できた。

(二)西日本の憑物伝承

次に、西日本の憑物伝承の事例である。ここでは、近畿地方、中国地方、四国地方、九州地方と、沖縄県までを西日本として捉え、紹介する。

近畿の事例 近畿には次のような憑物伝承の事例が確認できた。

事例7 大阪府狭山市（『大阪狭山市史 第九巻 民俗編』一九九七）

「今熊では、昔、ある女性に狸が憑き、この狸を抜いてもらうために能勢の妙見さん（豊能郡能勢町）にあずけたことがある。狸が憑くと異常にたくさん食べるようになる。昔は、今でいう老人性痴呆症の老人などに対し「狸が憑きよってんやな」とか「狸憑きの婆さん」などと言った。そんな場合には後に述べるイナリサゲに拝んでもらったという」

他地域でも確認されてきているキツネという名称以外に、タヌキという名称が確認された。また、近畿地域は憑物伝承の報告とともに、イナリサゲなどと呼ばれる民間の宗教者や寒施行などの習俗も確認でき、注目される[8]。さらに、三重県で確認されたダリの事例も奈良県や和歌山県などで確認された[9]。

中国の事例　中国には次のような憑物伝承の事例が確認できた。

事例8　鳥取県東伯郡東伯町〔現琴浦町〕（『東伯町誌』一九六八）

「とうびょうというのは、へびだというところもあるが、伯耆ではきつねであるとされている」

事例9　島根県出雲市（『出雲市誌』一九五一）

「この地方でいう人狐とは、その形、猫より小さく、鼠よりはやや大きいくらいであって、脚は短かく、尾は長く、耳は尖らず、色は褐色、しばしば溝に沿って出没し、時たま小手をかざしてみるくせがあり、つねに七十五匹もつれだって歩く（中略）そうした人狐が棲んでいる、もしくは飼われていると称する家を狐持といい、その血統を持筋という」

事例10　島根県飯石郡赤来町〔現飯南町〕（『赤来町史』一九七二）

「昔から「外道もち」ということがある。「あの家は外道をだす」などということが世間で噂されてきた。何か目に見えない不思議な霊力を持つ動物がいて、それが人に憑いて病人にしてしまう」

事例11　山口県萩市（『萩市誌』一九五九）

「犬神持の家系があり、七十五匹の鼠様の動物を飼っているといわれている。人について病気を起させたり、食物につくと新鮮なものでもすぐ腐敗するという」

中国地方には、キツネ・タヌキの他に、トウビョウ、人狐、ゲドウ、犬神という名称が確認でき、どの地方よりも多くの種類の名称があった。また、キツネとタヌキという名称には、カイコ狐や豆狸などと呼ばれ、それらが家に憑くという内容の伝承が確認できた。[10] こうした状況から中国地方においては名称だけでなく、その伝承内容にも注目される。とくに、キツネという名称のままで、その伝承内容が人に憑くという事例と、家に憑くという事例とがあった。こうした同じ名称で内容の異なる事例が多く確認されたため、そうした場合にはその事例内容から人狐の事例と同様の事例として捉えて考察することとした。さらにトウビョウという名称については、動物霊がキツネとされる事例とヘビとされる事例とがあった。それからゲドウについては、動物霊の総称のように報告される例が多く、その動物もイタチやキツネ、ヘビなど様々であった。

四国の事例　四国には次のような憑物伝承の事例が確認できた。

事例12　徳島県那賀郡那賀町上那賀（『上那賀町誌』一九八二）

「昔から犬神持ちの者があるといわれてきた。昭和初年ころまでは某家は犬神の末裔とか、病人が出たりすると犬神にとりつかれたといわれ、その対策として山伏や加持祈禱をする人にたのみ駆逐せられたが、精神的に効果があったらしい」

事例13　愛媛県宇摩郡新宮村〔現四国中央市〕（『新宮村誌　歴史行政編』一九九八）

「とんべ神は大晦日にこれを祀っている家に集まるといい、これを追い出すと祟るといわれている。蛇神であり、長さ二〇センチくらいで首に白か黄色の輪があり胴体は蝮のような茶褐色をしている。とんべ神を祀った家の人は他の人やものに憑くという」

四国でも、他地方で確認されてきているキツネ、タヌキという名称が確認できた。その他に、中国でも報告のあった犬神という名称があり、四国四県ではこの名称が多く確認された。また、ヘビが憑いたとされる事例や、トンベガミ・トウビョウという名称も確認できた。

九州の事例　九州には次のような憑物伝承の事例が確認できた。

事例14　長崎県五島市（『下五島貝津・大串の民俗』一九七四）

「ガアタロの場合、男にだけ憑くようであるが、しかし人間の方からいたずらをしないと憑かないということである。いったん憑くと同じ人に何べんでも憑くといい、四へんも憑かれた人がいるということである。ガアタロの好物は豆飯、サンゴの根、魚などであるといい、後かれた人間はしきりにこういった食物を要求したり、突然川へ飛び込んだりするものであるという」

事例15　大分県直入郡直入町〔現竹田市〕（『直入町誌』一九八四）

「犬神は女につき易く、男にもつき易い人がいる。座頭・法印に頼んでつきもの落としをしてもらう」

九州には他地域で確認されているキツネの他に、カッパ・ガアタロとして河童が憑くという事例が確認された。また、四国・中国で確認されている犬神という名称も確認できた。この犬神という名称に近い憑物の名称にインガミという事例もあった。インガミは生霊による呪詛のような内容であり、宮崎県と鹿児島県とで確認できた。(11)

沖縄の事例　沖縄には次のような憑物伝承の事例が確認できた。

事例16　沖縄県島尻郡伊是名村（『伊是名村史　下巻』一九八九）

「イチジャマ　特定の女が嫉妬執念が余りにも深く、自分の気にいらない人をのろい、一時病で苦しめたり、あるいはその人の家畜をのろって泡をふかせ死の状態に追いやるという」

事例17　沖縄県国頭郡大宜味村根路銘（『根路銘誌』一九八五）

「イキジャマ　人を呪詛して呪い、腹痛、頭痛、歯痛、怪我を起こさせる人のこと。必ず女で村人から嫌われた」

沖縄には他地域のような動物霊の事例が確認されなかった。しかし、生霊や死霊などの動物霊ではない憑物や、動物とは捉えられていない霊的存在の憑霊などの事例は豊富にあった。また、宮崎県や鹿児島県で確認されたインガミと似た事例としてイチジャマが確認された。

㈢伝承される憑物の名称

以上のように、東日本と西日本の憑物伝承の報告を参照してきた。そこから名称に注目して収集した事例全体を整理すると、次の一二の名称が確認できる。

①キツネ、②イズナ・エズナ、③オサキ・オオサキ・オーサキ、④クダ・クダギツネ・クダショ、⑤人狐、⑥犬神、⑦トウビョウ（狐・蛇）、⑧ゲドウ、⑨ヘビ、⑩タヌキ、⑪河童、⑫その他（ムジナ、ゴンボダネ、イチジャマなど）

このうち①から⑩までの名称は、憑物が動物の霊とされる内容の報告が中心であった。⑪は妖怪とされる河童の事例であるが、実在する生物のように捉えられて伝承されており、動物霊の憑物と同様な伝承であることは注目される。また、⑫については、事例数の少ない名称や、人の霊と考えられるゴンボダネやイチジャマ、ダリなどの事例をここに分類した。以降では、憑物が動物霊とされる事例である①から⑩までを考察の対象とし、⑪河童や⑫に分類されるダリやゴンボダネなどについては別稿で改めて考察することとする。

このように、動物霊の憑物の名称には一〇の種類がある。そして、それらの名称は、

［1］キツネやヘビといった実在の動物の名称となっている場合（①、⑨、⑩）

［2］イズナやクダのように想像の動物の名称となっている場合（②、③、④、⑤、⑥、⑦、⑧）

という二つに分類することができる。つまり、動物霊の憑物の名称は、［1］動物の名称を持つタイプと、［2］憑物として固有の名称を持つタイプとの二つのタイプがあると指摘できる。

三、憑物伝承の全国分布

㈠名称ごとの分布状況

次に、収集した憑物伝承の事例を名称に注目して、先に述べた、名称の［1］タイプと［2］タイプとを分布図にして示すと図1、図2のようになる。図1は、名称［1］タイプの①キツネ、⑨ヘビ、⑩タヌキの分布、図2は名称［2］タイプの②イズナ・エズナ、③オサキ・オオサキ・オーサキ、④クダ・クダギツネ・クダショ、⑤人狐、⑥犬神、⑦トウビョウ（狐・蛇）、⑧ゲドウの分布である。以下ではそれぞれの名称の分布状況を確認していく。

まず、図1の分布状況である。図1からは、①キツネが全国的に分布していることが確認できる。また⑨ヘビは、長野県、鳥取県、島根県、愛媛県、高知県の五県で確認でき、広い範囲の分布を示すが、西日本に多くみられる。⑩タヌキは、大阪府、鳥取県、島根県、香川県、愛媛県の五県で確認でき、西日本に分布している。

次に図2の分布状況である。まず、②イズナ・エズナは、青森県（十和田市）、岩手県（軽米町、金ヶ崎町）、宮城県（気仙沼市、栗原郡志波姫町〔現栗原市〕）、茨城県（勝田市〔現ひたちなか市〕）、千葉県（成田市）、長野県（北安曇郡白馬村、北安曇郡美麻村〔現大町市〕、北安曇郡池田町、北安曇郡松川村、北安曇郡穂高町〔現安曇野市〕、北安曇郡豊科町〔現安曇野市〕、北安曇郡三郷村〔現安曇野市〕、東筑摩郡明科町〔現安曇野市〕、東筑摩郡坂井村〔現筑北村〕、東筑摩郡坂北村〔現筑北村〕、東筑摩郡麻積村、東筑摩郡四賀村〔現松本市〕、東筑摩郡生坂村、松本市笹賀今村、東筑摩郡波田町〔現松本市〕、長野市南長池、更級郡大岡村〔現長野市〕）の六県で確認できる。その分布は、東北から関東の一部の太平洋側及び、長野県飯綱山を中心とした周辺地域の北信地域である。

③オサキ・オオサキ・オーサキは、群馬県（伊勢崎市、富岡市、甘楽郡甘楽町、甘楽郡南牧村、邑楽郡大泉町、北群馬郡榛東村、藤岡市、高崎市、利根郡片品村、渋川市）、埼玉県（戸田市、入間郡日高町〔現日高市〕、熊谷市）、東京都（西多摩郡奥多摩町）の三県で確認できる。その分布は、群馬県南部から埼玉県の県境を中心として東京都の一部であり、とくに群馬県南部地域に分布が多くみられる。

④クダ・クダギツネ・クダショは、宮城県（伝承地未記載）、富山県（富山市、上新川郡大山町〔現富山市〕）、山梨県（富士吉田市、南都留郡鳴沢村）、長野県（岡谷市、諏訪市、茅野市、上伊那郡南箕輪村、伊那市、上伊那郡高遠町〔現伊那市〕、上伊那郡飯島町、下伊那郡高森町、飯田市、下伊那郡上村〔現飯田市〕、下伊那郡南信濃村〔現飯田市〕、下伊那郡喬木村、下伊那郡豊丘村、下伊那郡阿智村、下伊那郡浪合村〔現阿智村〕、下伊那郡天龍村、下伊那郡泰阜村、下伊那郡大鹿村、松本市、塩尻市、木曽郡三岳村〔現木曽郡木曽町〕、木曽郡南木曽町、長野市、上高井郡高山村、更埴市、下伊那郡清内路村〔現阿智村〕、諏訪郡原村、上水内郡牟礼村〔現飯綱町〕、上伊那郡中川村、東筑摩郡朝日村）、岐阜県（恵那市、郡上郡大和町〔現郡上市〕、郡上郡八幡町〔現郡上市〕）、静岡県（磐田市、小笠郡浜岡町〔現御前崎市〕、榛原郡中川根町〔現川根本町〕、榛原郡本川根町〔現川根本町〕、磐田郡水窪町〔現浜松市〕、志太郡大井川町〔現焼津市〕、沼津市、藤枝市、下田市）、愛知県（愛知郡長久手町〔現長久手市〕、西春日井郡春日村〔現清洲市〕、三河山間地域、瀬戸市）、三重県（度会郡小俣町〔現伊勢市〕）の七県で確認できる。その分布は中部が中心で、日本海側から太平洋側まで帯状に縦に広がっている。

⑤人狐・家狐は、兵庫県（佐用郡佐用町）、鳥取県（日野郡、東伯郡東伯町〔現琴浦町〕）、島根県（出雲市、松江市、

隠岐島）、岡山県（苫田郡、苫田郡鏡野町）の四県で確認できる。その分布は中国の山陰地方であり、とくに出雲地域が中心である。

⑥犬神は、島根県（江津市、安濃郡大田町〔現太田市〕）、広島県（佐伯郡吉和村〔現廿日市市〕）、山口県（萩市、阿武郡福栄村〔現萩市〕、吉城郡小郡町〔現山口市〕、阿武郡阿東町〔現山口市〕、厚狭郡山陽町〔現山陽小野田市〕）、徳島県（県内山村漁村、三好郡池田町〔現三好市〕、麻植郡川島町〔現吉野川市〕、那賀郡上那賀町〔現那賀町〕、三好郡三好町〔現東みよし町〕、美馬郡郡里町〔現美馬市〕、三好郡西祖谷山村〔現三好市〕、阿波郡阿波町〔現阿波市〕、板野郡松茂町、三好郡東祖谷山村〔現三好市〕、小松島市、美馬郡木屋平村〔現美馬市〕、三好郡三縄村〔現三好市〕、名東郡佐那河内村）、香川県（丸亀市、三豊郡豊中町〔現三豊市〕、三豊郡高瀬町〔現三豊市〕、三豊郡豊浜町〔現観音寺市〕、仲多度郡琴南町〔現まんのう町〕）、愛媛県（大洲市、松山以東、越智郡島嶼部、中予地方某山村、松山市、温泉郡久米村〔現松山市〕、上浮穴郡仕七川村〔現久万高原町〕）、高知県（須崎市、高岡郡中土佐町、高岡郡越知町、加美郡野市町〔現香南市〕、吾川郡池川町〔現仁淀川町〕、加美郡物部村〔現香美市〕、幡多郡大方町〔現黒潮町〕）、福岡県（北九州市門司区田野浦）、大分県（直入郡直入町〔現竹田市〕、竹田市、速見郡日出町、宇佐郡院内町〔現宇佐市〕、日田郡中津江村〔現日田市〕、大分郡挾間町〔現由布市〕、直入郡久住町〔現竹田市〕、南海部郡鶴見町〔現佐伯市〕、大野郡三重町〔現豊後大野市〕）、宮崎県（児湯郡西米良村、南那珂郡北郷町〔現日南市〕、東諸県郡高岡町〔現宮崎市〕）、鹿児島県（熊毛郡上屋久島町〔現屋久島町〕、熊毛郡南種子町、指宿市）の一一県で確認できる。その分布は、四国を中心として、中国と九州の瀬戸内海沿岸地域である。

⑦トウビョウ（狐・蛇）は、鳥取県（東伯郡東伯町〔現東伯郡琴浦町〕）、岡山県（備中北部、阿哲郡、真庭郡落合町〔現真庭市〕、苫田郡上齋原村〔現鏡野町〕、鏡野町）、山口県（萩市、阿武郡福栄村〔現萩市〕、吉城郡小郡町〔現山口市〕、阿武郡阿東町〔現山口市〕、香川県（三豊郡豊中町〔現三豊市〕、三豊郡山本町〔現三豊市〕）、愛媛県（東予地方、宇摩郡新宮村〔現

四国中央市〕）の五県で確認できた。その分布は瀬戸内海を挟む、山陽地域と四国瀬戸内海側地域である。

⑧ゲドウは、島根県（飯石郡赤来町〔現飯南町〕）、岡山県（新見市、哲多町〔現新見市〕）、広島県（上下町〔現府中市〕）、山口県（阿武郡阿東町〔現山口市〕、阿武郡福栄村〔現萩市〕）の三県で確認できた。その分布は中国地方の一部である。

㈡名称［1］タイプと名称［2］タイプの分布状況

以上では、憑物の名称ごとの分布状況を確認してきた。ここでは、図1と図2のそれぞれの分布を確認して、二つの名称タイプの分布状況をみてみる。

まず、図1の分布である。図1は全国的な分布を示しており、東日本と西日本との多少の分布の差はあるものの、それぞれの名称に特徴的な分布があるとはいえない状況である。つまり、名称［1］タイプは、全国的に伝承される憑物の名称であると考えられる。

次に、図2の分布である。図2は、それぞれの名称の分布がある特定の地域にみられるという特徴がある。それぞれの名称の分布の詳細は前述したとおりであるが、名称ごとに地域的な偏りをもった分布となっているといえる。つまり、名称［2］タイプは、特定の地域に伝承される憑物の名称であるといえる。

また図2を、近畿地方を中心として俯瞰してみてみる。そうすると、近畿地方に分布は確認できないが、中部・関東地方、中国・四国地方には分布が集中しており、東北・九州地方にも部分的に分布が確認できるという状況である。このことから、名称［2］タイプの憑物の名称は、近畿地方の周縁地域に濃厚に伝承されており、さらにその周縁地域にも拡がるような分布となっていることが指摘できる。

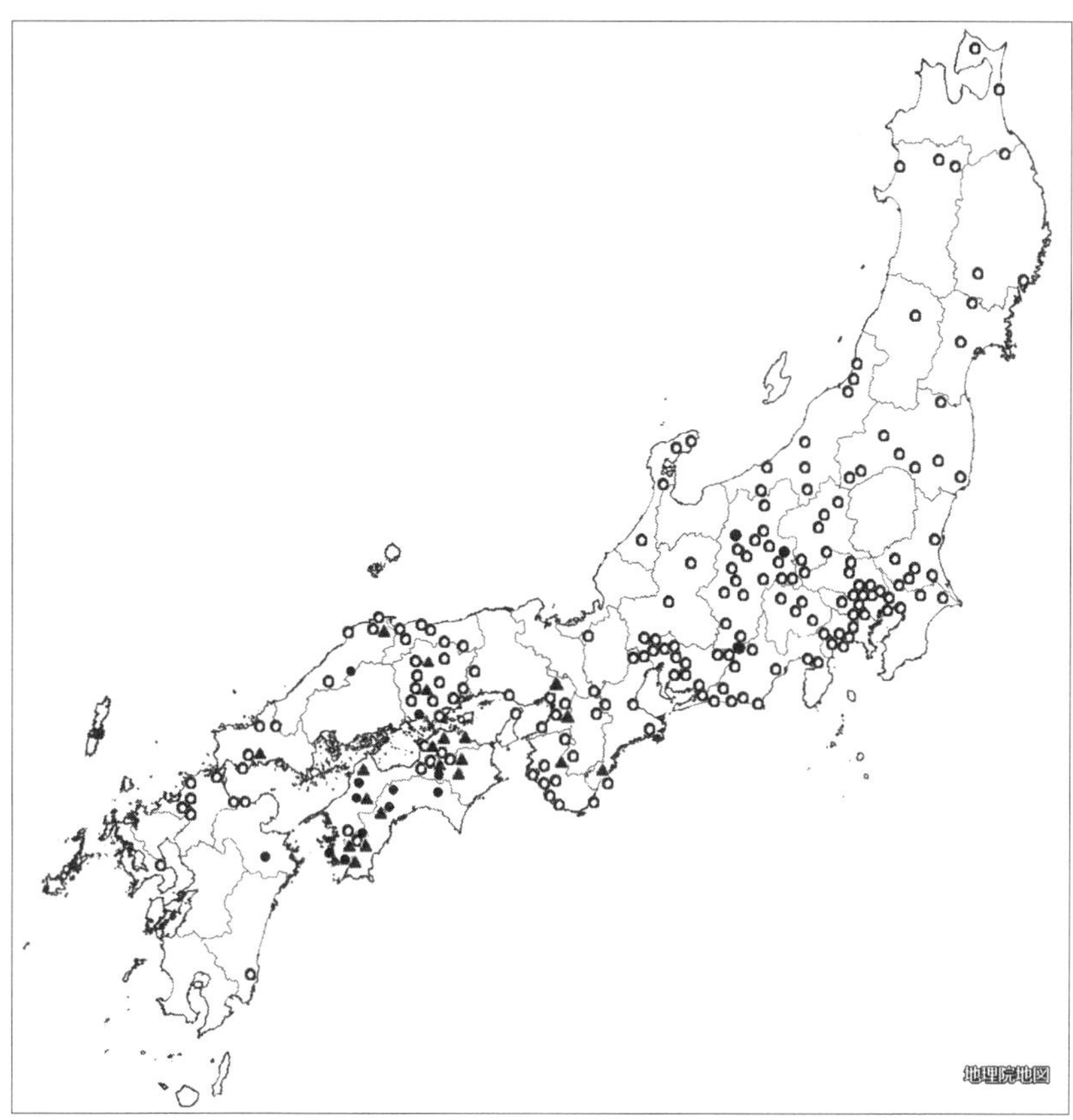

図1　名称［1］タイプ（実在する動物の名称）の憑物伝承分布
○：キツネ　●ヘビ　▲：タヌキ

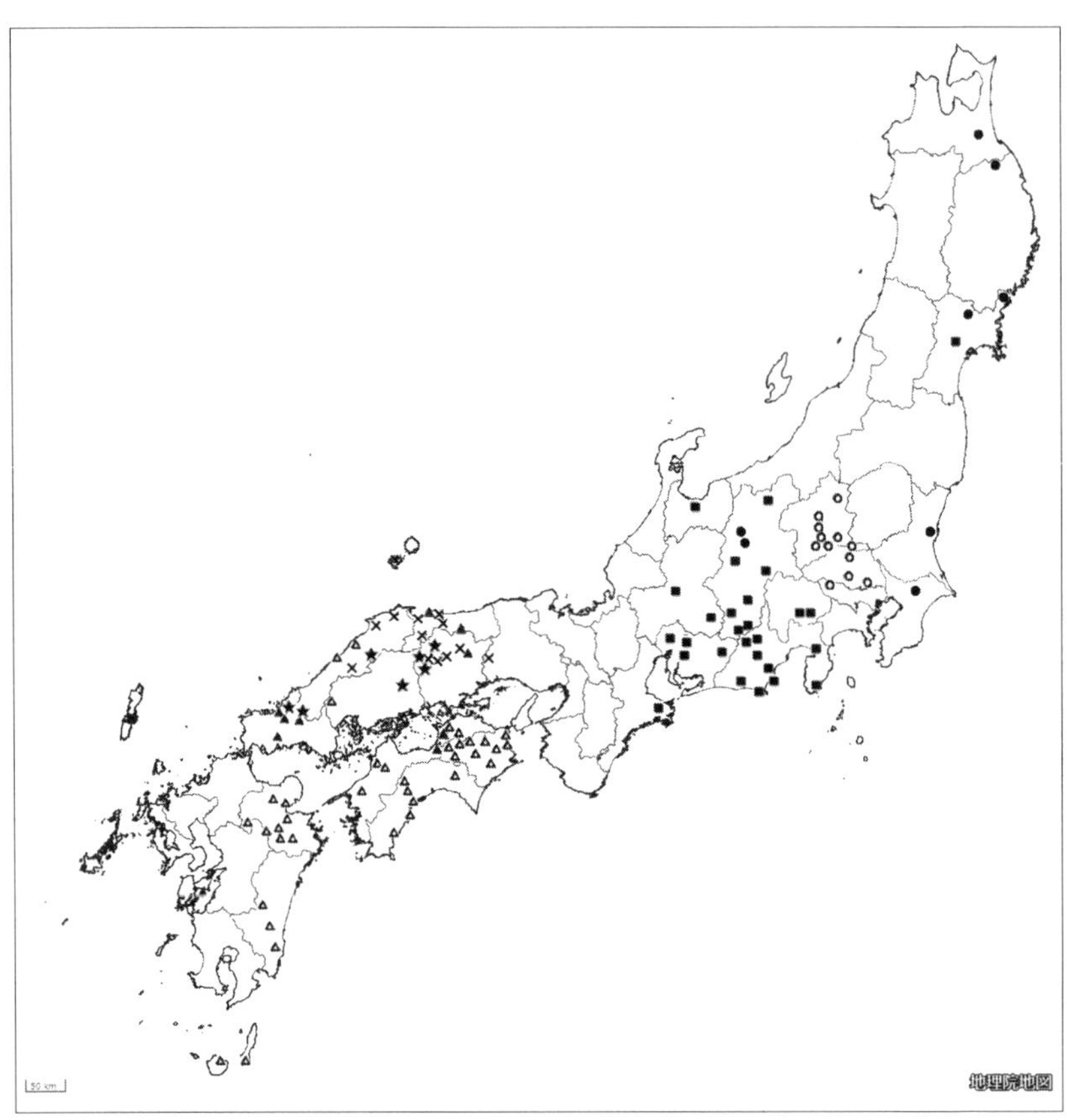

図2　名称［2］タイプ（想像の動物の名称）の憑物伝承分布
●：イヅナ・エズナ　○：オサキ　■：クダギツネ　×：人狐　△：犬神
▲：トウビョウ　★：ゲドウ

四、形象による分布

㈠憑物とされる動物霊のイメージ

憑物伝承を、動物霊の憑物の名称に注目して整理すると、一〇の種類があることは前述したとおりである。だが、収集した事例には、⑦トウビョウの事例のように、憑くとされる動物霊のイメージや形象などを伝承している事例もある。ここでは、その形象の伝承内容に注目して、事例を整理し分析を試みる。形象についても全体の事例一覧から整理したところ一六四事例が確認できた。

まず、形象についての事例をいくつか紹介する。①キツネの事例には、「普通のキツネと違い、小さい」[12]や、「化かす狐と違い、小さい」[13]などが確認できる。②イズナ・エズナには、「二十日鼠位の小さい獣」[14]などがあり、③オサキ・オオサキ・オーサキには、「目に見えない小動物で目がたてに裂けている」[15]という報告がある。

また、⑤人狐には「猫より小さく、鼠よりはやや大きい。脚は短く、尾は長い。耳はとがっていない。色は褐色。時々溝に沿って出没する。小手をかざして見る癖がある。常に七五匹連れだって歩く」[16]という詳細な形象と生態についての伝承も報告されている。このほか、④クダ・クダギツネ・クダショや⑥犬神についても、小動物とされる報告が確認できている。[17]

⑦トウビョウは、動物霊がキツネとされる場合には、「イタチに似て小さく細長い。尾はあまり大きくない。黄がかった赤茶で鼻口が少し白い」[18]という報告が確認できる。ヘビとされる場合には、「長持いっぱいに何千匹という蛇がいる」[19]という報告が確認できる。

このように、憑物とされる動物霊には、小さなキツネやネズミ、イタチなどとして伝承されている場合と、小さな蛇として伝承されている場合とがあることが指摘できる。つまり、憑物とされる動物霊には、Ⅰ哺乳類系とⅡ爬虫類系との2つがあるといえる。

また、紹介してきた事例を参照すると、それぞれの名称ごとに形象の差異はほとんどみられず、Ⅰ哺乳類系であれば小動物として伝承され、Ⅱ爬虫類系では小蛇として伝承されていた。ここから、憑物の形象はその名称にかかわらず、同じような動物霊として伝承されているということが指摘できる。

㈡形象による分布

次に、形象に注目してその分布を確認する。図3は、形象の2つのタイプであるⅠ哺乳類系とⅡ爬虫類系を分布図にしたものである。

図3からそれぞれの形象の分布を確認すると、Ⅰ哺乳類系は全国的に分布しており、Ⅱ爬虫類系は中国、四国地方に分布している。ここから、Ⅰ哺乳類系が全国的に憑物としてイメージされる動物霊であるといえる。また、Ⅱ爬虫類系は部分的な分布状況であった。

このように、形象のそれぞれのタイプには大きな分布の差異があり、Ⅱ爬虫類系としてイメージされる憑物伝承は局所的であることが分布図から確認できた。今後の憑物研究においては、形象の区別を前提とした分析が必要であると考える。

図3　憑物の形象別分布　○：哺乳類系　×：爬虫類系

五、「憑物」伝承の分布をどう考えるか

全国の市町村史誌類から憑物伝承について事例収集し、憑物の名称に注目して分析を行ってきた。そこから、憑物の名称には二つのタイプがあることを指摘し、それぞれの分布状況を確認した。最後に、名称の二つのタイプと全国の分布状況を比較し整理すると、次のことが指摘できる。

まず、①近畿地域には名称［1］タイプの憑物伝承はあるが、名称［2］タイプの憑物伝承はないということ。そして、②近畿地方の外縁といえる中部、関東、中国、四国地方には、名称［1］タイプだけでなく、名称［2］タイプの憑物伝承が多く分布しており、かつ、それぞれの名称は、特定の地域性をもって分布しているということ。さらに、③中部、関東、中国、四国地方のさらに外縁である東北、九州地方にも名称［1］タイプの憑物伝承と、部分的ではあるが名称［2］タイプの憑物伝承の分布が確認できるということの、三つである。

以上のことから、憑物伝承の名称［1］タイプは、全国的な事例であり、一般的な憑物の名称として考えられることから、動物霊が憑依するという信仰は全国的であると指摘できる。そして、名称［2］タイプの分布は地域的な偏りをもった憑物伝承であり、その分布も、近畿地方を中心に見てみると、その外縁、さらにその外縁へと、円環状ともいえる様相があるといえる。このような状況となった名称［2］タイプの分布については、宗教者などの第三者の介在などの影響も考慮したうえで、その分析が今後の研究課題であるといえる。

また、憑物としての動物霊には、Ⅰ哺乳類系とⅡ爬虫類系とがあり、名称にかかわらず、同様な形象が伝承されてきていることは注目でき、その分布状況についても今後の研究課題であるといえる。

本稿では、これまでの市町村史誌類などに集積されてきた民俗情報を活用し、改めて憑物伝承を名称と形象に注目して分析してきた。憑物伝承は名称だけでも様々な種類があるが、その内容も豊富で非常に複雑な伝承である。また、形象についての分析のように、ここでは考察しきれなかった伝承内容も多くあるため、別稿でさらに考察を進めていきたいと考えている。

注

（1）『民族と歴史』第八巻一号は「憑物研究号」として刊行された。喜田が全国からの憑物伝承の報告とともに、憑物筋に注目した論考を掲載している。

（2）石塚尊俊『日本の憑き物—俗信は今も生きている—』（未來社、一九五九年）の二二・二三頁に分布図が掲載されている。

（3）後藤忠夫「群馬の憑きもの」『日本文化資料集成　第7巻　憑きもの』（谷川健一編、一九九〇年、三一書房）、九二頁に分布図が掲載されている。

（4）参照した市町村誌史類は青森県から沖縄県までの、合計三一二冊である。ここではすべてを紹介できないが事例一覧とともに出典一覧も作成してある。

（5）憑物に関連したアイヌ民族の注目できる信仰には、カムイと呼ばれる動物霊の信仰や憑神、霊魂観、さらにアイヌのシャーマニズムなどがあげられる。動物霊の信仰やアイヌ民族の信仰については、アイヌ文化保存対策協議会編『アイヌ民族誌』（第一法規出版、一九六九年）、北原次郎太『アイヌの祭具　イナウの研究』（北海道大学出版会、二〇一四年）などがある。アイヌのシャーマニズムについては、和田完「アイヌのシャマニズム」『シャーマニズムの世界（民俗宗教第5集）』（櫻井徳太郎監修、春秋社、一九七八年）などがあり、霊魂観については山田孝子「アイヌにおけるカムイの認識と祖先祭祀」『霊魂をめぐる日本の深層』（梅原猛、中西進編、角川選書、一九九六年）などが参考文献としてあげられる。

（6）『下呂町誌』（一九七四年）や『神岡町史　通史編Ⅱ』（二〇〇八年）などに報告されている。

（7）『松坂市史　第十巻　資料編』（一九八一年）、『熊野市史　下巻』（一九八三年）などに報告されている。

（8）『南山城村史　本文編』（二〇〇五年）や『大阪狭山市史　第九巻　民俗編』（一九九七年）などに報告されている。
（9）『室生村史』一九六六、『川辺町史　第二巻　通史編下』（一九九一年）などに報告されている。
（10）岡山県では『鏡野町史　民俗編』（一九九三年）、『落合町史　民俗編』（一九八〇年）などに事例が確認される。また、兵庫県にも同様な事例として「家狐」という名称が『佐用町史　中巻』（一九八〇年）などに確認できる。
（11）『西米良村史』（一九七三年）、『指宿市誌』（一九八五年）などに報告されている。
（12）『所沢市史　民俗』（一九八九年）に報告されている。
（13）『調布市史　民俗編』（一九八八年）に報告されている。
（14）『金ヶ崎町史４　民俗』（二〇〇六年）に報告されている。
（15）『伊勢崎市史　民俗編』（一九八九年）に報告されている。
（16）『出雲市誌』（一九五一年）に報告されている。
（17）『南信濃村史　遠山』（一九七六年）、『江津市誌　下巻』（一九八二年）などに報告されている。
（18）『上齋原村』（一九九四年）に報告されている。
（19）『鏡野町史民俗編』（一九九三年）に報告されている。

参考文献
柳田國男　一九二〇年「おとら狐の話」『定本柳田國男集』第31巻
喜田貞吉　一九二二年「憑物系統に関する民族学的研究―その一例として飛驒の牛蒡種―」『民族と歴史』第八巻一号（憑物研究号）
速水保孝　一九五三年『憑きもの持ち迷信　その歴史的考察』明石書店
石塚尊俊　一九五九年『日本の憑き物―俗信は今も生きている―』未來社
吉田禎吾　一九七二年『日本の憑きもの』中央公論社
小松和彦　一九九四年『憑霊信仰論』講談社

「烏を呼ぶ」民俗行事とその分布

鈴木綾乃

一、課題とこれまでの研究

生ゴミの収集日になると、そのゴミをあさって散らしたり、ことによったら人間を威嚇したりもするカラスは、厄介な存在である。現代社会では、決していいイメージではないカラスは、民俗学からみていくと、たとえば三本足の八咫烏は熊野の神のお使いと考えられたり、農村では正月に「カーラス、カーラス」などと呼び、並べて供物のどれを食べるかで、作物選びの占いを行ったりするなど、聖なる鳥として位置づけられていた。

ここでは、こうしたカラスによる占いなど、この鳥を呼んで行う行事について、全国各地から伝承事例を集めて検討していく。「カラス呼び」とか「烏勧請」などと呼ばれている行事で、現時点ではアイヌや沖縄県の琉球の民俗文化には、行事としては確認できないが、北海道、東北から九州までの広範囲で確認できる。本州から九州までの日本人は、カラスと交流を行う民俗を形成し、継承してきたのであるが、本稿ではこの行事を「烏勧請」

の名で統一し、その存在の全国的な様相をみていくとともに、伝承内容について単独烏勧請型と複合烏勧請型があることを明確にし、最後にカラスへの供物の与え方を検討しておく。

人間とカラスとの交渉史、人がもつカラス観などについての研究には、たとえば出口米吉による明治四〇年（一九〇七）の「烏崇拝の遺習」がある。出口はカラスを呼ぶ烏勧請の事例や人がカラスに扮する行事、カラスに関する民間伝承などを提示し、これらは古代の動物崇拝の名残であるとしている。[1] 柳田國男も、昭和九年（一九三四）に「烏勧請の事」として、この行事を取り上げている。[2] その後、新谷尚紀は日本全国の烏勧請や厳島神社における御鳥喰神事の事例を挙げ、烏勧請は正月行事においては自然の領域へ、神事においては神聖な領域へ人間が踏み込む際の領域侵犯に先立って行われると述べている。[3] そして、これに加えて、厄払いを含む烏勧請習俗や神事としての御鳥喰に着目し、烏勧請の目的は前述のものだけではなく、元来の目的は「御鳥喰の基本は人々のケガレを供物に託して烏に食べさせる禊祓の儀礼である」と指摘する。[4] また、烏勧請の性質について大林太良は、日本全国の事例やアジア各地の事例を比較分析し、烏勧請は元来穂落神話に対応する行事であり、水稲耕作に深く根付いた習俗であるとしている。[5] さらに田中宣一は、カラスへの与え方や烏勧請に伴う伝承から、「神社・小祠においては何らかの神事、家々の年中行事としては何らかの神事的行事に先立ち、それらが恙なく執行可能となるように、祀りを乞う主神ならざる神々をまず慰撫する目的でなされているのだと考えることができるのである」と述べている。[6] このような全国的な研究以外にも、橋本鉄男[7]や金田久璋[8]、田中眞治[9]や先学各氏によって地域的な研究もなされている。[10]

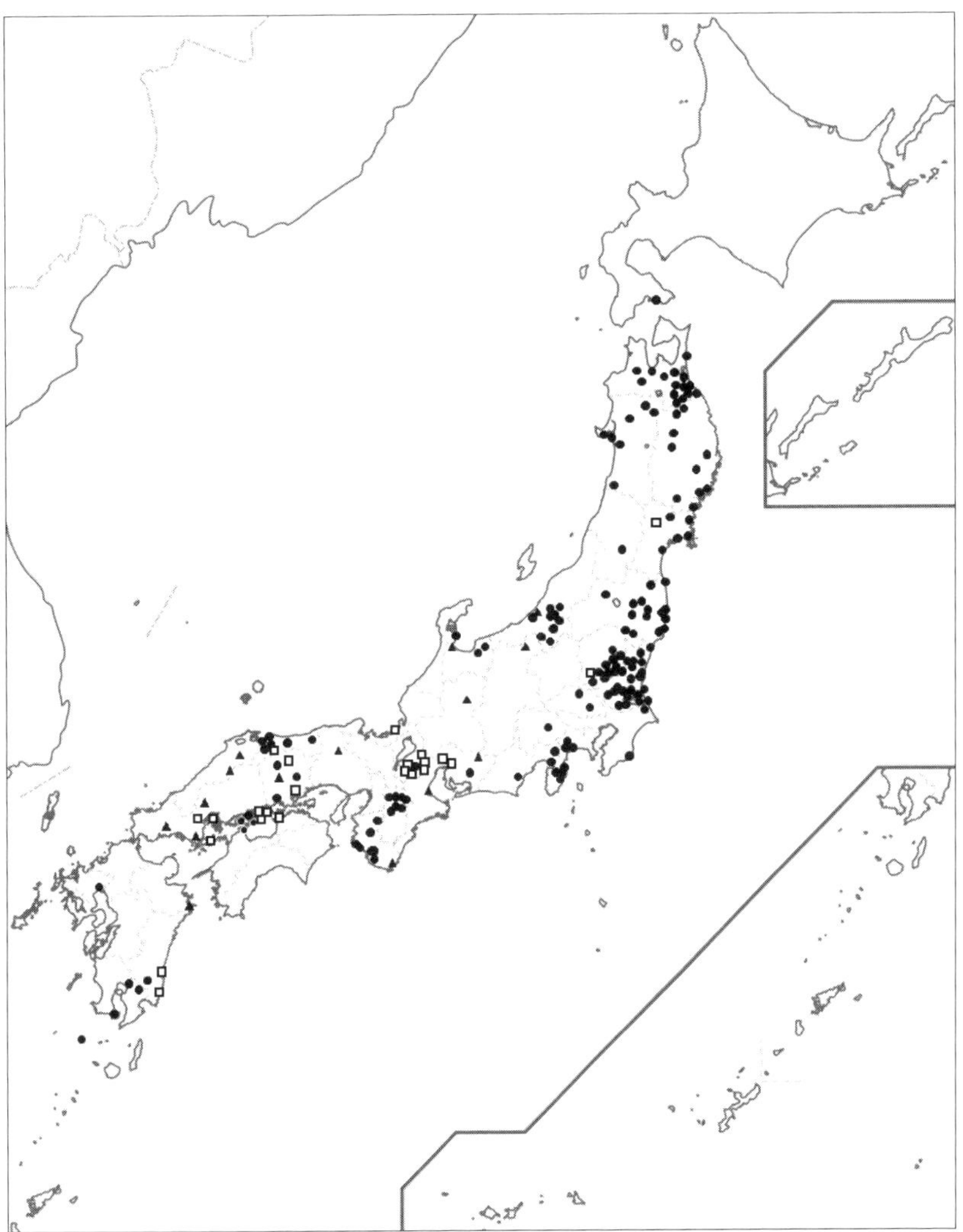

図1　カラスを呼ぶ「烏勧請」の分布（●：年中行事、□：神事、▲：葬送儀礼）

二、年中行事としての烏勧請の期日と供物、場所

全国各地の烏勧請の伝承について、刊行されている市町村史などから事例を収集し、これが年中行事として行われているのか、あるいは葬送習俗、神事として存在するのかで分布図を作成すると図1のようになる。図1では、近い場所に事例が集中して記号が重なる部分は、一部を省略しているが、これからおおよその傾向を指摘すると、この習俗は近畿・中国地方以外は、太平洋側の地方に多く伝承があるのが分かる。特に東北地方や関東地方では主に太平洋側に分布が偏っている。中国地方では鳥取県にいくつか事例が確認できるが、瀬戸内海周辺にも多い。一方、長野県や岐阜県など本州中央部の内陸地域には、烏勧請の伝承がほとんど確認できず、瀬戸内海の島々を除く四国地方でも少数の分布にとどまっている。烏勧請の伝承地を分布図にしてみると、空白地帯とも言えるエリアが存在することは疑問となる。現時点でこの空白が何を意味するかは不明であるが、烏勧請を行う地域と伝承がない地域の相違点を検討する際には重要なエリアとなる。さらに、烏勧請の中でも、神事として行われる「御烏喰」や葬送儀礼の烏勧請は西日本に偏り、特に「御烏喰」神事は近畿地方と瀬戸内海付近に集中している。

年中行事や神事、葬送儀礼として実施される烏勧請は、「カラスに供物を与える」という点において互いに切り離せない関係にあるが、本稿では、もっとも事例数の多い年中行事としての烏勧請を中心に扱っていく。

初めに全国の烏勧請の実施時期や供物の種類、実施場所、カラスを呼び寄せる唱え言、卜占内容を確認しながら、その分布状況に触れていく。実施時期については、一月から四月、一〇月や一二月など、様々な月や日付に

行われているが、その時期を年中行事の区分で整理していくと、正月周辺、コト八日、農耕開始前、収穫期、年末に分けることができる。烏勧請が多く行われている時期は一月いっぱいと、コト八日である二月八日前後を除く二月初旬である。二月初旬は月遅れ正月ということになる。ただし、正月の烏勧請は、大正月と小正月の両方があるうち、多いのは一月一日から七日までの期間である大正月である。この期間に行うのは東北地方から近畿地方までに見られ、特に関東地方北部では、一月六日の山の仕事始めに伴う烏勧請が多く確認できる。また、正月の烏勧請は、一月八日から一二日までの大正月と小正月の中間期間に行われる場合がある。これは東北地方から関東地方、中部地方の太平洋側の地域に分布しており、この中では特に一月一一日が多く、関東地方とその周辺で見られる田畑の仕事始めに伴う烏勧請の実施日として多く確認できる。

小正月の烏勧請は、一月一四日から一六日までとその周辺期日で、東北地方北部や新潟県に多く見られ、新潟県の事例は一月一六日が大半を占めている。さらに事例は少数ながら、正月二〇日とその前後三日ずつを含む期間にもあり、これは東北地方北部にあって、九州の佐賀県と鹿児島県にも一例ずつが確認できる。[11]

二月の烏勧請は、月遅れ正月といえる二月初旬と二月の初午日があり、これらは東北地方の一部地域[12]や愛媛県[13]、広島県[14]で見られる。このうち愛媛県と広島県では二月初午に行われている。二月の烏勧請では、前述のように二月八日のコト八日もあり、中には一二月八日の場合もあるが、これは宮城県[15]、山形県[16]、茨城県[17]、和歌山県[18]では、八日とその前後二日程度を含む期日となっている。

三月・四月など農耕開始前の烏勧請は、和歌山県[19]や鳥取県[20]、九州地方[21]で見られ、この時期の烏勧請は東日本では確認できない。収穫時期である九月や一〇月に行われる烏勧請は、秋田県[22]や鹿児島県[23]に存在するが、この時期の例は非常に少数である。烏勧請は、さらに正月を迎える前の一二月下旬の例もあり、奈良県には年末の餅つきの際に烏勧請を行っているところがある。

年中行事として行われている烏勧請をその期日でみていくと、このように年間のいくつもの時期にあって、多様な姿となっており、特定時期に限定されない事由がどこにあるのかが課題となる。

このことだけを確認して、カラスへの供物をみていくと、主要なものとしては餅・米類・団子・魚類があるが、これも多種があって、地域や行事によって異なっている。餅を供物とするのは、中国・四国地方以外で、東北地方では餅のみをカラスに与えていることが多く、特に、福島県以外の東北地方は、大半が餅である。米類を供物にするのは、生の米粒と炊いたご飯、握り飯があり、福島県から静岡県までの太平洋側の地域で、田畑の仕事始めに烏勧請を行うところでは生の米粒が供物となっている。調理した米類を供物にするのは近畿地方と中国地方の握り飯がある。また、白飯、赤飯、五目飯のようなご飯類の供物は、新潟県など中部地方の日本海側地域や近畿地方、中国地方、九州地方に見られる。

供物としては、団子をカラスに与える地域もあり、これは東北地方や関東地方・中部地方の一部、近畿地方、九州地方など広範囲に確認できる。とりわけこの烏勧請のことを宮城県[24]など東北地方では、「八日団子」「烏団子」と呼んでおり、この供物が特徴となっている。この他、東北地方の一部や石川県、関東地方北部などでは魚類を供物としているところがあり、具体的には塩鮭や煮干などをカラスに与えている。ただし、魚類は単体で供物とすることはなく、餅や米類とともに供えられ、特に茨城県や栃木県などの関東地方では、餅・米・魚類という神社神饌のような内容となっている。なお、少数ではあるが、鳥取県[25]にも魚を与える事例がある。これら以外では、昆布、鰹節、干し柿、豆などを供物とする場合があり、これらも魚類同様に基本的には餅や米とともに出される。

ここでもう一つ、烏勧請の行事をどこで行うのかをみていくと、これについても、それぞれの行事に差異がある。ただし、場所には大まかな傾向があって、田畑・山・屋敷付近が主な実施場所となっている。東北地方から近畿地方まで、広い範囲で見られる実施場所には田畑があり、これが烏勧請の主要な場といえる。特に福島県から静岡県までの、田畑の仕事始めに烏勧請を行う太平洋側地域ではこの傾向にある。

田畑の他、山での烏勧請も東北地方から近畿地方までの広範囲で見られ、特に東北地方北部や関東地方北部など、山の仕事始めの際に烏勧請を行う地域で多い。さらに、家の玄関、庭先、屋根など、家と屋敷の近辺も全国的に見られる実施場所となっており、特に屋根は「コト」の行事として烏勧請を行っているところにある。なお、これらのほか少数だが、神事以外の烏勧請の場合でも、産土様[26]、氏神前の広場[27]など神社を実施場所としているのが、東北地方や近畿地方にあり、やはり事例数は多くないものの、川原[28]、井戸のふたの上[29]など水辺に供物を持って行く、もしくは水辺で行う事例が東北地方北部や近畿地方の一部地域で見られる。

三、烏勧請の唱え言と卜占

烏勧請では、カラスを唱え言によって呼び寄せることがある。この唱え言の伝承は東日本に多く、奈良県以外の西日本では少数である。唱え言の言葉としては、「カラス、カラス」と連呼するもののほか、「シナイ」や「ポッポー」のように意味が判然としない言葉もある。

「カラスカラス」と連呼する唱え言や、「カラカラ」「カラスコイモチヤルゾ」「カラス団子食え」など、カラスの語を含むのは、東北地方や関東地方、中部地方の北陸側で見られ、奈良県には長い唱え事もある。東北地方に多く集中しているのは、「ポーポー」「ポッポ」という唱え言で、これは行事名称としても用いられている。東北地方の中でも、青森県にのみ確認できる唱え言は「シナイ」「スカイ」「シネー」や「トエトエ」「トヤトヤ」、「ローロー」で、このうちの「シナイ」やそれと類似した唱え言は「ノサカケ」など、山の仕事始めの行事に比較的多く見られる。また、「オミサギ」や「オミシャーギ」などの唱え言が福島県から茨城県にかけて、仕事始めに関する行事名称や行事内容で見られる。

烏勧請で、カラスの行動によって卜占を行うことがあるが、それは多くの場合、カラスが供物をついばむかどうかでその年の「縁起や吉凶を占う」、「豊凶や作柄を占う」ためである。明確な卜占ではないものの、「カラスが食べるかどうか気にする[30]」といった地域もあり、カラスが供物を食べないことを厭う心意が窺える。「カラスが供物を食べると縁起がいい・吉、カラスが食べなければ凶」という卜占は東北地方や中部地方、中国地方、九州地方など比較的広範囲に見られる。

「カラスが供物を食べると豊作」という作占は、東北地方や関東地方、中部地方など東日本に多く見られ、これは田畑の仕事始めの際に烏勧請を行う地域以外にも伝承がある。単に豊凶だけではなく、どの品種の作物・稲が良く育つかということを占う作占も存在し、これは福島県から静岡県までの太平洋側で田畑の仕事始めの際に烏勧請を行う地域に多く見られる。たとえば茨城県常陸太田市の例をあげると、一月一一日がカイレ（鍬入れ）、オソナエクズシという行事で、次のようなことが行われている。

> カイレは鍬入れのなまったことばで「農始め」ともいう。一家の主人が朝未明に起き、シデ（幣束という）をつけた松の枝二本と、白米に細かく切った餅、家によってはこれにショービキ、干し柿、大豆などを加えたオサゴに鍬と万能を持って自家の田畑へ行く。田には万能で三くわずつ三本のうねをたて、これを早稲、中稲、晩稲にみたてて持ってきたシデをつけた松を立て、各うねには白紙を敷いてオサゴを供え、場所を離

れて「カラース、カラース……」とカラスよばりをしながら見守り、カラスが飛んできて最初についばんだうねが、本年の豊作になるという年占いをする。畑には鍬でうねをたて同じことをする。なおうねをたてるとき「ひと鍬ざんぶりこ、ふた鍬ざんぶりこ、み鍬めの鍬先で、金銀茶釜を掘りだした」と唱え言をする家もある。

カイレはまたカラスヨバリ（烏よばり）ともいい、昭和の初めのころまでは一二時が過ぎるとみな提灯をつけ、他人に先ずることを競争でやったという。場所は一般に家の近くの田畑で行うが、島町には、毎年遠い田と近い田とを交代でしたという家がある。(31)

四、烏勧請伝承の七エリア

ここまで、烏勧請について、実施時期、供物、行う場所、唱え言、占いなどの伝承内容とそのおおよその分布をあげてきた。それぞれに伝承のバリエーションがあって単純ではないが、これらのことから、全国の烏勧請はおおよそ七つのエリアに分けられる。

一つ目は青森県・岩手県・秋田県の東北地方北部で、この地域では山の仕事始めの際に烏勧請が行われる場合や、他の行事と複合せずカラスに食物を与えるだけの内容である場合が多い。実施時期は、日付は大正月から一月二〇日近くまでと多岐にわたるが、一月に集中していて、供物の大半は餅で、その種類は少ない。

二つ目は秋田県南部、岩手県南部、山形県や宮城県といった東北地方中央部である。秋田県南部・岩手県南部といっても、山形県や宮城県との県境近辺が含まれる。この地域では、二月八日や一二月八日に「烏団子(32)」、「八

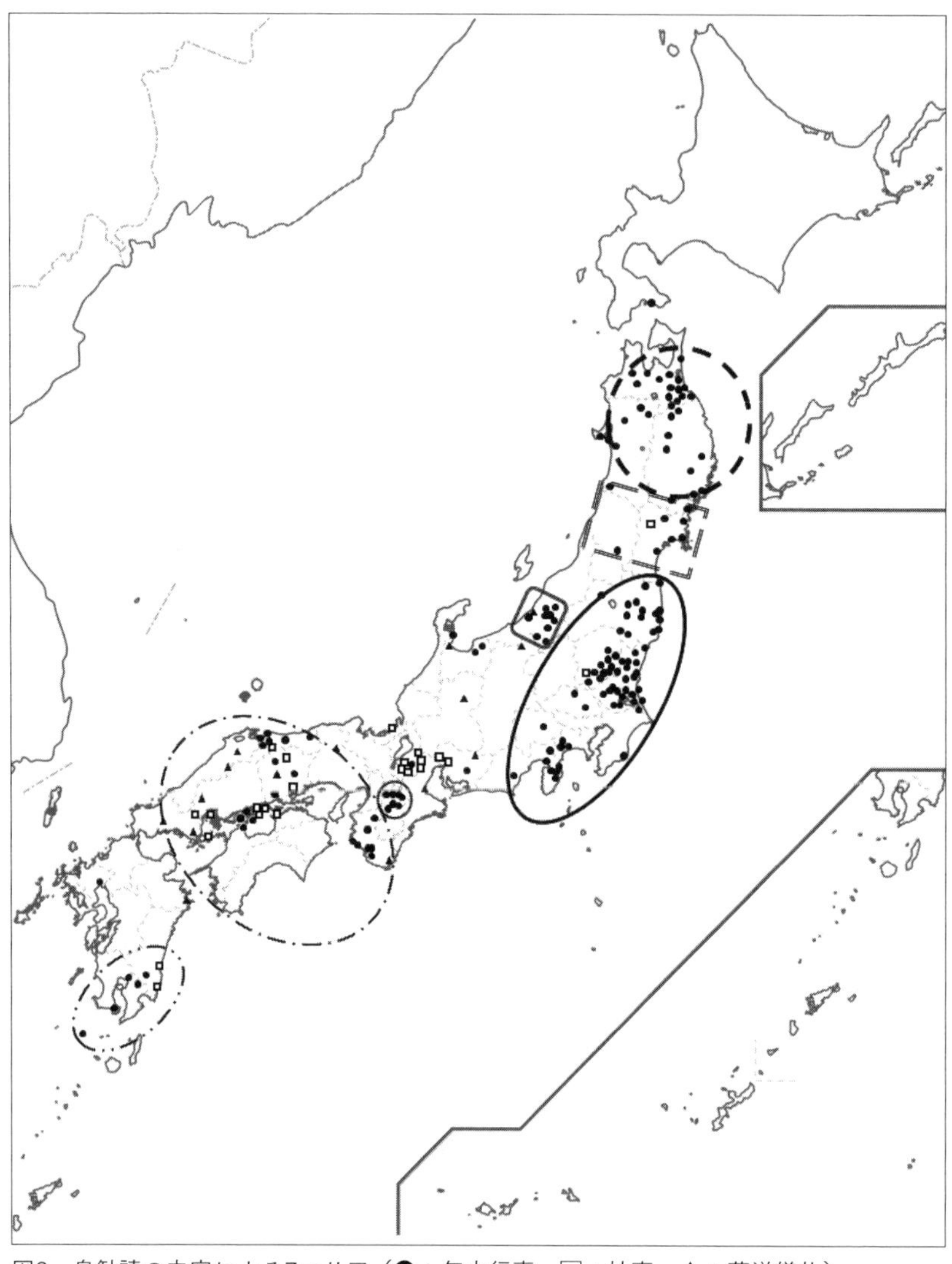

図2　烏勧請の内容による7エリア（●：年中行事、□：神事、▲：葬送儀礼）

日団子[33]」などの行事名称でコト八日の際に烏勧請が行われ、供物は餅や団子をカラスに与える。

三つ目は、福島県から群馬県を除く関東地方、山梨県や静岡県などの中部地方太平洋側にかけてで、正月の田畑や山の仕事始め、一部では二月八日のコト八日の際に烏勧請が行われる。

四つ目は新潟県で、一月の仏の正月、又は烏勧請のみの内容で行われる。供物は餅やご飯類、精進料理である。

五つ目は奈良県で行われる年末の餅つきの後に行う烏勧請で、搗いた餅をカラスに与える。

六つ目は和歌山県・中国地方・四国地方の地域で、「コト」の行事名称で二月初午の日、もしくは三月から四月の農耕開始前の時期に行われる烏勧請が分布している。供物として団子や魚類が伴っていることもあるが、大抵の場合カラスには苞に入れたご飯類を与える。東北地方中央部でもこの地域と同様コト関連の行事の中で烏勧請が行われ、その内容も類似しているが、実施時期や与える供物に相違点がある。

七つ目は九州地方南部で、実施時期は一月、四月、一〇月とばらつきが見られ、他の地域では見られないような「四月とっ[34]」や「とつぼしどん[35]」というような行事で烏勧請が行われる。中には、吉凶に関する卜占やカラスが供物を食べることをよしとする場合があり[36]、カラス自体を神と見る地域もある[37]。

七つのエリアに分けられること自体、この行事が多様であることを示しているが、こうした分布に関して新谷は「山入り型と鍬入れ型は、特に東日本の関東から東北へかけて濃密な分布を示すが、その中間にコト型地帯をはさんで、北の青森、岩手一帯では山入り型、南の茨城、栃木一帯では鍬入れ型もしくは両者の併合型がそれぞれ顕著であり、これはいわゆる漸移的な分布状態ということができる[38]」としている。

五、年中行事における烏勧請習俗の構成

烏勧請の行事が多様な内容をもっているのは、これが田畑・山の仕事始めやコト、餅搗きなどいくつかの行事と複合していたり、カラスに食物を与えるのみの内容になっている場合があるからで、次には烏勧請を「烏勧請のみの内容」をもつ単独烏勧請型と「複合的な内容」をもつ複合烏勧請型の二型に分けてその行事内容と全国分布をみていく。

㈠単独烏勧請型の内容と分布

烏勧請のみの内容には、カラスに供物を与えるのみの場合、またはカラスに供物を与えた後、カラスのついばみ具合で簡単な卜占をする場合がある。中には唱え言でカラスを呼び寄せる事例もある。東北地方や北陸地方、奈良県の一部、鹿児島県の一部で見られるが、こうした内容の烏勧請は、これを行う意味や目的が、伝承では不明瞭である。

この例として、青森市では次のように行われている。

野内では、一月十一日にトシナにつけた餅を烏に投げ与えた。久栗坂では、烏に投げた餅を食べると、縁起がよいとか、世の中がいいといって喜んだ。野尻では、十一日、「トエトエ」と叫びながら烏を呼び餅を投げ与えた。野木では、家の雪囲いのスゴカヤに餅を挟み烏に食べさせた。

宮田では、子どもたちが「烏　烏　トター　トターアングラ烏　ホウホウ」と叫びながらちぎった餅を空

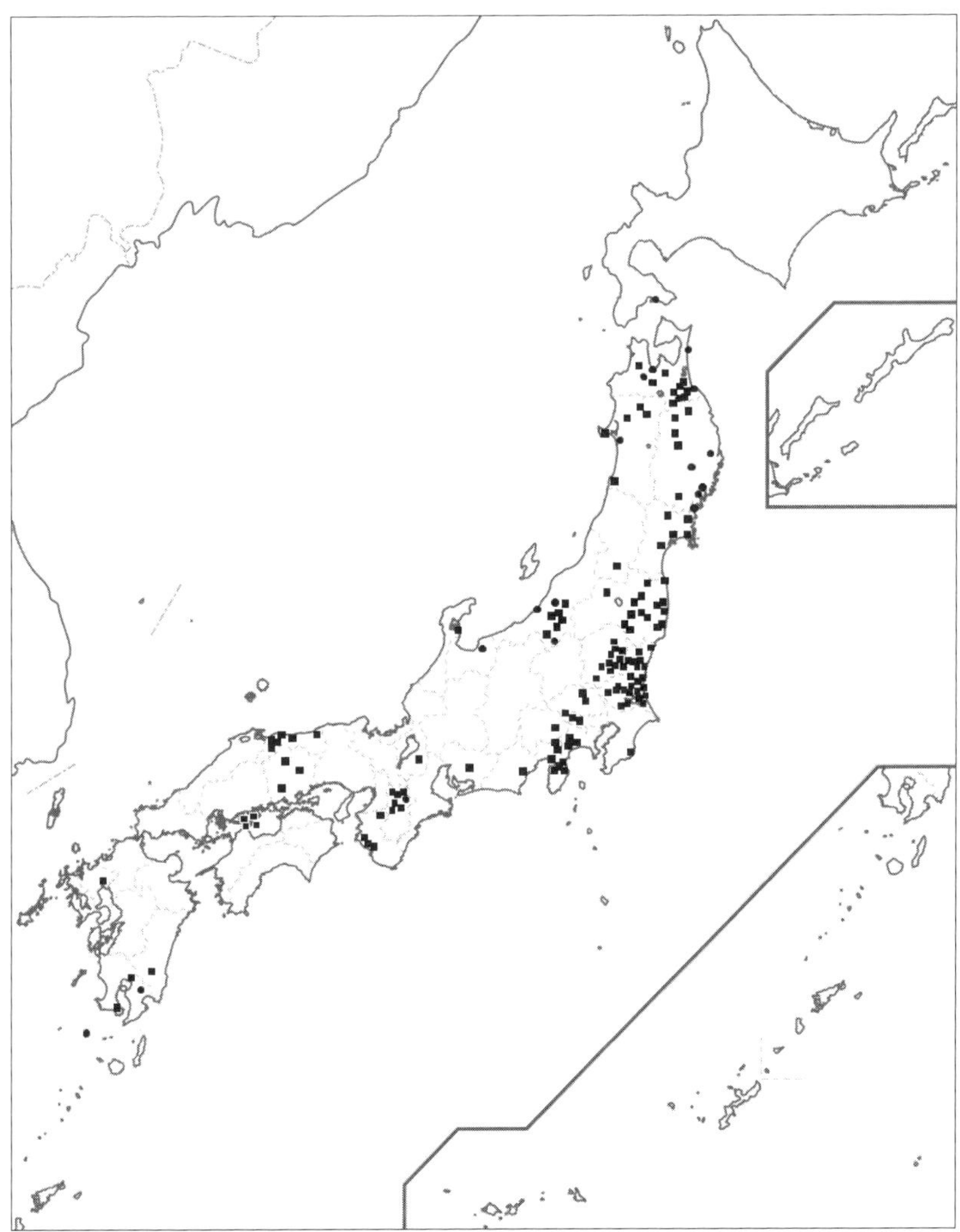

図3　鳥勧請の2種類の分布（●：単独型、■：複合型）

に投げた。

高田では、正月二日に子どもたちで行ったという。餅は焼いた餅を烏に投げた。[39]

(二)複合烏勧請型の内容と分布

烏勧請は多くの場合、田畑や山の仕事始め、コト(二月八日・一二月八日)、餅搗きなど、他の行事と複合している。新谷は、この烏勧請を「(前略)まずこれらを執行組織の上で、各家型、小祠型、神社型に分類し、そのうち各家型をさらにその行なわれる時期の上から、正月型、コト型、収穫型、田植型、葬送型に分類し、さらにその正月型を山入り型、鍬入れ型、その他に分類して[40](後略)」と述べ、これらの類型から分布地図を作成している。全国の複合的な内容の烏勧請は、新谷が示したこれらの類型に多くが当てはまる形となっており、ここでは新谷類型を参考にしつつ、「仕事始め」「コト」「先祖供養」「餅つき」という4つに分け、それぞれの内容と分布状況を確かめていく。

①仕事始め

山・田畑の仕事始めでは、主に山の神や田の神への献饌と拝礼が中心となる。山の仕事始めでは、烏勧請の後に山へ行って木の枝を採ってくる若木迎えをすることが多い。その他、烏勧請や若木迎えの前に樹木に幣を掛け、そこで拝礼する場合もある。田畑など農作業の仕事始めでは、まず鍬で少し耕し、松を立てるとそこへ供物を供え、その場で拝む。その後烏勧請をし、カラスの行動によって作占をするというのが基本である。

【山の仕事始め】

烏勧請を伴う山の仕事始めの際は「木にノサ・幣を掛ける」「山へ供物を持って行く」といったことを行う。

東北地方や関東地方、静岡県など山の仕事始め関連の行事名称において烏勧請を行う地域で見られる。ここでは、青森県田子町でのノサカケと呼ばれる行事をあげる。

山の神の使い者といわれるカラスに餅をやる日であるが、各地区それぞれ日取りもカラスの呼び方も異なっている。

池振・石亀・清水頭・飯豊などでは旧一月七日朝、ニボシ・コンブ・キノシリ（柴の燃え残り）をワラに下げたノサ（トシナ）をその家の人数分つくって山に行き、ノサを木に掛けて拝んでからカラスを呼び、餅をやった。田子本町では旧一月十七日、上相米と清水頭の一部では二十日に行っている。

カラスの呼び方もいろいろで、池振・田子本町は「シナイ・シナイ」、上相米・清水頭は「シネー・シネー」と呼び、石亀・夏坂・飯豊では「ポウ・ポウ」と呼んでいる。

この帰りに、山から取って来た柴を燃やし、その火にあたれば、山に行ったとき蛇にかまれない（池振・田子本町）とか、怪我や病気をしない（上相米・石亀）といった。また、この火でおミキを温めて飲むところもある（夏坂）。

また、カラスに餅をやる前には山へ仕事に入られないといい（上相米）、どうしても早く山へ入らなければならないときは、その前にカラスに餅をやることにしているところ（清水頭など）もある。

「ポウ・ポウ」と呼ぶとカラスは集ってきて、餅を投げてやると空中で受け止めて食べる（石亀）というが、これはどこでも同じである。[41]

【田畑の仕事始め】

「田畑を鍬で起こす」「田畑に供物を供える」という行事内容のものも含めると、これは福島県から関東地方、静岡県までの範囲の太平洋側地域に見られる。その広がりは限定的ともいえるが、全国の烏勧請習俗の中では事例数が多くある。例えば茨城県石岡市では、一月一一日の「一鍬(いちくわ)」とも呼ぶ「鍬入れ」で、次のように行われている。

五穀豊穣を予祝し、鍬の使い初め、畑仕事初めなどをふくめた農耕儀礼で県内ほぼ十一日が多いようである。朝、暗いうち、男子などを連れて、自分の畑に入り、松の穂さき三本をさし、かきだれを結び、その手まえを鍬で三本の畝をつくり、半紙三枚を敷き、短冊型の餅、白米を供え柏手をうち、五穀の豊作を祈り、帰りぎわに「カラース、カラース、おごとの餅」と二、三回、高呼ばわりして鳥のついばむ順によって、早生稲、中生稲、晩生稲、どれを多く作るか判断する。この行事を、鳥よばりともいう。松の穂さきは山入り後、よい日をえらび、繭玉ならせの木とともに山からとってきておく。この日は、鏡餅を砕いてお汁粉として神々に供え、家中の者も朝食として食べた。[42]

②コト

コト八日や「コト」という行事名称の際に行われる烏勧請の一部は、仕事始めのように「田を耕す真似をする」、「木を採りに行く」という特別な行動は伴わず、「カラスに供物を与えるのみ」で、烏勧請のみの内容と類似していることもある。しかし、中には「災厄除け」[43]や「厄神が来る」[44]といった伝承が付随している場合がある。烏勧請の前に庭先に籠を設置したり、[45]供物を入れたワラットに箸を付けて木に掛けたり、これを屋根に投げ上げたりするという場合もあり、東北地方中央部や関東地方の一部、さらに西日本というように広範囲で見られる。この「コト」行事に関して、新谷は「コト型の特異な分布はいわゆる周圏的であり、御鳥喰儀礼がこのコトの行事の一環に組み込まれたのは、この御鳥喰習俗の歴史的展開過程におけるそれほど古い時代でも、また新しい時代でもない中間の時代ではなかったかということ、などである」[46]と指摘している。東北地方と西日本にこれがあることから「周圏的」と判断しているが、この型は、東北地方北部と中国地方やその周辺とでは、行われる月日が異なることがあり、厳密に全てが同一というわけではない。烏勧請を行う目的の一つとして、厄を除くということが推測できる。具体例として茨城県千代田村（現かすみがうら市）の二月八日の「おことの餅」をあげると、次のように伝えている。

おことの餅　二月八日、粳米の餅か草餅をつき、それをあられにするか小さく丸めて藁苞に入れ、山の木にかけ鴉にくわせる。このとき「からす、からす、この餅食べろ」と大声で呼ぶ。おことは神事のことをいうのであろうか。それとも事八日といい、八日の日を特別に祭るならわしからきたのであろうか。[47]

③先祖供養

「精進流し」[48]や「仏の正月」[49]、「彼岸」[50]などにも行われていて、墓に参った後、供物をカラスに食べてもらうという内容である。本稿では、葬送儀礼の中で行われている烏勧請は取り扱っていないが、こうした死者をめぐる年中行事にも烏勧請があって、その内容は「親戚や近隣の仏さまに参る」「墓に参る」という行事に伴っている。この型の多くは、新潟県での「仏の正月」である。死者に関連した行事であることから、カラスを死者又は死者の霊魂を運搬する者として意識している可能性がある。

彼岸の事例は、例えば岡山県建部町では次のように行っている。

彼岸には中日にお墓へ参るのが多い。アケの日には参らぬものといってミテ参りを避ける（田地子・市場・吉田・西原）。仏壇へは赤飯、墓へは赤飯のお握りを供える。烏が食べてくれるものなら何を供えてもよい、墓で腐らすのがいけない（大田）。中日の入り日はくるくる回るといい、これを拝む（吉田中村）。春秋とも彼岸のカンキ（看経）、中日またはその他の日に行う。当屋に集まってカンキをする（下小倉）[51]。

④餅つき

年末の餅つきの際に烏勧請を行うという例で、餅つき後、唱え言でカラスを呼び寄せ、餅を与える。これが確認できるのは前述したように奈良県のみであり、行事名称は「カラスの餅」と呼ばれている。具体的に奈良県の伝承をあげておく。

カラスノ餅を作るところもある。搗きたての餅を小さくちぎって、十二個（閏年は十三個）を藁苞に入れて、烏の目につきやすいところに吊るしたり、小皿に入れておいて、唄を歌って烏を呼び、烏が早くきて餅を食べてくれたらよいという。大抵は子どもの行事になっているが、子どものない家は大人がやる。烏勧請といい、この行事は昔はよくやったようである。烏は熊野権現の使だと信仰している。

なおこの烏勧請は正月三カ日内にするところもある。室生村の三本松・琴引などがそうで、神棚に供えた餅の残りを小枡に入れて「カラスコイ、カラスコイ」と唱えながら撒くのである。（中略）

烏の餅というのは烏に与える餅という意味の名称である。餅搗の日「からすこいからすこい餅やるわ　十二の餅はわれには一つ　おれには二つ　ぢやくろ（山田ではきんかん）三つと換えことしよう。ちゅうで取ったらみなやるわ」といって小餅十二（閏年は十三）を枡に入れ田圃に出て烏に投げてやった。富堂では川端の猫やなぎの枝に餅をひっ付け、また杣の之内の木堂ではフクロ餅を柿の木にひっつけた。長滝ではホデに包んで柿の木に吊し、山田ではホウダイ（ホデを山田でこうよぶ）に包んでお宮の石段の上に、中之庄・岩屋ケ谷では椿の葉に盛ってスズキ（積藁）の上にのせておいた[52]。

㈢単独烏勧請型と複合烏勧請型の分布状況から

現時点までで判明した単独烏勧請型と複合烏勧請型に関して、両者の分布形態から推測できることを述べると、単独型と複合型では、事例数は複合型が多い。その一方で、単独型は事例が少数ながら、東北地方や新潟県付近、奈良県、鹿児島県にあって広範囲に点在するといえる。ただし、「仕事始め」に烏勧請を行う関東地方とその周辺、「コト」の際に行う中国・四国地方には単独型は見られない。複合型の場合は、広範囲に分布しているものの、その行事内容はそれぞれ地域ごとに異なっている。このことから考えると、単独型は事例数は少ないが、同一内容の伝承が広範囲に確認でき、これが烏勧請の基本形であった可能性が考えられる。

さらに、烏勧請の目的は、複合型の場合はそれぞれの行事によって異なっている。例えば、田畑の仕事始めの烏勧請では、多くの事例に作占が付随しており、この烏勧請の目的は第一義的には卜占であるといえるが、ここには、カラスへ供物をあげることで、農作物の鳥害防禦という予祝の意味をもつ可能性がある。また、コトの際には、一部ではカラスに食物を与えることで厄や災いを遠ざける、カラスに厄を持ち去ってもらうといったことが意識されていたようである。このように、複合型では、その目的が伝承されている場合が多い。単独型の場合は、前述したように、伝承に目的が付随していないのが大半である。ここで、烏勧請は単独型が基本形ではないかと推測したが、ではこれを行う目的は何かを問うていくと、それは不明瞭といわざるを得ない。烏勧請がもつ基層的な目的や意味に関しては、先行研究で様々な言及がなされているが、全体の事例を見ていくと、供物を与える烏に何らかの霊威を感じてのことといえるが、複雑な烏勧請習俗からは、歴史過程でこの行事にさまざまな意味が付与されて複雑な内容が形成されてきたというのが、現時点での推測である。つまり、ここには何故にカラスに供物をあげる行為がうまれ、さらにこれが様々な習俗と複合したのかという問いが存在する。

六、烏勧請習俗における供物の与え方

烏勧請の伝承内容について、いくつかの観点から整理し、若干の私見を述べてきたが、最後にカラスへの供物の与え方を整理しておく。これには「棒に供物をさして立てておく」というような例外はあるものの、主に「投げる」、「撒く」、「掛ける」、「置く」の四種類がある。烏勧請は実施時期や供物が多様であるものの、供物の与え方に関してはこのように類型化できる。ここではこの四つの供物の与え方について分布状況を確認し、烏勧請全体の様相と変遷過程を推測していきたい。

(一)投げる

「投げる」という与え方にも、カラスに直接投げる場合と屋根に投げ上げる場合の二種がある。カラスへの直接投与は、山の仕事始めの際や烏勧請単独で行われる東北地方北部に多く見られ、他にも新潟県(53)、奈良県の餅つきの際に行われる烏勧請(54)などで確認できる。屋根へ投げる屋根投与の事例は宮城県(55)や和歌山県(56)、中国地方(57)、愛媛県(58)などコト関連の行事が行われている地域に見られる。全体を見ると、カラスに直接投げる直接投与型は山の仕事始めや単独型で行われる場合が多数である。

(二)置く

田畑など烏勧請を行う場所に供物を置くという方法で、これは九州・四国地方以外の全国に見られる。特に田

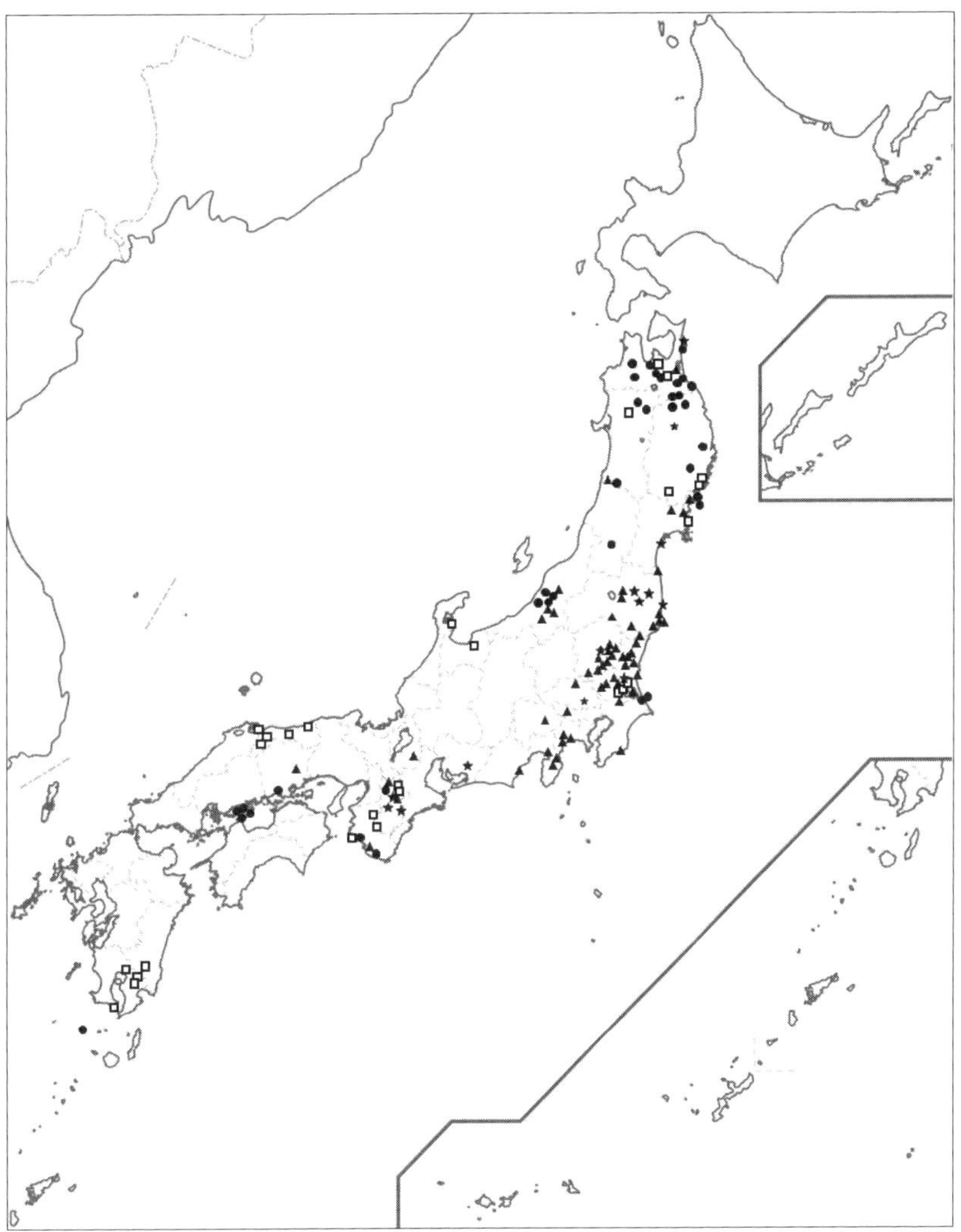

図4　カラスへの供物の与え方（●：投げる、★：撒く、□：掛ける、▲：置く）

畑や山の仕事始めの際に烏勧請を行う関東地方やその周辺の太平洋側地域に多く確認できる。この地域では、東北地方北部と異なり、山の仕事始めの際にも供物が置いて与えられている。他にも、東北地方の一部、新潟県[59]や奈良県[60]でも少数見られる。この供物方式には、カラスの食べ方による作占が伴っている場合があり、これが置いて与える理由の一つになっている。

(三)掛ける

木の枝に供物を掛けるという事例で、四国地方以外に見られる。「コト」の行事名称でよく見られる与え方[61]であり、山の仕事始めにおける烏勧請にも確認できる与え方である。

(四)撒く

単独烏勧請型の伝承や山・田畑の仕事始め、餅つき、コト（八日団子）の行事に見られる与え方であり、東北地方から近畿地方の間に少数確認できる。

(五)四種の供物の与え方の相互関係

カラスへの供物の与え方は以上のように烏勧請を行う行事ごとに傾向がある。ただし、同じ山の仕事始めでの烏勧請でも、東北地方北部では投げ与え、関東地方では置いて与えるなど地域ごとにも異なる場合がある。完全に供物の与え方と行事類別が一致しているわけではないが、四種類の与え方を見ていくと、カラスへの直接投与を行う地域では、供物が餅のみであるなど、その種類が少ない場合が多い。一方で、置いて与える場合は、餅以外にも魚や米など供物の種類が多く、供物種類の多様化や供物の形状が与え方に影響を及ぼしていると考えられる。

これに関して柳田國男は、「現在の烏祭では、投げ遣らずにたゞぶら下げて置いて、自由にくはへて行かせる例の方が多いが、以前は烏の挙動を見る為に、空中に向つてはふり投げるのが普通であつたのでは無いかと思ふ」[62]と指摘している。柳田はカラスへの供物の与え方は、投げる方法から木に掛ける方法へと移っていったと述べているが、それぞれの与え方の分布状況を確認すると、投げるのは東北地方から九州地方までの広範囲で見られ、次いで木に掛ける与え方も同範囲に見られる。そのため、柳田の推測は変遷過程としてはあり得ない仮定ではないといえる。烏勧請での供物の与え方の変遷が柳田の述べた通りだとすると、投げることから木に掛けるに移り、さらにその後、置くという方式になったのではないかと考えられる。それは、「投げる」と「掛ける」とを比較すると、「置く」というのは関東地方周辺など本州中央部に偏っており、こうした分布のあり方からは、これは「投げる」「掛ける」より後に生じた与え方である可能性がある。

カラスへの供物の与え方は、大別すると「投げる」「撒く」という直接投与と、「掛ける」「置く」という間接供与に括ることが可能となる。そして、この両者の先後関係は、先に述べた変遷仮定からは、直接投与から間接供与に徐々に変化したと推測できる。ただし、「投げる」という与え方には屋根に投げ上げる場合も含まれており、屋根に投げ上げるのは、直接投与と間接供与の中間段階であるとも考えられる。

七、今後の課題

烏勧請の習俗について、実施時期、行事名称、行事内容、供物の種類、供物の与え方などについて全国的な様相を述べてきた。この習俗は右の内容の組み合わせからは、全国が七つの地域に分けられることを指摘した。そして、年中行事における烏勧請の行事は、供物のあり方や行事内容から、カラスに供物を与えるのみの単独烏勧請型と、仕事始めなどの行事と組み合わさった複合的な内容をもつ複合烏勧請型の二型があり、これらの分布状況は、単独型は広範囲に確認でき、これが烏勧請の基本形の可能性があることも指摘した。

また、カラスへの供物の与え方には「投げる」、「撒く」、「掛ける」、「置く」という与え方があり、供物の与え方の変遷を柳田の説に従うと、供物の与え方の分布状況からは、投げ与えることから木に掛ける与え方へ移り、その後、置くという与え方が成立していったと考えられる。この四種類の供物の与え方は、「投げる」「撒く」という直接投与型と、「掛ける」・「置く」という間接供与型の二つに大別できる。

全国各地域の烏勧請の差異は、伝承過程でそれぞれの地域が培ってきた結果と考えられるため、今後さらなる検討が必要となるが、全国的な伝承内容の把握からは、その地域的な一致や差異が判明したといえよう。内容の偏差は何によって形成されたのかは、依然として不明で、検討を続ける必要がある。さらに、本稿では年中行事での烏勧請を扱ってきたが、葬送儀礼や神事の御鳥喰については、ここでは触れていない。これらも合わせての調査研究が必要となる。

注

（1）出口米吉「烏崇拝の遺習」『東京人類學會雜誌』二二巻二五八号、日本人類学会、一九〇七年

（2）柳田國男「烏勧請の事」『東京朝日新聞』一九三四年（後に『野鳥雑記』に収録。『定本柳田國男集』新装版　第二二巻、筑摩書房、一九七〇年）

（3）新谷尚紀『神々の原像―祭祀の小宇宙―』吉川弘文館、二〇〇〇年

（4）前掲（3）、八八～八九頁

（5）大林太良「第四章　烏勧請―東アジア、東南アジアにおける穂落神話に対応する農耕儀礼―」『稲作の神話』弘文堂、一九七三年

（6）田中宣一「烏勧請および御鳥喰神事―祭祀の成立と雑神の祀りにかかわらせて―」『日本常民文化紀要』第二三集、成城大学大学院文学研究科、二〇〇三年、七五～七六頁

（7）橋本鉄男「近江の烏勧請」『柴田實先生古稀記念　日本文化史論叢』柴田實先生古稀記念会、一九七六年

（8）金田久璋「第二章　若狭の烏勧請」『森の神々と民俗―ニソの杜から考えるアニミズムの地平―《新装版》』白水社、二〇一四年

（9）田中眞治「岡山県の御鳥喰の事例―とくに玉野市碁石の場合―」『日本民俗学』第一四七号、日本民俗学会、一九八三年

（10）地域的な研究としては、三浦秀宥「ミサキ信仰（Ⅳ信仰伝承、第五章）」（和歌森太郎編『美作の民俗』吉川弘文館、一九六三年）、栢木希望「瀬戸内海における御鳥喰神事」（『尾道市立大学日本文学論叢』第九号、尾道市立大学日本文学会、二〇一三年）、嶋田忠一「秋田県の御鳥喰習俗Ｉ―県北地方を中心に―」（『秋田県立博物館研究報告』第一〇号、秋田県立博物館、一九八五年）、地域的な研究以外では酒井卯作『稲の祭』（岩崎書店、一九五八年）、倉田一郎『農と民俗学』（岩崎美術社、一九六九年、初出は『農と民俗学』六人社・生活社、一九四四年）など各氏によって烏勧請が論じられてきた。

（11）佐賀県の事例は東与賀町史編纂委員会編『東与賀町史』（東与賀町、一九八二年）、鹿児島県の事例は松永守道『三島村秘史』（鹿児島県大島郡三島村役場、一九七二年）。

（12）大館市史編さん委員会編『大館市史』第四巻（大館市、一九八一年）、新郷村史編纂委員会編『新郷村史』（新郷村、一

九八九年）、大船渡市史編集委員会編『大船渡市史』第四巻　民俗編（大船渡市、一九八〇年）、陸前高田市史編集委員会編『陸前高田市史』第五巻　民俗編　上（陸前高田市、一九九一年）、浄法寺町史編纂委員会編『浄法寺町史』下巻（浄法寺町、一九九八年）

（13）愛媛県史編さん委員会編『愛媛県史』民俗　下（愛媛県、一九八四年）、伯方町誌編纂会編／発『伯方町誌』（一九八八年）

（14）瀬戸田町教育委員会編／発『瀬戸田町史』民俗編（一九九八年）

（15）宮城県史編纂委員会編『宮城県史』二一　民俗Ⅲ（宮城県史刊行会、一九七三年）、矢本町史編纂委員会編『矢本町史』第二巻（矢本町、一九七四年）、若柳町史編纂委員会編『若柳町史』（宮城県栗原郡若柳町、一九七四年）、多賀城市史編纂委員会編『多賀城市史』第三巻　民俗・文学（多賀城市、一九八六年）、石巻市史編さん委員会編『石巻の歴史』第三巻　民俗・生活編（石巻市、一九八八年）、志津川町誌編さん室編『生活の歓　志津川町誌Ⅱ』（志津川町、一九八九年）

（16）米沢市史編さん委員会編『米沢市史』民俗編（米沢市、一九九〇年）

（17）千代田村史編さん委員会編『千代田村史』（千代田村教育委員会、一九七〇年）、土浦市史編さん委員会編『土浦市史』民俗編（土浦市史民俗編刊行会・土浦市役所、一九八〇年）、千代田村教育委員会編／発『千代田村の民俗』（一九八二年）、玉里村史編纂委員会編『玉里村の歴史―豊かな霞ヶ浦と大地に生きる―』（玉里村・玉里村立史料館、二〇〇六年）

（18）上南部誌編纂委員会編『上南部誌』（南部川村、一九六三年）、御坊市史編さん委員会編『御坊市史』第二巻　通史編Ⅱ（御坊市、一九八一年）、田辺市史編さん委員会編『田辺市史』第十巻　史料編Ⅶ（田辺市、一九九一年）、南部町史編さん委員会編『南部町史』通史編　第三巻（南部町、一九九六年）

（19）九度山町史編纂委員会編『改訂九度山町史』民俗文化財編（九度山町、二〇〇四年）

（20）大山町誌編さん委員会編『大山町誌』（大山町役場、一九八〇年）、福部村誌編さん委員会編『福部村誌』（福部村、一九八一年）、岸本町誌編さん委員会編『岸本町誌』（岸本町、一九八三年）、尚徳村史刊行委員会編／発『尚徳村史』（一九九七年）

（21）高城町史編集委員会編『高城町史』（高城町、一九八九年）、大隅町誌編纂委員会編『大隅町誌』改訂版（大隅町、一九九〇年）、国分郷土誌編纂委員会編『国分郷土誌』下巻（国分市、一九九八年）

（22）上法香苗『天王町誌』（天王町役場、一九七四年）、男鹿市史編纂委員会編『男鹿市史』上巻（男鹿市、一九九五年）

(23) 指宿市役所総務課市誌編さん室編『指宿市誌』(指宿市、一九八五年)
(24) 宮城県史編纂委員会編『宮城県史』二一 民俗Ⅲ(宮城県史刊行会、一九七三年)、多賀城市史編纂委員会編『多賀城市史』第三巻 民俗・文学(多賀城市、一九八六年)、志津川町誌編さん室編『生活の歓 志津川町誌Ⅱ』(志津川町、一九八九年)
(25) 福部村誌編さん委員会編『福部村誌』(福部村、一九八一年)、尚徳村史刊行委員会編/発『尚徳村史』(一九九七年)
(26) 六戸町史編纂委員会編『六戸町史』上巻(六戸町史刊行委員会、一九九三年)
(27) 相馬市史編纂会編『相馬市史』三 各論編二 民俗・人物(相馬市、一九七五年)
(28) 前掲(26)
(29) 奈良市史編集審議会編『奈良市史』民俗編(吉川弘文館、一九六八年)
(30) 六ヶ所村史編纂委員会編『六ヶ所村史』下巻Ⅱ(六ヶ所村史刊行委員会、一九九七年)
(31) 常陸太田市史編さん委員会編『常陸太田市史』民俗編(常陸太田市役所、一九七九年、四四一〜四四二頁)
(32) 志津川町誌編さん室編『生活の歓 志津川町誌Ⅱ』(志津川町、一九八九年)
(33) 宮城県史編纂委員会編『宮城県史』二一 民俗Ⅲ(宮城県史刊行会、一九七三年)、多賀城市史編纂委員会編『多賀城市史』第三巻 民俗・文学(多賀城市、一九八六年)
(34) 大隅町誌編纂委員会編『大隅町誌』改訂版(大隅町、一九九〇年)
(35) 高城町史編集委員会編『高城町史』(高城町、一九八九年)
(36) 指宿市役所総務課市誌編さん室編『指宿市誌』(指宿市、一九八五年)、高城町史編集委員会編『高城町史』(高城町、一九八九年)、大隅町誌編纂委員会編『大隅町誌』改訂版(大隅町、一九九〇年)、国分郷土誌編纂委員会編『国分郷土誌』下巻(国分市、一九九八年)
(37) 指宿市役所総務課市誌編さん室編『指宿市誌』(指宿市、一九八五年)、国分郷土誌編纂委員会編『国分郷土誌』下巻(国分市、一九九八年)
(38) 新谷尚紀「御鳥喰習俗論ノート」『岡山民俗 創立三十周年記念特集号』(岡山民俗学会、一九七九年、四八〜四九頁)
(39) 青森市史編集委員会編『新青森市史』別編三 民俗(青森市、二〇〇八年、二五二頁)

(40) 前掲(38)、四七頁
(41) 小井田幸哉編『田子町誌』下巻(田子町、一九八三年、八七七~八七八頁)
(42) 石岡市史編さん委員会編『石岡市史』中巻Ⅱ(石岡市、一九八三年、一〇〇二~一〇〇三頁)
(43) 大山町誌編さん委員会編『大山町誌』(大山町役場、一九八〇年)、岸本町誌編さん委員会編『岸本町誌』(岸本町、一九八三年)、愛媛県史編さん委員会編『愛媛県史』民俗 下(愛媛県、一九八四年)
(44) 宮城県史編纂委員会編『宮城県史』二一 民俗Ⅲ(宮城県史刊行会、一九七三年)、一関市史編纂委員会編『一関市史』第三巻 各説Ⅱ(一関市、一九七七年)
(45) 多賀城市史編纂委員会編『多賀城市史』第三巻 民俗・文学(多賀城市、一九八六年)
(46) 前掲(38)、四八頁
(47) 千代田村史編さん委員会編『千代田村史』(千代田村教育委員会、一九七〇年、五〇七頁)
(48) 塩川町教育委員会・塩川町史編さん委員会編『塩川町史』第七巻 民俗・文化編(塩川町、二〇〇五年)
(49) 津南町史編さん委員会編『津南町史』資料編 下巻(津南町役場、一九八四年)、川口町史編さん委員会編『川口町史』(川口町、一九八六年)、十日町市史編さん委員会編『十日町市史』資料編八 民俗(十日町市役所、一九九五年)、小出町教育委員会編『小出町史』上巻(小出町、一九九六年)、堀之内町編/発『堀之内町史』通史編 下巻(一九九七年)
(50) 建部町編/発『建部町史』民俗編(一九九二年)
(51) 前掲(50)、四四七~四四八頁
(52) 奈良県編集委員会(岩井宏實編者)編『奈良県史』第十二巻 民俗 上(名著出版、一九八六年、三七二~三七四頁)
(53) 柏崎市史編さん委員会編『柏崎市史』上巻(柏崎市史編さん室、一九九〇年)、長岡市編/発『長岡市史』別編 民俗(一九九二年)
(54) 安堵町史編纂委員会編『安堵町史』本編(安堵町、一九九三年)
(55) 唐桑町史編纂委員会編『唐桑町史』(唐桑町役場、一九六八年)、志津川町誌編さん室編『生活の歓 志津川町誌Ⅱ』(志津川町、一九八九年)、気仙沼市史編さん委員会編『気仙沼市史』Ⅶ 民俗・宗教編(気仙沼市、一九九四年)
(56) 御坊市史編さん委員会編『御坊市史』第二巻 通史編Ⅱ(御坊市、一九八一年)、田辺市史編さん委員会編『田辺市史』

第十巻　史料編Ⅶ（田辺市、一九九一年）

(57)　金光町史編纂委員会編『金光町史』民俗編（金光町、一九九八年）、瀬戸田町教育委員会編／発『瀬戸田町史』民俗編（一九九八年）

(58)　愛媛県史編さん委員会編『愛媛県史』民俗　下（愛媛県、一九八四年）、伯方町誌編纂会編／発『伯方町誌』（一九八八年）

(59)　十日町市史編さん委員会編『十日町市史』資料編八　民俗（十日町市役所、一九九五年）、小出町教育委員会編『小出町史』上巻（小出町、一九九六年）

(60)　奈良市史編集審議会編『奈良市史』民俗編（吉川弘文館、一九六八年）、都祁村史編纂委員会編／発『改訂都祁村史』中巻　地理・民俗編（二〇〇五年）

(61)　倉吉市史編纂委員会編『倉吉市史』（倉吉市、一九七三年）、大山町誌編さん委員会編『大山町誌』（大山町、一九八〇年）、福部村誌編さん委員会編『福部村誌』（福部村、一九八一年）、御坊市史編さん委員会編『御坊市史』第二巻　通史編Ⅱ（御坊市、一九八一年）、岸本町誌編さん委員会編『岸本町誌』（岸本町、一九八三年）、尚徳村史刊行委員会編／発『尚徳村史』（一九九七年）、九度山町史編纂委員会編『改訂九度山町史』民俗文化財編（九度山町、二〇〇四年）

(62)　柳田國男「鳥勧請の事」『定本柳田國男集』新装版　第二二巻、筑摩書房、一九七〇年、一五三頁（引用にさいしては、旧字体を新字体に変更した。）

＊各分布図は「白地図専門店」（https://www.freemap.jp）の日本白地図を利用して作成した（最終閲覧日：二〇二三年八月三日）。

鶏の予兆予知伝承——鶏はどんな鳥か

望月美樹

一、鶏が教えてくれること

鶏は食用や鶏卵として馴染み深い鳥である。(1) 卵は日本全域が鶏であるが、肉食のイメージは明確な地域差が存在した。本稿は、このことが課題ではないので深入りはしないが、日本の肉食の歴史はやや複雑な面をもってい て、古代には稲作の期間の肉食は禁止された。これが解かれるのは明治時代を迎えてからで、このことは宮中の正式晩餐料理をみていけばわかる。近代になって庶民の間でも肉食が一般化するのであるが、その過程で、「肉」といえば何かを問うていくと、おおよそ東日本では豚肉を、西日本では牛肉をというイメージが形成された。しかし、「肉」はこれだけにとどまらず、さらに九州では「肉」は鶏肉が第一に思い起こされ、沖縄では「豚」であった。(2) 現在では、こうした地方ごとのイメージは薄まっているのかも知れないが、各地の居酒屋などの飲食店のメニューなどからは、この印象はまだうかがうことができる。

食べる鳥は「鶏」であるというのは、どのように形成されてきたのかは、日本人の「食」の歴史にとっては重要な課題である。自然を相手にする狩猟の鳥は、ヤマドリであったり、何種もの水鳥であったりした。鳥を食べることは、これらの方が長い歴史をもっている。この鳥食が「鶏」によって大きく変化したのであるが、日本の伝承文化をみていくと、「鶏」に与えられたイメージは食べるものではなかったといえる。記紀神話では、「鶏」は太陽が昇る夜明けを告げる「長鳴鳥」として登場する。これは実態としての「鶏」であり、その鳴き声は金鶏伝説も生んでいる。黄金の鶏の物語といえる。

神話や民俗伝承としての「鶏」は、現在の「鶏」イメージとはかけ離れているが、本稿ではこうした「鶏」に託された民俗伝承の具体的な内容を明らかにしたい。「鶏」への民俗知識ともいえることで、たとえば「鶏が夜に鳴くと良くないことが起きる」とか「鶏が早くとまり木にとまると晴」という伝承がある。これらは「鶏」に予知能力があると考えたからこそ生まれた伝承で、このことを人が鶏の生態や習性の何を観察したのかと関連付けながら考えるのが、本稿の課題である。大きな課題は、日本人がもった「鶏」観で、食用ではない鶏の存在をみていきたい。

二、鶏に関する伝承研究

こうした課題についてのこれまでの研究をみていくと、たとえば柳田國男の昭和一七年（一九四二）の『山島民譚集』があり、この中に「黄金の雞」の章を設け、「地中の雞」「金色の雞」で金鶏伝説を取り上げ、鶏が声で黄金の所在を教えるのは、その声を黄金の精である神霊のお告げと考えたからであるとしている。「雞の声は神意」

としている。また、呼吸器の病に鶏を祭ることとして、戸口に鶏の絵を逆さに貼る伝承をあげ、このことを東北地方に多く祀られているオニワタリの神と結びつけて考えようとしている(3)。

柳田は、鶏の声を神意とする考え方があることが伝承からもうかがえることを指摘しているのである。さらに柳田は、『石神問答』で、北関東から東北地方にかけて鶏神社、鶏渡神社、鶏権現、鶏明神が祀られていることを取り上げ、鶏への特別な心意があったことをいっている(4)。

こうした鶏の神社については、後に山口健司は「この神はもっぱら小児の咳、百日咳に霊験のあることから、御神体はおそらく石であると考えられ、石の漢音セキと咳とを附会した一種の石神信仰であろうと考えられている。また、病気が快癒したときに、鶏の絵馬を納める風習もあるという。これは鶏が頸をのばして啼く様子から咳に苦しむ小児の姿を連想したものであろうという」とし、鶏と咳の病との関連性を説明している(5)。

柳田が『山島民譚集』で取り上げた「黄金の雞」などについては、大藤時彦も「金鶏伝説」で言及し、他の文献も視野に入れ、各地にみられる鶏の伝説について考察を重ねている(6)。農村生活のなかでの鶏については、早川孝太郎「雞の話其他」があり、夜明けの鶏鳴には魔を祓う力があると信じられていたことや鶏の宵啼きは不吉の前兆で、宵啼きをしたときには修験者を呼んだことなどが記されている(7)。

また、大金容子は「赤子の夜泣きと鶏」で、乳幼児の夜泣きや百日咳等の治療に鶏の絵をカマドに貼る民俗について、カマド神信仰と庚申信仰との混同のなかで広められて成立したことを指摘している。具体的には、子供の夜泣きを止める鶏については、修験者が夜泣きの原因を庚申信仰がいう三尸の仕業であると説き、その三尸の駆除に鶏の絵を貼ることを勧め、その際にこれを貼る場所として庚申が竈の荒神と混同されてカマドが選ばれたのではないかと推測している(8)。三浦百合子は「鶏鳴と禍福─伝承の成立過程」で、金鶏伝説を含めた鶏鳴と人の禍福に関する伝承の例をあげ、鶏鳴が夜明けを告げることから、鶏の鳴き声が予言や人に物事を知らせる機能を持つことに繋がり、それが人に禍福を知らせる役割へと拡大し、最終的に鶏の声を聞くと福または禍が来ると信じられるようになったと、その展開を推測している(9)。

鶏をめぐる民俗については、以上のような従来の研究があり、柳田の『石神問答』や『山島民譚集』からいえば、鶏への民俗学的な関心は明治時代末からあり、その後も研究論文は続いている。しかし、鶏の民俗研究は、鶏鳴や金鶏がもつ神意的、予兆的な内容、病治しにかかる鶏の信仰に限定的であったといえ、鶏をめぐってどのような民俗伝承があるのかという、その全体像の把握は行われてこなかった。この全体像把握に向けて、前述した課題について、まずは東北地方と九州地方という列島の北と南に存在する伝承を対象として検討していく。現時点で収集できた伝承資料は、東北地方では一七二例、九州地方では一二二例である。

二、鶏に関する民俗伝承の内容分野

東北地方と九州地方の鶏に関する民俗伝承について、刊行されている市町村史や民俗調査報告書などから具体例を集めてみていくと、鶏の飼育に関する知識と技以外では、前述したような「鶏が夜に鳴くと良くないことが起きる」とか、「妊娠中に鶏を食べてはいけない」など、鶏の予知能力やタブー（禁忌）についての伝承である。一見、たわいもない伝承と思われるかもしれないが、具体例の前者は、鶏が夜に鳴いたという、通常とは異なる異常性を感じ取り、何か良くないことが起きるかもしれないので用心しようと、人間の行動にかかわっている。後者の例は、「鶏を食べると手足に水かきのある子供が生まれてくる」という、鶏肉食を原因にし、その結果として水かきのある子が生まれる、だから鶏を食べてはいけないという、行動規制が生まれている。水かき云々というのは、いうまでもなく鶏の足の形状からの連想で、科学的な根拠があるものではない。しかし、鶏が身近な存在であったが故に、その形状から強い連想が働いたのである。

このような伝承を民俗学では「民俗知識」という用語で括っており、例にあげた前者は「予兆」（予知）、後者は「禁忌」と分類している。鶏に関する民俗伝承の特色は、大半がこうした民俗知識であることである。民俗知識とは言っても、これは単なる知識ではなく、人間の行動に作用する知識であり、行動規範を形成する一つの基準ということもできる。鶏に関しては、先にあげたように金鶏伝説や「鶏」の名がつく神社などもあるが、その基盤には広範に伝承されている鶏の民俗知識があるといっても過言ではない。

本稿で取り上げる鶏の民俗伝承は、このような意味をもっており、作業が終了した東北地方と九州地方の伝承をみていくと、その内容はおおよそ四つの分野、課題に分けることができる。

その一つは鶏の生態や習性をめぐる伝承であり、たとえば福岡県田川市には、先にあげた例と同じく「鶏の宵啼きは不吉なことがある」という伝承がある。[10] ここには、鶏の「宵啼き」という行為は、結果として「不吉なこと」という凶兆予告であるという判断がある。鶏は「トキ」を告げるというように、夜明けに鳴くという認識があり、これを逸脱していることから生まれた民俗知識といえる。鶏鳴は夜明けを告げるという鶏の生態・習性認識が元になることから、生態や習性をめぐる伝承として分類できる。

二つ目は、たとえば熊本県高森町には「乳幼児の夜泣きを止めるには鶏を描いた絵を枕元に貼る」という伝承があり、[11] これは呪術であり、カテゴリーとしては鶏による民間医療に分類できる。鶏絵での夜泣き止めについては、先にあげたように大金の研究があるが、鶏の生態や習性から考えると、鶏は不断にさえずり、歩いて騒ぐような行動をとっており、これが赤児の夜泣きと連想的につながってのことではないかと思われる。

これに類する伝承としては、たとえば長崎県佐々町には「鶏のキモを生で食べると夜盲症が治る」という伝承がある。[12] 鶏絵を貼ることは呪術的行為であるが、夜盲症（鳥目）が治るというのは単純に呪術とは判断できない。鶏のキモというのは通常は肝臓のことで、焼鳥メニューにもあるが、これを生で食べるというのには、過去からの何らかの経験的知識があっての伝承かもしれない。そうであるなら生活知識といえる伝承となる。

三つ目は、たとえば福島県西会津町には、「鶏肉を食べると水かきのある子が生まれる」という伝承がある。[13] これは先にもあげて、鶏の足の形状からの連想としたように、鶏食の禁忌伝承である。繰り返しになるが、こうした連想は鶏が身近な存在で、身体的な形状がしっかり認識されていることからの伝承といえる。これと同様なことは、たとえば植物のヒユ科の一年草であるケイトウは、鶏頭・鶏冠と表記されることからもわかるように、鶏のトサカ（鶏冠）の形と色からの連想による命名である。「鶏（雞・鷄）」を冠する用語には、魚の「鶏魚（いさき）」、海藻の「鶏冠海苔（とさかのり）」、日蓮宗の念仏踊りの一種である「鶏冠井（かえでい）」などがある。「鶏冠海苔」は十巻本の『和名類聚抄』にも出てくる古い用語で、『延喜式』では「鳥坂菜（とさかな）」とも記されている。また、「鶏冠井」は一四世紀の記録には見えており、鶏のトサカには、古くから注目が集まっていたのがわかる。

四つ目としてあげられるのも鶏の禁忌で、たとえば福島県喜多方市岩月町では、白山神社を鎮守として祀っていて、鶏はこの神のお使いなので、各家で「白い鶏を飼ってはいけない」と伝えている。[14] 祀る神の使いの動物などを飼わないとか食べないとする禁忌は他にもあるが、鶏を飼わないことについては、柳田國男は先の『山島民譚集』の「黄金の雞」のなかに「雞を飼わぬ村」を設け、鹿児島県川辺郡西南方村秋目（現・南さつま市）では鶏を飼うと、雌鶏が雄に化して時を告げるので、これを飼わない。新潟県東蒲原郡白崎（現・阿賀町）では、昔、余五将軍維茂の奥方が鶏の鳴く前の夜中に夫に逢う約束でこの村まで来たら、この村の鶏が鳴き、夫に逢うことができなくなり、恨みをもって淵に身を投げた。そのためこの村では鶏を飼うと祟りがあるといい、飼わないと伝えている。秋田県南秋田郡北浦町（現・男鹿市）では、真山権現の麓にあってこの山から流れる水を鶏が飲むと、ことごとく死ぬと伝え、鶏を飼わないという、などの例をあげている。柳田は、勧業の技師などの奨励で養鶏を行うという時代のなかにも、こうした禁忌伝承があるとして紹介している[15]。

四つ目のカテゴリーは、集落を単位とした鶏鳥飼育の禁忌伝承である。鶏の伝承には、これら以外に鶏鳴に関するものが若干あるが、①鶏の習性に起因するもの、②民間療法・生活知識となっているもの、③鶏食（鶏肉）に関するもの、④飼育禁忌という四分野・課題にまとめることができる。

ただし①については、鶏の何らかの行為が、複数の結果をいう伝承もある。たとえば福岡県筑紫野市では「鶏が夕方早く木にとまると翌日は晴れ、遅くまで餌をつつくと雨になる[16]」という。これは鶏が通常の行為、つまり習性どおりの行動をとれば「晴」、これとは異なると「雨」の予兆（予知）と判断しているのであり、二つの習性認識がもとになって予兆へとつながっている。また、大分県三重町（現・豊後大野市）では、「鶏の宵うたいは死人か火災の知らせ[17]」といい、一つの習性が二つの予兆結果になっている。単数の習性・予兆結果だけでなく、これらが複数化して同時に複数の予兆となっている場合もあり、とくに複数の習性による予兆からは、鶏の生態・習性への観察は複眼的であるといえよう。

以下では、この四つのカテゴリーから①鶏の習性に起因するものを取り上げ、その内容を具体的にみていくことにする。

三、東北地方の鶏習性からの予兆予知伝承

㈠鶏の習性と予兆予知内容

鶏の生態・習性に起因する伝承というのは、前述したとおり、鶏が習性としてとる行為・行動として、それが通常であるか、通常ではないかという判断がもとになっている。通常なら、それは結果としてこのような予兆（予知）であり、通常でないならばこうなるという伝承的な知識である。

そのおもなものを一覧にすると表1のようになる。福島県広野町では「鶏がときをつくるときは天気（晴れ）になる」というのは、通常通り「ときをつくる」つまり夜明けに鳴くならば、その日は晴れるということである。「ときをつくる」のが行為であり、「晴れ」がその行為の予兆としての結果である。各地の鶏に関する伝承を、生態・習性としての行為（行動）と、結果（予兆結果）で整理すると、表1にあるように、行為としては「鳴く」「高所で鳴く」「餌を漁る」「羽繕い」「帰巣」「羽ばたく」「屋根に上る」「鳴き真似」があり、さらに鶏の行為ではなく、人が鶏の「夢」を見るというのもある。つまり、これも前述したように身近で鶏を見ている人間は、鶏の鳴き方、餌の食べ方、羽繕いや羽ばたき、高所への飛び、帰巣という五点に着目し、これに「夢」を加えているのがわかる。これらが生態・習性として通常か非通常かということで、結果としての予兆予知を判断しているのである。

結果としての予兆予知の判断には、晴れるか雨か、あるいは大雨かという気象に関するものが多い。吉凶のいずれかの判断、凶兆、吉兆、変事という漠然とした予兆予知と、死、火事、地震、騒動という具体的な予兆予知

表1　東北地方の主な鶏の予兆予知伝承

結果	行為	事例	採集地	出典
(a)気象	鳴く	鶏がときをつくるときは天気（晴れ）になる	福島県広野町	『広野町史民俗・自然編』
		朝、鶏が鳴き声よい時は、晴	岩手県一戸町	『一戸町誌(下巻)』
	高所で鳴く	鶏が高い所に登って鳴けば晴れ	岩手県西根町	『西根町史民俗資料編』
		鶏が高い所にのぼってときをつくると天気になる	福島県須賀川市	『須賀川市史 文化と生活』
	餌を漁る	鶏が夜遅くまで餌を拾うときは雨	山形県長井市豊田	『長井市史第4巻』
		鶏が遅くまで餌をあさっていると雨になる	福島県船曳町	『船曳町史民俗編』
	羽繕い	鶏がしきりに羽を掻けば大雨の兆	宮城県若柳町	『若柳町史』
		鶏がしきりに羽をかけば雨	岩手県大船渡市	『大船渡市史第4巻』
	帰巣	ニワトリが早く小舎に入れば明日は晴	青森県大畑町	『大畑町史』
		にわとりが遅くまで外におれば雨	秋田県東成瀬村滝	『東成瀬村郷土誌』
	羽ばたく	雄鶏が垣根にとまつて羽ばたきすると天気があがる	岩手県岩手郡	『岩手郡誌』
		鶏がしきりに羽根を動かすと雨	岩手県陸前高田市	『陸前高田市史第6巻民俗編』
	屋根に上る	鶏が屋根に上ると天気	岩手県胆沢町	『胆沢町史9』
	その他	鶏が軒下でふくれていると天気が変る	宮城県	『宮城懸史20』
(b)凶兆	鳴く	ニワトリが夜鳴くと縁起が悪い	青森県佐井村	『青森県史民俗編』
		雌鶏がなくと凶事がある	岩手県大迫町	『大迫町史民俗資料編』
		牝鶏が鳴くと悪いことがある前兆	秋田県雄和町	『雄和町史』
	鳴き真似	夜、鶏の鳴くまねをすると不吉なことが起こる	岩手県大船渡市	『大船渡市史第4巻』
	羽ばたく	めんどりが、おんどりの真似してはばたけば不吉	岩手県胆沢町	『胆沢町史9』
(c)吉凶	鳴く	よいのうち鶏が時をつげると凶、反対によい時といって吉	福島県小野町飯豊上	『小野町史民俗編』
		牝鶏がときをあげればその家に不幸が出来る また夕方や夜に牝鶏がときをあげれば身代上るといって喜ぶ	岩手県玉山村	『村誌たまやま』
(d)吉兆	鳴く	夕方鶏が鳴くと身上が上がる	福島県小野町飯豊上	『小野町史民俗編』
(e)死の予兆	鳴く	めんどり鳴けば死人でる	岩手県胆沢町	『胆沢町史9』
	羽ばたく・鳴く	空の鳥小屋で鶏の羽ばたきがした 鳴き声を聞いた（死の予兆）	宮城県岩出山町	『岩出山町史民俗生活編』
(f)火事	鳴く	夜鶏が鳴けば火災がある	福島県浅川町	『浅川町史第3巻』
		鶏が宵にときをつくると火事が起きる	福島県富岡町	『富岡町史第3巻』
	鳴き真似	夜鶏の鳴まねをすると、火事になる	秋田県象潟町	『象潟町史』
	その他	鶏をゐろりに入れれば火事起る	秋田県八森町	『八森町誌』
(g)変事	鳴く	メンドリがトキをつくと変事がある	宮城県牡鹿町	『牡鹿町誌下巻』
		宵に鶏が鳴くと、変わったことがある	福島県大信村	『大信村史第3巻』
	夢	鶏の夢は変わり事の知らせ	岩手県住田町	『住田町史第6巻』
(h)地震	その他	鶏が夜半に、とまり木から急に飛びおりる時は、大きな地震が起こる	岩手県胆沢町	『胆沢町史6』
(i)騒動	鳴く	めんどりがときをつくると、家庭内にもめごとがおこる	山形県川西町	『川西町史下巻』
(j)その他	鳴く	朝のめんどり鳴きは、金もうけ	岩手県胆沢町	『胆沢町史9』

表2　東北地方の鶏の習性と予兆予知の関連

行為/結果	気象	凶兆	吉凶	吉兆	死の予兆	火事	変事	その他	地震	騒動	総計
鳴く	4	40	5	2	4	19	14	1		4	93
高所で鳴く	15										15
餌を漁る	20										20
羽繕い	4										4
帰巣	24										24
鳴き真似		1				2					3
その他	1					1			1		3
羽ばたく	3	1			1						5
屋根に上る	1										1
夢							4				4
総計	**72**	**42**	**5**	**2**	**5**	**22**	**18**	**1**	**1**	**4**	**172**

表3　東北地方各県の予兆予知内容

都道府県/結果	気象	凶兆	吉凶	吉兆	死の予兆	火事	変事	その他	騒動	地震	総計
青森県	1	1									2
岩手県	33	16	2		3	3	8	1	2	1	69
宮城県	15	5			2	1	7				30
秋田県	5	10	1	1		6			1		24
山形県	3	1				1			1		6
福島県	15	9	2	1		11	3				41
総計	**72**	**42**	**5**	**2**	**5**	**22**	**18**	**1**	**4**	**1**	**172**

がある。予兆の漠然性と具体性の差異については、たとえば岩手県大迫町（現・花巻市）では雌鶏が鳴くと凶事があるといい、同じく岩手県胆沢町（現・奥州市）では雌鶏が鳴けば死人が出るといい、同じ雌鶏の行為が漠然とした予兆予知、具体的な予兆予知の両方となっている。これは雌鶏が鳴くことは極めて稀という習性認識があり、その稀さが凶事のなかでも、重い死につながっていると考えられる。

こうした伝承事例ごとの解釈、分析は別途進めていく必要があるが、東北地方の全体的な傾向として、鶏の習性と結果としての予兆予知の関連をみていくと、表2のようになる。この表からは、大きな傾向としては二点が指摘できる。それは、①鶏の生態・習性としての行為では、鳴き方、つまり夜明けか夕方や夜かという「鳴く時」と、鳴くのが雄鶏か雌鶏かという「雌雄の別」への関心が高く、しかもこの行為は、予兆予知内容としては気象から騒動までの広範囲に及び、なかでも鳴き方は凶兆や火事、変事の予兆予知と結びついている場合が多い。つまり、鶏による予兆予知は、高所で鳴くも含め、その鳴き方にもっとも注目が集まっているといえる。これに次ぐのが帰巣と餌の食べ方で、鶏の生態・習性ではこの三点が関心事であったのがわかる。

次には、②予兆予知のもとになる鶏の行為・行動は先にあげたように鳴き方など五つがあるが、これらによる予兆予知としては晴か雨か、大雨という気象に関するものが圧倒的に多く、これに次ぐのは凶兆、火事、変事で、これらで大半を占めていることである。天候気象の晴雨は、いずれも翌日の自身の行動に関わることで、これによって対応できるが、凶兆、火事、変事も多く、鶏の予兆は負の予兆として機能していたといえる。つまり、鶏は、人間に危機を予知する動物であるといえる。別の言い方をするなら、鶏は、天候や危機を予知する能力を持つと考えられてきたのである。

この二点をもとの鶏観を考えると、先にあげた乳幼児の夜泣き止め、夜盲症（鳥目）治癒というのは、危機予知能力から伸展させた危機回避と理解できる。鶏は危機を招いているのではなく、起こることを予知しているのであり、これを受け止めた人間は、だから注意しなければならないとか、何らかの対応が必要と危機回避に向かうのである。その先に成立したのが夜泣き止めや夜盲症（鳥目）治癒と考えられないだろうか。

㈡予兆の地域的差異

東北地方における鶏の生態・習性と予兆予知内容については、両者の関係も含めて前項のような傾向が指摘できるが、次にはこれが東北地方各県でどのようになったのかをみていく。

これは前述のように東北地方各地の自治体史や民俗調査報告書を資料としている。こうした民俗の資料集は多くが出版されており、きめ細かく伝承情報が把握できる地域もあれば、民俗情報が少ない地域もあって情報量は均一ではない。また、調査・執筆者が鶏の民俗についての知識や関心がなければ、実地調査でこれを取り上げることはないといえる。こうした資料集積の実態からは、表2や表3、図1[18]で示す事例数は、傾向を示すとはいえても、絶対的なものではない。何が多く、何が少ないかという程度であり、数値の対比には無理がある。前項で指摘したこともこうした資料的な状況下でのことと理解していただきたい。

これを前提に東北各県の鶏の行為・行動に基づく予兆予知内容をみていくと、岩手県では天候気象、凶兆、変事に関する予兆が多く、宮城県では天候気象、変事、凶兆、秋田県では凶兆と火事、福島県では天候気象、火事、凶兆が多くなっている。これらの事例数からは、青森県や山形県は、明確になっている事例数が少なく、現時点ではどのような予兆予知が多いのかの判断は困難といわざるを得ない。この二県を除くと、岩手県、宮城県、福島県とも天候気象に関心が集まっているが、秋田県では凶兆と火事という負の予兆予知、岩手県と宮城県、福島県でも天候気象と同等か、それを上回って負の予兆予知が存在している。

天候気象についての予知は、いわば日々のことであり、これに関心があつまるのは必然性をもつといえるが、それでは、なぜ岩手県では凶兆と変事、宮城県でも変事と凶兆、福島県でも火事と凶兆、そして秋田県でも凶兆と火事についての予知に関心が集まっているのかが、問題となろう。こうしたことからは、鶏の通常とは異なる行為・行動は、負の予兆としてとらえられていたということで、鶏の異様な行為・行動は不吉さを示すとされたのがうかがえる。先にあげたように鶏には、飼育を禁忌する集落もあるが、この禁忌はこうした鶏の不吉さが基

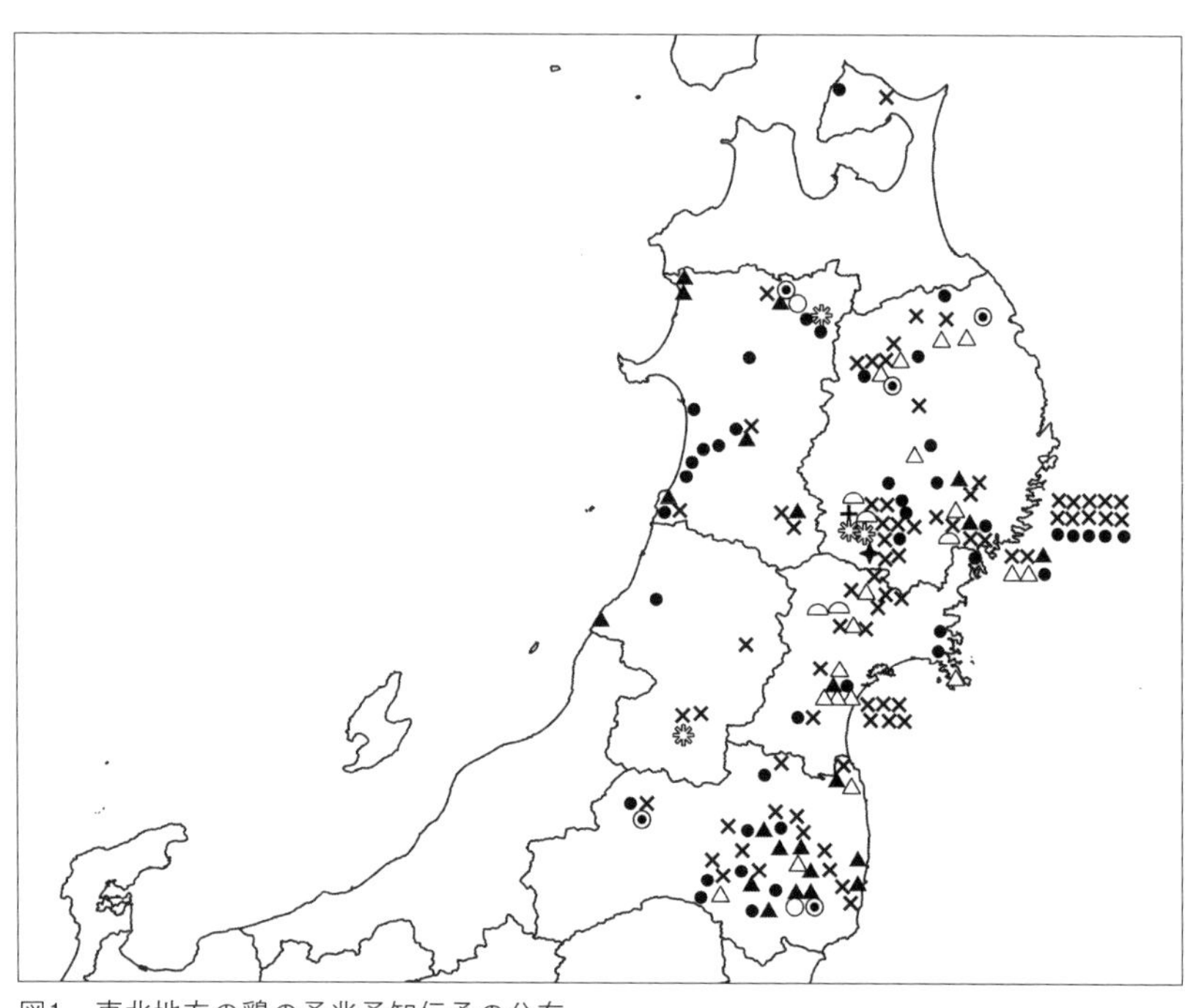

図1　東北地方の鶏の予兆予知伝承の分布

盤にあってのことではないかと指摘できる。

もう一点加えておくと、図1のように鶏による予兆予知を分布図にしてみると、資料的な制約はあるものの、これは岩手県・宮城県、福島県の中通り・浜通りというように太平洋側の地域で多くが確認されていることである。秋田県には日本海の沿海地域にも伝承があるが、内陸部にも多くがある。こうした傾向が何に起因するのかは、明確にはいえないが、考えられるのは冬の積雪で、鶏の飼育自体がどうなっていたのかということである。豪雪地帯では屋外での鶏飼育は出来ないのであり、飼育の実態と鶏による予兆予知伝承とは何らかの関係があるのではなかろうか。これは今後の課題の一つとなろう。

四、九州地方の鶏習性からの予兆予知伝承

㈠鶏の習性と予兆予知内容

東北地方と同様に九州地方での鶏の生態・習性による予兆予知伝承をみていくと、その代表的伝承は表４のようになる。東北地方と同じ指標で作成したので、説明の必要はなかろうが、九州地方では鶏の「夢」による予兆予知は確認できず、鶏の行為・行動では羽ばたき、屋根に上がるのも確認できない。これらを除けば、東北地方と同じように「鳴く」「高所で鳴く」「餌を漁る」「羽繕い」「帰巣」「鳴き真似」があり、両地方とも人間は、鶏の行為・行動の同じような点に目を向けていたといえる。指摘できる一点目はこのことである。現時点では、関東地方から中国・四国地方、沖縄地方については、この課題についての資料収集と分析は行っていないので、何ともいえないが、東北地方と九州地方の一致からは、すくなくとも関東から中国・四国地方でも、人は鶏の行為・行動としては同様な点に目を向けていた可能性がある。

このような鶏の生態・習性としての行為・行動が何を予兆予知しているのをみていくと、表５のようになる。これによれば、九州地方でも、高所で鳴く、鳴き真似も含めて鳴き方への関心がもっとも高いのがわかる。これに次ぐのが餌を漁るという食べ方であり、帰巣である。これも東北地方と一致している。そして、もっとも関心が高い鶏の鳴き方は、予兆予知の内容としては、凶兆が群を抜いて多く、火事、死の予兆が次いでいる。東北地方では火事に次いで変事が多くみられたが、死の予兆、変事はいずれも負の予兆予知であり、東北地方と似ている。

表4　九州地方の主な鶏の予兆予知伝承

結果	行為	事例	採集地	出典
(a)気象	高所で鳴く	鶏が高いところで鳴けば晴天	福岡県田川町	『田川市史民俗編』
	餌を漁る	鶏が遅くまで餌をあさると雨	佐賀県多久市	『多久市史第5巻民俗編』
		鶏が夕方薄暗くなるまでえさを拾う時明くる日は雨	鹿児島県垂水市	『垂水市史上巻』
	羽繕い	鶏が羽根をつくろう時は雨が止む	鹿児島県内之浦町	『内之浦町史』
	帰巣	鶏が鳥小屋に遅くまで止まらないときは雨になる	福岡県筑穂町	『筑穂町誌下巻』
		鶏が早くとまり木にとまると晴	宮崎県高千穂町	『高千穂町史』
	その他	鶏の背に雛を負うは雨降るしるしなり	長崎県鹿町町	『鹿町町郷土誌』
(b)凶兆	鳴く	牝鶏がうたうと不幸が来る	福岡県久留米市	『久留米市史第5巻』
		鶏が夜中に鳴くのは凶兆	熊本県田浦町	『田浦町誌』
		宵の口鶏が啼くと不吉が起る	鹿児島県串良町	『串良町郷土誌』
(c)吉凶	鳴く	鶏の朝鳴きは吉だが夜鳴きは不吉なことがある	福岡県太宰府市	『太宰府市史民俗資料編』
(d)吉兆	鳴く	夜明けに鳴く鶏が、夜中に鳴くと「よその宝をトッテコーコー」といって喜ぶ	福岡県春日市	『春日市史下巻』
(e)死の予兆	鳴く	鶏が夜中に鳴くと死人が出る	福岡県稲築町	『稲築町史下巻』
		めん鶏(ドリ)が鳴くときは死人が出る	鹿児島県根占町	『根占郷土誌復刻改訂版』
	鳴き真似	夜さり、鶏の鳴きまねをすると人が死ぬ	福岡県春日市	『春日市史下巻』
(f)火事	鳴く	夜中に鶏が鳴くと火事になる	長崎県石田町	『石田町史産業・経済,教育,福祉編』
		宵の口に鶏が鳴くと火事が起る	鹿児島県菱刈町	『菱刈町郷土誌』
	鳴き真似	夜、鶏の鳴き真似をすると火事がおきる	佐賀県武雄市	『武雄市史下巻』
	その他	ニワトリの羽を屋根上に捨てると火事が起こる	福岡県北九州市猿喰	『北九州市史民俗』
(g)変事	鳴く	鶏が夜鳴きする時は、何か異変がある	長崎県鹿町町	『鹿町町郷土誌』
	餌を漁る	鶏が早くえさをとらないと何かが起こる	福岡県中間市	『中間市史下巻』
(h)家が滅びる	鳴く	メンドリが時を告げればその家はつぶれる	長崎県美津島町	『美津島町誌』
(i)その他	鳴く	鶏が宵に戸口で内に向いて鳴くときは水を用心せよ	宮崎県えびの市	『えびの市史下巻』

表5　九州地方の鶏の習性と予兆予知の関連

行為/結果	気象	凶兆	吉凶	吉兆	死の予兆	火事	変事	その他	家が滅びる	総計
鳴く		44	1	1	15	18	1	2	1	83
高所で鳴く	1									1
餌を漁る	18						1			19
羽繕い	1									1
帰巣	11									11
鳴き真似					1	1				2
その他	3					2				5
総計	**34**	**44**	**1**	**1**	**16**	**21**	**2**	**2**	**1**	**122**

表6　九州地方各県の予兆予知内容

都道府県/結果	気象	凶兆	吉凶	吉兆	死の予兆	火事	変事	その他	家が滅びる	総計
福岡県	12	14	1	1	3	5	1			37
佐賀県	5	3				3				11
長崎県	6	2				2	1	1	1	13
熊本県	1	4				1				6
大分県		1			7	1				9
宮崎県	3	7			3	1		1		15
鹿児島県	7	13			3	8				31
総計	**34**	**44**	**1**	**1**	**16**	**21**	**2**	**2**	**1**	**122**

鳴き方を天候気象の予知と連動させるのは、東北地方以上に少なく、むしろ負の予兆予知に特化されているといえるほどである。

予兆予知につながる鶏の行為・行動からみていくと、人が注目している行為・行動は前述のように東北地方と大差がなく、予兆予知内容も行為・行動の多くが天候気象につながっている。これも東北地方と同じである。九州地方で知り得た鶏による予兆予知の事例数は、凶兆がもっとも多く、これに天候気象が次ぎ、火事、死の予兆の順になり、天候気象以上に凶兆が多いのは、東北地方とは異なっている。

㈡予兆の地域的差異

東北地方と同様、九州地方でも県別に鶏の予兆予知内容をみていくと、表6のように凶兆と火事の予兆予知は各県で確認でき、天候気象も大分県を除く各県で確認でき、この三種が広範に伝承されているといえる。確認されている伝承事例は、現時点では熊本県や大分県に少なく、福岡県と鹿児島県が多い。東北地方では、太平洋側の地域に多く、豪雪の日本海側には分布が少ないという傾向があったが、九州地方の分布状況は図2で見ていくと、宮崎県から大分県の沿海地域、熊本県の県央地域、長崎県の西部に伝承が少ない傾向にあるといえる。ただし、東北地方のような地域的差異は顕著ではなく、九州では奄美諸

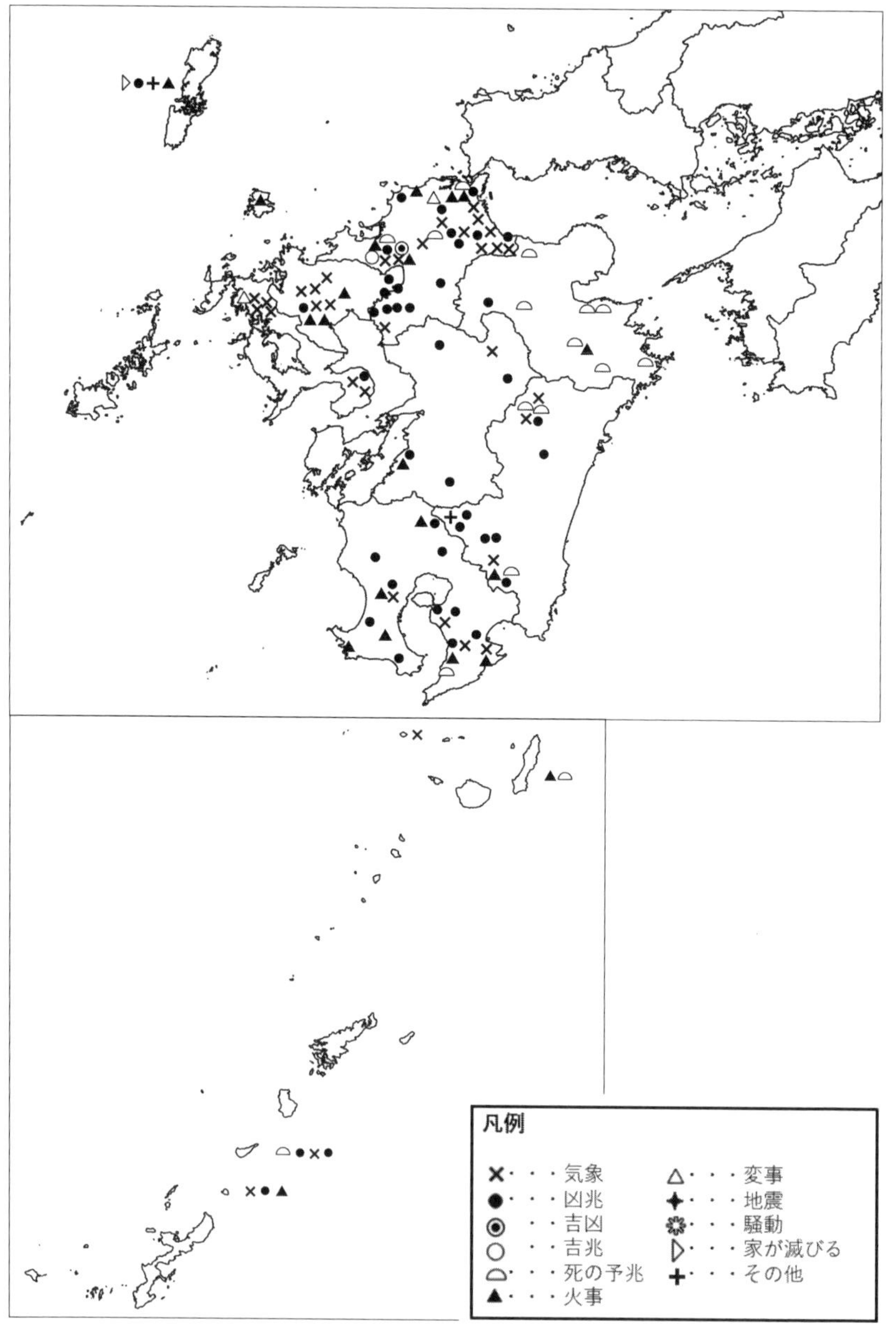

図2　九州地方の鶏の予兆予知伝承の分布

島も含めて、ほぼ全域で鶏による予兆予知伝承が確認できるといえよう。

五、身近な「庭鳥」は「時をつくる」鳥

本稿では、東北地方と九州地方にみられる鶏の生態・習性と、これに起因する予兆予知伝承を扱ってきた。二で述べたように鶏をめぐる民俗伝承には、少なくとも①鶏の習性に起因するもの、②民間療法・生活知識となっているもの、③鶏食（鶏肉）に関するもの、④飼育禁忌という四つの分野・課題がある。ここで扱ったのは、①のなかの予兆予知伝承だけであり、しかも、東北地方と九州地方だけである。残している課題は広範囲にわたるのであるが、疑問の根底にあるのは、日本では古代から鶏鳴に意味が与えられ、それは「ときをつくる」という表現で伝承されていることである。「ときをつくる」とは、夜明けのことであるが、その表現からは鶏鳴が「時の秩序」を形成するという観念がうかがえることである。それだけ鶏と鶏鳴には重要な役割が与えられてきたといえよう。

このような観念から、人は鶏の行為・行動に目を光らせ、耳をそばだてたといえるが、おそらくその根底にあるのは、すでに本稿のなかで触れたように、鶏は人間と生活をともにする身近な存在で、それはニワトリ、つまり「庭鳥」[19]という立場にあったからではなかろうか。鶏は人間の食用となるだけでなく、庭鳥として「時をつくり」、先にある時の出来事を予兆予知し、その行為・行動で人間に警告を発してくれたのである。

鶏の民俗研究は、緒に就いたばかりで先は長いといえる。

注

（1）「鶏」の表記は、「鷄」、「雞」、「ニワトリ」と表記されることもあるが、本稿では固有名詞を除き「鶏」の表記に統一する。
（2）毎日新聞社地方部特報班編『県民性大解剖「隣り」の研究』（毎日新聞社、一九九六年）の「8 家畜の違いを投影して」
（3）柳田國男『山島民譚集（増補版）』一九四二年（後に関敬吾・大藤時彦編『増補山島民譚集』平凡社・東洋文庫、一九六九年、二九七～三一〇頁）
（4）柳田國男『石神問答』一九一〇年（柳田國男『柳田國男全集』第1巻、筑摩書房、一九九九年、五九六頁）
（5）山口健児『ものと人間の文化史49 鶏』法政大学出版局、一九八三年、二一三～二一四頁
（6）大藤時彦「金鶏伝説」『國學院雑誌』第七三巻第一一号、一九七二年
（7）早川孝太郎「雞の話其他」『民族』一巻一号、一九二五年、一七四～一八一頁（後に『民族』第一巻上、復刻版、岩崎美術社、一九八五年）
（8）大金容子「赤子の夜泣きと鶏」『日本民俗学』第一〇二号、日本民俗学会 一九七五年
（9）三浦百合子「鶏鳴と禍福―伝承の成立過程」『学芸古典文学』第三号、東京学芸大学国語科古典文学研究室、二〇一〇年
（10）『田川市史 民俗編』田川市、一九七九年
（11）『高森町史』第一法規出版、一九八〇年（第二刷、第一刷：高森町、一九七九年）
（12）『佐々町郷土誌』佐々町、二〇〇四年
（13）『西会津町史 第6巻 上（民俗）』西会津町史刊行委員会、一九九一年
（14）『喜多方市史 第9巻 各論編2（民俗）』喜多方市、二〇〇一年
（15）柳田國男、前掲（3）
（16）『筑紫野市史 民俗編』筑紫野市、一九九九年
（17）『三重町誌』三重町、一九六六年
（18）図1及び図2は、「地球地図日本」（国土地理院）に事例情報を追記して作成した。
（19）『日本社会民俗辞典』第三巻、誠文堂新光社、一九六六年、一〇九八～一一〇〇頁

おわりに

日本民俗学が研究対象とする民俗事象について、分布図を作成してその内容と全国的な様相の理解をはかることは、すでに昭和二六年（一九五一）初版発行の民俗学研究所編『民俗学辞典』（東京堂）で行われている。辞典巻頭に「海女の分布」「頭上運搬の分布」「両墓制の分布」の三点の民俗分布図を折込んで綴じている。辞典の発行はその学術分野の確立をも示していて、柳田國男が主宰した研究所が編んだこの辞典は、民俗学のみならず学界の中でも大きな意味をもった。全国的な視野で事象の存在などを示す分布図の作成は、その事象の諸相を明確にする一つの方法であり、ここから研究課題のさらなる論理化も進められる。また、これは研究成果の提示にもなる。

その後、昭和三三年（一九五八）刊の『日本民俗学大系』第三巻社会と民俗Ｉ（平凡社）では、関敬吾が「年齢集団」のなかで「若者組分布図」を作成、提示した上で、「若者組類型分布図」と「若者宿（常設）分布図」を提示している。若者宿の分布からは、これが沿海文化であるのが明確に読み取れる。若者組類型分布図は、若者組には階梯型・無階梯型・宮座型・獅子舞型・同年講型・契約型の六型があることと、東北地方では内陸部に契約講型があり、関東・北陸地方から九州北部の沿海地域には階梯型が、九州北西部に無階梯型が、近畿地方には宮座型が、というように列島の地域を分けるように各型が存在するのがわかる。同書の大間知篤三「婚姻」には「聟入婚分布図（附）寝宿婚」が、同じく大間知による「家族」には「隠居複世帯制分布図」があり、これを分析につなげている。さらに蒲生正男「親族」には、「1マキの分布」「2ジルイの分布」「3イッケの分布」「4カブの分布」「5イットウの分布」「6ヤウチの分布」「7親族用語のおもな分布地域」があり、「7」では東日本にはマキなどが、西日本にはイットウなどが、奄美大島以南にはハロウジなどがあり、さらにマキなどとイットウなどの呼称をもつ領域にまたがってジルイなどがあることを示していて、親族呼称の型は領域を形成しているのがわかる。

この時代には、このように民俗学と民族学（文化人類学）の両方で日本の文化領域論的研究が進んでいたが、その後の民俗学は、一部の研究者を除いて、こうした研究方法を積極的に進めることはしなかった。研究動向としては、個別地域での、しかも個別事象を核にした事例研究が多くなっていった。これはそれなりの学術的な成果を生んだが、しかし、民俗事象に存在する日本列島での地域差など、日本を俯瞰する研究は少なくなり、民俗学の日本研究は一面的となり、「日本」全体を見なくなったといえる。それに伴って学術としての魅力は衰退していったと思えてならない。

本書に収録した、ある民俗事象の諸相と全国分布を明らかにし、ここから研究を出発しようという論文が、こうした民俗学の閉塞を一気に打開できるとは思っていないが、その礎の一つにはなると確信している。ここでの論文執筆者は、編者が國學院大學の文学部あるいは大学院で研究指導を行った者である。この中には、本書が論文発表としては初めてという者もいる。しかし、それぞれの論文は、少なくとも四年、長いものでは一〇年ほどの歳月をかけて資料を収集し、分析を加え、分布図を描いて論述をしている。

こうした論文を編んで一書としたのは、それぞれの研究を埋もれさせず、成果を江湖に問い、この方法と課題を若い学究の徒へとつなげたいという意図である。また、この意図は、大学教員二九年で古稀を迎え、定年となった編者の、この書に託す願いでもある。学術的な書冊の出版が困難な時にあって、こうした編者の意図も汲み取って、快く出版を引き受けてくださったアーツアンドクラフツの小島雄社長には、あつく御礼申しあげたい。

令和五年十一月

小川直之

執筆者一覧

小川直之（おがわ・なおゆき）　別掲

伊藤新之輔（いとう・しんのすけ）　國學院大學大学院特別研究員・博士（民俗学）
「卯月八日の花摘みと死者供養」『國學院雑誌』第一二四巻第二号、二〇二三年。「卯月八日の花見」『國學院大學大学院紀要―文学研究科』第五四輯、二〇二三年

山本紗綾（やまもと・さあや）　國學院大學大学院文学研究科博士後期課程
「江戸時代における盆月の地蔵祭祀」『伝承文化研究』第二〇号、二〇二三年

山本亮子（やまもと・りょうこ）　國學院大學大学院文学研究科聴講生
「神酒口習俗とその製法―東京都多摩地方の事例―」『伝承文化研究』第一六号、二〇一九年。「竹のミキノクチ：神奈川・東京・埼玉」『民具マンスリー』第五四巻第五号、二〇二一年

宿澤泉帆（しゅくざわ・みずほ）　港区立郷土歴史館学芸員

鈴木慶一（すずき・けいいち）　國學院大學大学院文学研究科聴講生
「津堅島のシマクサラーと防災儀礼」『伝承文化研究』第一七号、二〇二〇年。「沖縄の幽霊譚と魔除け」『伝承文化研究』第一八号、二〇二一年

鶉橋晴菜（うずらはし・はるな）　札幌医科大学事務局員

岩瀬春奈（いわせ・はるな）　國學院大學研究開発推進機構研究補助員
「水窪町山住神社の祭礼について―ゴジンゴとヤクジンサイ―」『伝承文化研究』第一六号、二〇一九年。「文献資料にみる憑物伝承」『東アジア文化研究』第八号、二〇二三年

鈴木綾乃（すずき・あやの）　國學院大學研究開発推進機構学術資料センター

望月美樹（もちづき・みき）　東京都内自治体職員

小川直之（おがわ・なおゆき）
國學院大學名誉教授・大学院客員教授、柳田國男記念伊那民俗学研究所長。博士（民俗学）。
主な著書・『地域民俗論の展開』、『摘田稲作の民俗学的研究』、『歴史民俗論ノート』（岩田書院）、『日本の歳時伝承』（角川ソフィア文庫）、編著・『折口信夫　死と再生、そして常世・他界』、『野村純一　口承文芸の文化学』（アーツアンドクラフツ）、『日本の食文化』1・3巻（吉川弘文館）、『講座日本民俗学1　方法と課題』、『講座日本民俗学5　生産と消費』（朝倉書店）など。

民俗学からみる列島文化

2023年12月31日　第1版第1刷発行

編　者◆小川直之
発行人◆小島　雄
発行所◆有限会社アーツアンドクラフツ
東京都千代田区神田神保町2-7-17
〒101-0051
TEL. 03-6272-5207　FAX. 03-6272-5208
http://www.webarts.co.jp/
印刷　シナノ書籍印刷株式会社

落丁・乱丁本はお取り替えいたします。
ISBN978-4-908028-89-2　C0039